第 1 章	あいさつ 🔊	1
第 2 章	紹介	11
第 3 章	日常生活	29
第 4 章	お礼を言う・あやまる	41
第 5 章	祝う・なぐさめる	48
第 6 章	呼びかけ・質問	59
第 7 章	肯定・否定	65
第 8 章	能力・可能性	71
第 9 章	感情表現	77
第 10 章	意見・好み・願い	90
第 11 章	誘う・約束	106
第 12 章	許可・依頼	118
第 13 章	数・時間の表現	128
第 14 章	現在と過去の出来事	140
第 15 章	未来の予定	148
第 16 章	天候・気候	158
第 17 章	入国審査・税関	163
第 18 章	交通機関・空港	
第 19 章	宿泊	
第 20 章	道をたずねる	
第 21 章	観光・スポーツ観〔戦〕	
第 22 章	食事 🔊	
第 23 章	買い物 🔊	
第 24 章	電話・郵便・銀行	281
第 25 章	パソコン・電気製品	287
第 26 章	トラブル・緊急事態 🔊	292
第 27 章	病院・薬局	300

◆ **音声ウェブサービス**

🔊 マークの付いた 4 つの章は，ウェブで台湾華語・英語の会話音声を聞くことができます（シミュレーション会話は除く）．

http://d3lc.dual-d.net/

ご利用に当たっては，無料のユーザー登録が必要となります．また，初回のログイン時のみ画面に出て来る簡単なクイズにお答えください．

◆ 目次
はじめに
台湾地図 ……………………………………………………… (4)
台湾華語とは …………………………………………………… (5)
台湾人の母語 —— 台湾語（台語，ホーロー語） …………… (7)
注音符号とは …………………………………………………… (8)
注音符号・ピンイン対照表 …………………………………… (9)
年月日・曜日・時間の表現 …………………………………… (10)
日本語キーワード索引 ………………………………………… (15)
本文（第1章〜第27章）……………………………………… *1 〜 322*
日華単語帳 ……………………………………………………… *323 〜 358*
華日単語帳 ……………………………………………………… *359 〜 375*

◆ 記号一覧
( )　　省略可能，補足説明
[ ]　　置き換え可能　※漢字が置き換え可能でも発音は1つだけの場合や，
　　　　逆に漢字1文字に対し発音が複数ある場合などもある
▼　　　置き換え開始位置　※華語部分のみ．文頭の場合は省略

◆ ピンインとカナ発音について
華語にはピンイン(ローマ式の発音記号)と，参考までにカナ発音を示した．いずれも実際の発音に即して表記した．-n は「ン」，-ng は「ン」で区別し，無気音と有気音は清濁音で区別した．またそり舌音は太字とした．

デイリー
日本語・台湾華語・英語
3か国語
会話辞典

Daily
Japanese-
Taiwan Mandarin-
English Dictionary of Conversation

李麗秋 樋口靖［監修］
三省堂編修所［編］

三省堂

© Sanseido Co., Ltd. 2019

Printed in Japan

[監修]	李 麗秋・樋口 靖
[編者]	三省堂編修所
[英文校閲]	Paul E. Davenport
[組版]	三省堂辞書データ編集室
[会話吹き込み]	李 麗秋
[音声収録]	スタジオ映音空間
[地図]	平凡社地図出版
[装画]	内山 洋見
[装丁]	三省堂デザイン室

はじめに

　海外旅行や日常生活の場面で,さまざまな外国語とふれあう機会が近年飛躍的に増えています.また,ますます多くの外国人観光客が日本を訪れるようになってきました.むずかしいことはさておき,まずは"你好!／ニィ ハウ!／"(こんにちは)のひとことで見も知らぬ外国の人と意思を通わせることができたら,とお思いの方も多いのではないでしょうか.旅や出会いの楽しさもきっと倍増することでしょう.この辞書は,そんな読者を後押しするために作りました.

　2005年の夏に刊行が開始された本シリーズも15年目を迎え,このたび海外旅行先,また留学先としてますます人気が高まる台湾の公用語,「台湾華語」(台湾で話されている中国語)の会話辞典が新たに登場しました.

　本書では,全体を27の状況に分けて,それぞれの場面でよく使われる表現を集めました.台湾華語にはピンイン(ローマ字式の発音記号)とカナ発音が付いています.

　『3か国語』のタイトルどおり,英語も示してありますので,台湾ならではの文化を英語で表現する楽しみも味わっていただけることと思います.

　「台湾のゆるキャラ」「台北101」など,実際の場面を想定した会話のやりとり(シミュレーション)も収めました.また,まとめて覚えると効率のよい関連語や知っておくと得するミニ情報のコラムもあります.巻末には,日華・華日単語帳も付いているので,看板や掲示でよく見かける単語を勉強することもできます.

　なお,台湾華語の監修および巻頭の解説は流通経済大学非常勤講師 李麗秋先生と東京外国語大学名誉教授 樋口靖先生にお願いいたしました.

　ハンディで見やすいこの辞書とともに,"祝旅途愉快!／ヅゥ リュイトゥウ ユィクアイ!／"(どうぞ,楽しい旅を!)

2019年晩夏

三省堂編修所

(4)

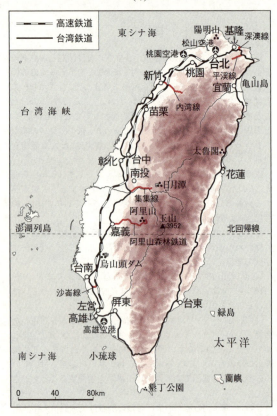

■ 人気のローカル線

深澳線 瑞芳－八斗子　　**平渓線** 三貂嶺－菁桐
内湾線 北新竹－内灣　　**集集線** 二水－車埕
阿里山森林鉄道 嘉義－阿里山
(2019年6月現在、一部区間運休中)
沙崙線 中洲－沙崙

■ 台湾華語とは

　台湾は幾つかのエスニックグループからなる多言語,多文化国家です.台湾のエスニックグループは大きく原住民系と漢族系に分けられます.原住民の話す母語にはオーストロネシア語族に属する10数種類の部族の語が含まれ,漢族系は外省系,客家系,閩南系に分かれます.外省人(戦後に中国大陸から移住してきた人々)の母語のうち最も優勢なのはいわゆる「官話 Mandarin」です.私たちが漠然と「中国語」と呼んでいる言葉や,中国で「普通話」とか「漢語」と呼んでいる言葉がこれです.客家語は広東省や福建省から客家人がもたらした言葉で,台湾客家語と呼ばれます.一方,清朝時期に閩南(福建南部)から流入した大量の移民がもたらしたのが閩南語です.この言葉は台湾人の母語の中で最も優勢で,80％以上の人々の母語となっています.学術名称は台湾閩南語ですが,ふつう人々はこれを"台語,福佬話(ホーロー語),台灣話"などと呼んでいます.

　50年にわたる日本統治時期台湾の「国語」は日本語でしたが,戦後は中華民国の「國語」が台湾の国語ということになりました.台湾の各級行政機関は教育,メディア等を総動員して「國語」の普及に努めました.その結果,現在約2,300万台湾人のうち98％以上の人がこの言語を操ることができ,「國語」は公用語としてだけではなく,社会生活における共通語の役割を果たすまでになりました.国民政府は「國語」政策を推進したので,それぞれの母語は長いあいだ抑圧下に置かれていました.

　しかし,90年代前後から台湾民主化が始まって多言語多文化尊重の機運が昂まり,各エスニックグループの母語の尊厳を回復するために,初等教育の中でも母語教育が行われるようになりました.このような流れのなかで相対化された呼び方として「華語」が用いられるようになってきました.華語という呼び方は全世界の「華人」たちの母語(ふつうは官話 Mandarin)を指す呼称で,特に台湾で話されている華語を「台湾華語」とよびます.現在,社会生活の場面で"我講國語(私は国語を話します)"という人も少なくありませんが,「華語」という呼び方を用

いる人も増えつつあります．教育部(日本の文部科学省にあたる)でも対外的な呼称として「華語」を用いることが多くあります．中国の「普通話」との主な違いは，繁体字であること，アル化がないこと，軽声が少ないこと，一部の語彙や表現が異なることなどです．

　台湾華語は台湾の風土の中で70数年かけて発展してきた言葉です．従って母語の影響を大きく受けています．中でも台湾語(ホーロー語)の影響は大きく，語彙でいえば，例えばグァバを "芭樂 bālè" というのは台湾語の poa̍t-á を漢訳したもので，しかもこれは原住民語(ブヌン語？)に由来するといわれています．また "讚 zàn(いいね！)" は台湾語 chán(すごい，素敵)そのままです．また，台湾語は日本統治時期に無数の日本語語彙を受け入れて使ってきました．よく知られている "便當 biàndāng" の語源は台湾語 piān-tong で，これはもちろん日本語のベントウが台湾語に借用され，その漢字が華語読みされているのです．もっと面白い例は「おでん」で，台湾では "黑輪 hēilún" という不可解な言い方をしています．「おでん」という言葉を台湾語は o-lián という台湾語訛りで受け入れました．ところで台湾語の o͘ は「黒」の意味，lián は「輪」の意味があります．よって o-lián に "黑輪" という漢字を当てはめました．「國語」は漢字であればなんでも漢字読みしてしまうので，近頃では "hēilún" なる食べ物がどこのコンビニでも売られていることになりました．このように母語や日本語からの借用語例は枚挙にいとまがありませんが，現在でもこの現象が続いていることは注目に値します．英語はもちろん，日本語語彙の流入も極めて盛んです．"物語 wùyǔ, 居酒屋 jūjiǔwū" などはどう見ても日本語由来で，漢字をそのまま華語読みしているわけですが，"甘巴爹 gānbādiē(頑張って！), 一級棒 yījíbàng(いちばん)" などは日本語の発音そのままでご愛敬です．

　台湾華語は「國語」を基礎とし，母語や日本語の要素を取り入れた一種の複合的な言語だと言えます．そして，この言葉は台湾の公用語であるとともに，各エスニックグループ間の共通語の役割を果たすに至っています．

■台湾人の母語 ── 台湾語（台語, ホーロー語）

　台湾華語が公用語であり，エスニックグループ間の共通語であるのに対し，台湾語は日本統治時代以前に中国福建から移住してきた人々がもたらした言葉で，その子孫が話す母語です．福建系住民は人口の圧倒的多数を占めているので他のグループに比べて優勢であり，多くの原住民や客家人もこの言葉を操ります．台湾語によるテレビ・ラジオ放送の時間は華語に次いで多く，ほとんどの台湾人が番組を楽しめます．台湾語は話し言葉だけで書き言葉がないと言われることがありますが，実はそうではありません．台湾語にも百数十年の書き言葉の歴史があります．キリスト教関係の文献が豊富ですが，エッセイ，小説，詩など文学作品や歴史読み物，さらには科学読み物も多くあり，創作活動は現在も続けられています．台湾語は漢字で表記されることが多いですが，ローマ字文もあり，今よく行われているのは漢字ローマ字混じり文です．従って，華語とともに台湾語を学べば台湾での日常生活に役立つことは間違いありません．新聞雑誌など，記事にちりばめられている台湾語の意味が分からないとその内容を正しく読み解くことは難しいでしょう．

　台湾に足を運ばれる方は町や村で "歐吉桑" o-jí-sáng（おじさん）, "歐巴桑" o-bá-sáng（おばさん）たちがこの言葉で会話しているのを耳にする機会があるでしょう．広告や看板にも台湾語が溢れているので注意して見てください．まるでクイズのようで興味を惹かれるかもしれません．例えば "妖獸呼呷" とあればひとまず華語で発音して見ます．yāoshòu hūjiā．「呷」の正しい発音は xiá かもしれませんが今はこのように読むことにすると，これが iáu-siū（とっても）hó-chiáh（美味しい）であることが（台湾語が分かれば）分かります．ドリンクのお店に "樹共底佳" shùgòng dǐ jiā と書いて張ってあります．suh-kóng（ストロー＝吸管）tī（…にある＝在）chia（ここ＝這）です．果物屋の店先の "很滿ㄟ奶雞" hěn mǎn ēi nǎijī は hiān（現）bán（挽）ê（的）nāi-chi（荔枝）（もぎたてのライチ）です．おひとついかがでしょうか．

■ 注音符号とは

台湾華語で漢字の読み方を示す手段が「注音符号」(俗に"ㄅㄆㄇㄈ bopomofo(ボポモフォ)"と言う)です．台湾の文章はふつうは正体字(繁体字)縦書きなので，漢字の右側に振ります．注音符号は音節の出だしの子音を表す21個の記号と，音節の後半部の母音及び母音+鼻音(-n, -ng)を表す16個の記号を組み合わせてひとつの漢字の発音を表し，さらに声調記号を加えて声調を区別します(第一声は無印)．例えば，"台灣"，"日本"は，

ㄊ(t)+ㄞˊ(ái) ㄨ(w)+ㄢ(ān) → ㄊㄞˊㄨㄢ
ㄖˋ(rì) ㄅ(b)+ㄣˇ(ěn) → ㄖˋㄅㄣˇ

となります．小学校低学年用の教科書や多くの読み物は注音符号付きで，これを習得すると漢字を自力で学習できるので，初等教育では注音符号の学習が必須のカリキュラムになっています．

近年，グローバルな視点から，注音符号の代わりにローマ字を使おうという議論も出ていますが，印刷面における1字1音の整然とした配列という点でローマ字は注音符号にはかなわないこと，ローマ字に代える場合，教育や社会生活などに与えるリスクが大きいことなどから，現時点ではローマ字に代えることは考えられていません．

逆に，SNSが発達する現在，注音符号が若者たちにますます愛用されるという現象も出てきています．よく見かける文章に，例えば，"我的"を"我ㄉ(de)"に，"你不知道嗎?(知らないの?)"を"你不知道ㄇ(ma)?"に，"他很喜歡你(彼はあなたが好き)"を"ㄊ(tā)很喜歡ㄋ(nǐ)"のようにしている面白い例があります．日本語の「おはよう」を使って"ㄛ(o)嗨唷 o hai yo"などとふざけることもあります．80年代末からの民主化により文化の表現形態も多様になって，「注音符号」が若者たちのセンスとユーモアを表現する手段ともなっているわけです．PCやスマホの漢字入力で注音符号漢字変換のシステムが多く使われていることも無視できません．

現代台湾社会において注音符号は依然として重要です．本気で台湾華語を学んでみようと考えている方々に注音符号の学習をお勧めするゆえんです．

■ 注音符号・ピンイン対照表

子音							
ㄅ	b	ㄆ	p	ㄇ	m	ㄈ	f
ㄉ	d	ㄊ	t	ㄋ	n	ㄌ	l
ㄍ	g	ㄎ	k	ㄏ	h		
ㄐ	j	ㄑ	q	ㄒ	x		
ㄓ	zh(i)	ㄔ	ch(i)	ㄕ	sh(i)	ㄖ	r(i)
ㄗ	z(i)	ㄘ	c(i)	ㄙ	s(i)		

母音／母音＋鼻音			
ㄚ	a	ㄧㄢ	yan, -ian
ㄛ	o	ㄧㄣ	yin, -in
ㄜ	e	ㄧㄤ	yang, -iang
ㄝ	ê	ㄧㄥ	ying, -ing
ㄞ	ai	ㄨ	wu, -u
ㄟ	ei	ㄨㄚ	wa, -ua
ㄠ	ao	ㄨㄛ	wo, -uo
ㄡ	ou	ㄨㄞ	wai, -uai
ㄢ	an	ㄨㄟ	wei, -ui
ㄣ	en	ㄨㄢ	wan, -uan
ㄤ	ang	ㄨㄣ	wen, -un
ㄥ	eng	ㄨㄤ	wang, -uang
ㄦ	er	ㄨㄥ	weng, -ong
ㄧ	yi, -i	ㄩ	yu, -ü
ㄧㄚ	ya, -ia	ㄩㄝ	yue, -üe, -ue
ㄧㄛ	yo	ㄩㄢ	yuan, -üan, -uan
ㄧㄝ	ye, -ie	ㄩㄣ	yun, -ün, -un
ㄧㄠ	yao, -iao	ㄩㄥ	yong, -iong
ㄧㄡ	you, -iu		

声調表記					
第一声	ㄅㄛˉ	bō	第三声	ㄅㄛˇ	bǒ
第二声	ㄅㄛˊ	bó	第四声	ㄅㄛˋ	bò
			軽声	˙ㄅㄛ	bo

年月日・曜日・時間の表現

■ ～年

2000年	2000年	二零零零年[兩千年] èrlínglíng nián [liǎngqiān nián]	オルリンリンリン ニエン [リアンチエン ニエン]
2001年	2001年	二零零一年 èrlínglíngyī nián	オルリンリンイィ ニエン
2019年	2019年	二零一九年 èrlíngyījiǔ nián	オルリンイィヂオウ ニエン
2020年	2020年	二零二零年 èrlíng'èrlíng nián	オルリンオルリン ニエン
2021年	2021年	二零二一年 èrlíng'èryī nián	オルリンオルイィ ニエン
2100年	2100年	二一零零年 èryīlínglíng nián	オルイィリンリン ニエン
2101年	2101年	二一零一年 èryīlíngyī nián	オルイィリンイィ ニエン
西暦何年	西元[公元] 幾年	xīyuán[gōngyuán] jǐ nián	シィユィエン [グオンユィエン] ヂィ ニエン

■ ～月

一月	一月	yī yuè	イィ ユィエ
二月	二月	èr yuè	オル ユィエ
三月	三月	sān yuè	サン ユィエ
四月	四月	sì yuè	スー ユィエ
五月	五月	wǔ yuè	ウゥ ユィエ
六月	六月	liù yuè	リオウ ユィエ
七月	七月	qī yuè	チィ ユィエ

八月	**八月**	bā yuè	パァ ユィエ
九月	**九月**	jiǔ yuè	デオウ ユィエ
十月	**十月**	shí yuè	スー ユィエ
十一月	**十一月**	shíyī yuè	スーイィ ユィエ
十二月	**十二月**	shí'èr yuè	スーオル ユィエ
何月	**幾月**	jǐ yuè	ディ ユィエ

■ 〜日

一日	一日[一號]	yī rì [yī hào] イィ ズー [イィ ハウ]
二日	二日[二號]	èr rì [èr hào] オル ズー [オル ハウ]
三日	三日[三號]	sān rì [sān hào] サン ズー [サン ハウ]
四日	四日[四號]	sì rì [sì hào] スー ズー [スー ハウ]
五日	五日[五號]	wǔ rì [wǔ hào] ウゥ ズー [ウゥ ハウ]
六日	六日[六號]	liù rì [liù hào] リオウ ズー [リオウ ハウ]
七日	七日[七號]	qī rì [qī hào] チィ ズー [チィ ハウ]
八日	八日[八號]	bā rì [bā hào] パァ ズー [パァ ハウ]
九日	九日[九號]	jiǔ rì [jiǔ hào] デオウ ズー [デオウ ハウ]
十日	十日[十號]	shí rì [shí hào] スー ズー [スー ハウ]
十一日	十一日[十一號]	shíyī rì [shíyī hào] スーイィ ズー [スーイィ ハウ]
二十日	二十日[二十號]	èrshí rì [èrshí hào] オルスー ズー [オルスー ハウ]
三十日	三十日[三十號]	sānshí rì [sānshí hào] サンスー ズー [サンスー ハウ]
何日	**幾日[幾號]**	jǐ rì [jǐ hào] ディ ズー [ディ ハウ]

■ ～曜日

月	星期[禮拜/週]一	xīngqí[lǐbài/zhōu]yī シンチィ [リィバイ/ヅォウ] イィ
火	星期[禮拜/週]二	xīngqí[lǐbài/zhōu]'èr シンチィ [リィバイ/ヅォウ] オル
水	星期[禮拜/週]三	xīngqí[lǐbài/zhōu]sān シンチィ [リィバイ/ヅォウ] サン
木	星期[禮拜/週]四	xīngqí[lǐbài/zhōu]sì シンチィ [リィバイ/ヅォウ] スー
金	星期[禮拜/週]五	xīngqí[lǐbài/zhōu]wǔ シンチィ [リィバイ/ヅォウ] ウゥ
土	星期[禮拜/週]六	xīngqí[lǐbài/zhōu]liù シンチィ [リィバイ/ヅォウ] リオウ
日	星期[禮拜/週]日	xīngqí[lǐbài/zhōu]rì シンチィ [リィバイ/ヅォウ] ズー
	星期[禮拜]天	xīngqí[lǐbài]tiān シンチィ [リィバイ] ティエン
何曜日	星期[禮拜]幾	xīngqí[lǐbài]jǐ シンチィ [リィバイ] ヂィ

■ ～時

零時	零點	líng diǎn リン ディエン
一時	一點	yì diǎn イィ ディエン
二時	兩點	liǎng diǎn リアン ディエン
三時	三點	sān diǎn サン ディエン
十時	十點	shí diǎn スー ディエン
十一時	十一點	shíyī diǎn スーイィ ディエン
十二時	十二點	shí'èr diǎn スーオル ディエン
午後一時	下午一點	xiàwǔ yì diǎn シアウゥ イィ ディエン
午後二時	下午兩點	xiàwǔ liǎng diǎn シアウゥ リアン ディエン

二時ちょうど	兩點整	liǎng diǎn zhěng リアン ディエン ヅォン
六時過ぎ	過六點	guò liù diǎn グオ リオウ ディエン
もうすぐ七時	快七點了	kuài qī diǎn le クアイ チィ ディエン ロォ
何時	幾點	jǐ diǎn ディ ディエン

■ ～分

一分	一分	yì fēn イィ フェン
二分	兩分［二分］	liǎng fēn [èr fēn] リアン フェン ［オル フェン］
十五分	十五分［一刻］	shíwǔ fēn [yí kè] スーウゥ フェン ［イィ コォ］
八時十五分	八點十五分	bā diǎn shíwǔ fēn パァ ディエン スーウゥ フェン
	八點一刻	bā diǎn yí kè パァ ディエン イィ コォ
三十分［半］	三十分［半］	sānshí fēn [bàn] サンスー フェン ［パン］
九時三十分	九點三十分	jiǔ diǎn sānshí fēn ヂオウ ディエン サンスー フェン
九時半	九點半	jiǔ diǎn bàn ヂオウ ディエン パン
四十五分	四十五分［三刻］	sìshíwǔ fēn [sān kè] スースーウゥ フェン ［サン コォ］
五分前	差五分	chā wǔ fēn ツァ ウゥ フェン
十一時五十五分	十一點五十五分	shíyī diǎn wǔshíwǔ fēn スーイィ ディエン ウゥスーウゥ フェン
十二時五分前	差五分十二點	chā wǔ fēn shí'èr diǎn ツァ ウゥ フェン スーオル ディエン
何分	幾分	jǐ fēn ディ フェン

■ 時間の長さ

毎日	每天	měitiān メイティエン
一日	一天	yì tiān イィ ティエン
二日間	兩天	liǎng tiān リアン ティエン
一時間	一[一個]小時	yì[yí ge] xiǎoshí イィ [イィ ゴォ] シアウスー
二時間	兩(個)小時	liǎng (ge) xiǎoshí リアン (ゴォ) シアウスー
一週間	一[一個]星期/ 一個禮拜/ 一週	yì[yí ge] xīngqí/ yí ge lǐbài/ yì zhōu イィ [イィ ゴォ] シンチィ/ イィ ゴォ リィバイ/ イィ ヅォウ
二週間	兩(個)星期/ 兩個禮拜/ 兩週	liǎng (ge) xīngqí/ liǎng ge lǐbài/ liǎng zhōu リアン (ゴォ) シンチィ/ リアン ゴォ リィバイ/ リアン ヅォウ
一か月	一個月	yí ge yuè イィ ゴォ ユィエ
二か月	兩個月	liǎng ge yuè リアン ゴォ ユィエ
一年間	一年	yì nián イィ ニエン
二年間	兩年	liǎng nián リアン ニエン
どのくらい	多久/多長時間	duōjiǔ/duōcháng shíjiān ドゥオヂオウ/ドゥオツァン スーヂエン

日本語キーワード索引

あ行

空いて ····· 111, 114, 184, 232
開いて ········ 132, 206, 250
会いましょう ····· 10, 109, 114
会います ········· 137, 156
明かり ················ 289
あきらめないで ········ 57
あこがれ ············· 215
足の裏 ··············· 225
明日 · 9, 102, 108, 114, 148, 221
預かって ············· 189
預けます ········ 176, 285
預ける ············· 176
暖かい ·············· 160
新しいの ············· 271
あちら ··············· 263
暑い ················ 160
熱い ········· 244, 249, 251
あとで ······· 9, 109, 282, 288
あとにして ··········· 124
アドレス ············· 288
雨 ········ 137, 159, 160, 161
ありがとう ··· 6, 7, 25, 41, 42, 43
(…は)ありますか ·· 186, 267, 273
歩いて ·········· 193, 195
アルコール ··········· 238
あれから ············· 147
アレルギー 246, 309, 314, 318
安心 ················· 79
案内/−所 ········ 198, 205
いい · 79, 90, 224, 225, 243
いいえ ········ 67, 68, 110
いいかげんにして ······ 86
いい知らせ ············ 79
いいですか · 118, 119, 207, 267
いいですね ·········· 110
いいですよ ······· 109, 126
(…ほうが)いいですよ·· 57, 194
いい天気 ············ 158
いかがですか ·· 112, 272, 301
行きたい ···· 103, 105, 192
行きましょう ········ 25, 108
行きます ···· 30, 33, 153, 155
行きますか ······· 148, 167
行きませんか ··· 106, 107, 229
いくら ·· 129, 206, 209, 269, 284
行けますか ············ 193
行けません ········ 75, 110
(…ては)いけません ····· 121
居心地がいい ·········· 80
医師 ············ 165, 300
以前 ············ 144, 302
急いで ········ 70, 124, 173
忙しい ··········· 3, 70, 141
痛い ·············· 302, 308
痛かった ·············· 47
痛くありません ········ 308
(…して)いただけますか ·· 62, 207, 236, 270, 275, 288
(…を)いただけますか ···· 235
痛みます ······· 302, 307, 311
いつ ··· 135, 150, 206, 209, 301
いつから ········· 150, 301
いっしょに ······· 30, 107, 120
行ってみたい ······· 103, 201
いつでも ·············· 44
いつなら ············· 113
一杯(お腹が) ········· 247
いつまで ············· 150
いつも ················ 32
いなくなりました ········ 295

イベント … 227	応援 … 210
(…が)います … 18, 19	往復(切符) … 167
(…に)います … 154, 199	大きい … 266
(…は)いますか … 18, 19, 300	大きすぎ … 265, 272
(…して)いません … 237	大きな … 63, 223
(…は)いません … 18	おかげ … 42
いや … 69	お菓子 … 27
いらっしゃいますか … 281	お金 … 285
入り口 … 115, 207	おかわり … 246
入れないで … 241, 242, 251	お勘定 … 239
入れ歯 … 311	お気遣い … 42
色/−違い … 96, 266	お気持ち … 56
印象的 … 78	置き忘れ … 186
インターネット … 182, 287	お口に合えば … 243
インフルエンザ … 313, 318	お悔やみ … 56
うかがいます … 7	送りたい … 284
歌 … 34, 35	遅れないで … 126
映りません … 187	お酒 … 97
うまく … 57, 74	お幸せに … 52
売り切れ … 84	教えてください … 171, 198, 206
うるさい … 188	お勧め … 233
うれしい … 5, 51, 79, 82, 247	お世話になりました … 43
上着 … 293	お尋ね … 60
運動靴 … 276	落ち着いて … 58
エアコン … 187	お茶 … 27, 29, 107
映画 … 93, 97, 104, 106, 132	お伝えください … 10, 282
英語 … 72	おつり … 173, 270
ATM … 286	落としました … 60, 292
駅 … 169, 170, 172, 191, 195	大人(のチケット) … 129, 207
エコノミー(クラス) … 175	驚きました … 83, 84
MRT … 30, 190, 191, 293	お似合い … 52, 268
選ぶ … 220	お願い … 122
エレベーター … 186, 263	お願いします … 239
炎症 … 314	覚えていらっしゃいますか … 5
遠慮 … 121	お待ちください … 127, 237, 282
お会いしましょう … 108, 112	お招き … 7
おいしい … 27, 78, 244	おまわりさん! … 297
おいしかった … 247	おみやげ/−屋 … 8, 42, 207
お祝い … 50	おめでとう … 49, 50, 51, 53, 54

思います	90, 91
思いません	105
おもしろい	77, 223
おもしろかった	93
お湯	187
お許しください	45
降りてください	169
降りる	172
下ろします(お金を)	285
音楽	96
音量	290

か行

会議	132, 135
外国人	220, 226
会社	30, 125, 142
会社員	13
買いたい	102
階段	263
書いて	36, 124, 231
開店	131
ガイド(案内人)	208
ガイドブック	123
買いました	145
買います	268
買い物	32, 106
替えて	118, 120, 285
買えますか	283
帰ります	33, 151, 153
帰れますか	316
顔色	319
香り	243
鏡	267
書留	284
学生	14, 214
確認	142, 184
貸して	123, 125
火事だ!	296
風	160

風邪/-薬	304, 317, 320
課税	166
家族	10, 30, 37, 109, 155
片道(切符)	167
がっかり	84, 94
学校	14
悲しい	86
かなり	162, 194
カフェ(インターネットができる)	287
花粉症	162
かゆい	308
通っています	214
辛い	97
カラオケ	99, 227
乾きました(のどが)	228
関係ありません	70
観光	163, 205, 206
感謝	41, 44
感動	78
乾杯!	239
がんばって/がんばれ	58, 212
還付	273
漢方薬	224
キー	183, 186
気温	161
聞き取れません	74
聞きました	38, 146
聞こえません	62
季節	98, 162
きつい	201, 267
喫茶店	228
切手	283, 284
切符	43, 56, 167, 171
来てください	189, 297
気に入って	51, 247
気に入りました	42, 79
気に入りません	85
気にしないで	47
気の毒	56

気分	301, 303	公園	75, 107, 169
来ます	153, 156	豪華	95
来ません	237	合格	48, 49
決めます	157	航空券	164
キャンセル/-待ち	121, 175	高血圧	309
休暇	16, 136	交差点	193, 197
休館日	206	交通事故	297
急行	169	こうやって	245
興味	99	コーヒー	241
嫌い	99, 101, 229	氷	241
気楽に	58	午後	32, 112, 113, 114
気をつけて	9, 244, 251	ここで	118, 206, 213, 220, 242
気をつけます	45	ご自由に	276
喫煙席/禁煙席	232	午前中	150, 151
銀行	13, 285	ごちそう	230, 243, 248
禁止	213, 214	ごちそうさま	247
緊張	87	こちら(は…)	22, 23, 158
空港	75, 116, 123, 170	こちら(へ…)	232, 275
薬	165, 317, 318	こちらこそ	44
(…して)ください	124, 285	子供/-(のチケット)	18, 48, 129
(…しないで)ください	242	このあたり	213
(…を)ください	268, 269	このくらい	294
くつろいで	80	ごはん	140, 235
曇り	159	コピー	123
車	25, 119, 121, 178, 306	困っています	87, 292
車で	117, 195	困ります	69
クレジットカード	188, 270	混みますよ	115
計算	74, 270	ごめんなさい	44, 246
携帯(電話)	46, 283	ゴルフ	33, 153, 214
ケーキ	51	これです	164, 288
ゲート(空港の)	176	ころんで	312
けが	298, 311	怖い	87
景色	95, 217	コンサート	93, 132, 133
けっこうです	68, 112, 175	コンセント	291
結婚	17, 21, 48, 55, 113	コンタクト(レンズ)	292, 310
下痢	305	今度の	149
見学	208		
元気	2, 3, 4	**さ行**	
現金	270		
		サービス	93, 96

語	ページ
再会	249
最近	35, 36, 178, 215
最高	79, 93, 226
サイズ	265, 275, 277
財布	294
サイン	183
探して	261, 295
魚	234, 249
サッカー	155, 215
さっき	143
砂糖	124, 242
寂しい	86
寒い	161
冷めています	236
残念	56, 84, 110, 113
試合	106, 156, 210, 211
仕事	3, 16, 48, 151
静かな	188
試着/-室	267, 275
湿度	161
失礼	45, 61
市内観光	152
支払い	270
しばらく	237
写真	118, 122, 207, 296
シャワー	181, 187
修学旅行	145
就職	50
週末	148, 153
出身	27
主婦	14, 20
春節	54, 136, 149
紹介	22, 180, 185
正月	37, 54, 149
症状	302
将来	103
食事	155, 208, 229, 248
食欲	304
ショック	83
知らせて	125
調べてください	177
知りません	68, 146, 299
申告	164
信じられません	83
親戚	37, 156
親切	42, 43, 95
心配	87
地震	162
自信	74
実家	33
自動販売機	191
持病	309
自慢料理	233
渋滞	134
充電	291
十分	69, 246
冗談	82
書店	192
水泳	72
スイッチ	289
スーパー	33
スープ	233, 235, 236, 244
好き	96, 97, 98, 99, 100
過ぎて	171
すきました(お腹が)	228
すぐ	157
すぐそこ	194
少なめに	235
すぐに	127, 153, 316
すごい	77
過ごしやすい	159
涼しい	161
すっぱい	229
ステーキ	234
すてき	7, 26, 43, 272
すでに	146
すばらしい	77, 217
スポーツ	214, 215

すみません(呼びかけ)	59, 207
すみません(詫び)	45, 46
すられました	294
住んでいます	17, 21, 147
姓	11
税関	166
税金の還付	273
咳	304
絶対に	121
説明	64
選手	210, 212, 215
全部で	174, 269
送迎バス	209
そうなんですか	66
そうは思いません	68, 92
速達	284
素材	265
育ちました	17
卒業	49, 145
そのとおり	65, 92

た行

大学	14, 27, 48, 49, 156
太極拳	32
退屈	86, 227
滞在	150, 163
たいしたことは	313
大丈夫	46, 47, 112, 229
だいたい	29
体調	111, 157, 319
台風	160
大変	56, 87
高い	161, 216
高かった(物価が)	95
高すぎ(値段が)	269
タクシー	170, 172, 189, 194
確か	146
確かに	64, 184
助けて！	296

卓球	155, 156, 215
楽しい	54
楽しかった	80
楽しみ	81, 117
頼んだのは	236
たばこ	119, 166, 232
食べたい	229
食べません	29
食べられますか	245
食べられません	246
だめ	73, 76, 121, 238
試しに	104
足りますか	235
だるい	306
誕生日	17, 51
小さい	266, 277
小さすぎ	265
チーム	210, 211
チェックアウト	186, 188, 189
チェックイン	182
近い	193
近いうちに	9
違います	67, 282
チケット	206
地図	198, 205, 261
チャレンジ	104
チャンネル	118, 120, 290
中国語	72, 73, 147, 287
駐車場	25
昼食	30
注文	233, 237
朝食	29, 185, 250
調節	187
ちょうどいい	266, 273
ちょっと	6, 60, 104, 261, 269
ツアー	80, 156, 208, 209
ついていますか	185, 208
ツイン	181
通訳	299

通路側	175	どう	12, 90, 92
使えますか	71, 188	どういう意味	63
疲れていませんか	6	どうして	89
疲れました	6	どうしよう	84
着きました	172	搭乗/−券/−手続き	175, 176
都合	113	どうすれば	192
包んで	236, 270	どうぞ	26, 170, 248
つまらない	85	どうでしたか	92, 93
つもり	102	どうですか	3, 108, 158, 229
梅雨	162	動物園	115, 168, 217
Tシャツ	296	どうやって	192, 245, 287
テイクアウト	240	遠い	193
低血圧	309	得意	72, 73, 248
定年退職	22	時計	131
出かけます	32, 151	どこ	27, 191, 192, 286
出かけませんか	107	どこから	15
出かける	154	どこで	149, 168, 185, 207
手が離せません	111, 127	どこですか	61, 167, 191, 207
できた	80	図書館	31
できます	58, 71, 72, 220	どちら	13, 14, 21, 103, 193
できますか	213, 287	どちらが	97, 232
できません	69, 72, 73, 92	どちらへ	52, 148
出口	207	届きます(手が)	71
手ごろ	230	届けてください	177
デザート	241	どの	210, 211
デザイン	216, 266	どのくらい	193, 231, 315
手伝って	124, 248	どのような	200
テニス	73, 214	友達	26, 140, 155, 156
出迎え	6	共働き	20
テレビ	33, 34, 179, 187, 290	トランク(車の)	172
天気/天候	157, 158	取り替えて	271
電気(明かり)	289	どれくらい	136
電池	207, 290	とれませんでした	56
展望/−台	217	どんな	93, 97, 318
展覧会	150		
電話	125, 281, 282, 283, 293	**な行**	
ドア	122, 312	治りました	320
トイレ	181, 191	長すぎ	266
トイレットペーパー	188	眺めのいい	181

なくしました	293	眠れません	306
亡くなりました	19, 55	ねんざ	312
なぜ	63	乗ってください	168
夏休み	149	延ばせますか	189
何か	97, 229, 276	飲みたい	238
何が	101, 102, 238, 241	飲みませんか	107
何も	31, 111, 215, 299	飲み物	191
何よりです	4	乗り換え	168, 169
名前	11, 12, 25, 182, 231, 295	乗り場	172

は行

なるほど	64, 66	パーティー	155
何階	183, 262	はい(そうです)	65
何時	130, 132, 133, 186	バイク	179
何時間	133	俳優	96
何て	52, 62	吐きそう	304
何ですか	61, 96, 163, 233	博物館	171, 172, 201
何ですって？	62	箸	236
何でも	229	初めて	15, 18, 246
何度も	146	バス(車両)	168, 169, 170
何日	134, 135, 210	バス(風呂)	181
何日間	135, 163	バス停	190, 191, 201
何番	176	パスポート	163, 175, 183, 293
何分	133	パソコン	71, 73, 287
何名	231	発送	150
何曜日	112, 136, 137	派手	274
似合う/似合わない	267, 268	鼻/-水	305
苦手	74, 97, 229	腫れています	305, 308
肉	234	晴れています	158
日本	8, 10, 15, 27, 153, 182	番組	34, 35
日本語	72, 208, 287, 299, 300	番号	46, 281
荷物	172, 176, 177, 189	反対	91
入館料/入場料	206	反対側	169, 178, 195
入力	73, 287	半日ツアー	208
人気	206, 274	ハンバーガー	240
妊娠	310	パンフレット	208
(…)抜き	240	ピアノ	73
盗まれました	294	ビール	102, 128, 236, 238
熱	302, 306, 307	日帰りツアー	208
寝不足	319		
寝ます	31		

低い	161	ほかの	185, 198, 265, 282
弾けます	73	ほしい	101, 102, 276
飛行機	296, 306	ホテル	25, 172, 209, 293
久しぶり	5	本当	81, 82, 219, 249
左手(左側)	195, 197		
左端	264		

ま行

ぴったり	267, 277	まあまあ	3, 100
ひどい	85, 94, 304	曲がって	197
一口	239	まさか	82
暇	114, 150	まずまず	94
秘密	52	また	105, 109, 153
病院	33, 300	間違って	270
ビル	196, 197, 216	マッサージ	225
便(飛行機の)	174, 175	まっすぐに	196
ファン	210	待って！	60
夫婦	20	窓/－側	122, 175
ブーム	39	間に合いますか	176
含まれていますか	208	迷いました	292
物価	95	迷って	199
二日酔い	319	満室	185
ブラック(コーヒーの)	241	満席	175
ブランド店	216	満足	80
フリーズ	289	見えますか	75
振り込み	285	右手(右側)	195, 197
プレゼント	42, 43, 51, 101	右端	264
文房具	261	短すぎ	266
閉店	131, 132	水	235
平熱	307	見せてください	125, 175, 264
別の	68, 271	見つかったら	293
別々に	270	見つかりました	48
ベビーベッド	186	見て	33, 104, 223, 261
部屋	181, 183, 184, 186, 188	見に(行く)	106, 155, 217
変更	35, 175	身の回り品	166
弁護士	299	見ません	33
返事	141	ミルク(コーヒーフレッシュ)	242
便秘	305	迎えに	116, 117, 123, 209
便利	201	向こう側	198
ホーム(駅の)	169, 170	虫	313
ホームページ	288	蒸し暑い	160

夢中	100
無理	69
メール	123, 154, 288, 289
召し上がって	243, 248
メッセージ	283
メニュー	233
めまい	304
免税	166, 273
もう一度	12, 62, 64, 282
申し訳ありません	45, 46, 237
もうすぐ	130, 162
もう少し	63, 125
もしもし	186, 281
持ち帰ります	242
もちろん	66, 110
持って来ました	318
もっと	103
モニター	129
問題	91, 166

や行

役に立つ	91
やけど	244, 312
安かった	95
休みましょう	228
休みます	154
休める所	191
やったね！	49
夕方	151
夕食	30
友人	22, 155, 156
郵便局	192, 283
有名	200, 218
有料	186, 217
ゆっくり	125, 154
ゆるい	267
よかった	49, 66, 93, 95, 96
よくありません	94, 319
よくなりました	320

寄ってください	109
予定	113, 136, 149, 157
予約	174, 182, 184, 221, 230
喜んで	67
よろしく	10
呼んで	189, 297

ら行

来週	153
来年	153
ラッキー！	77
理解	64, 92, 220, 226
リモコン	289
留学/ー生	16, 27, 163
両替	285
料金	209
両親	4, 19, 21
料理	74, 229, 248
旅行	157, 226, 316
リラックス	81
ルームサービス	186
冷房	201
レシート	271
レストラン	14, 155, 230
連絡	46, 123, 288
路線図	205
ロビー	115, 116

わ行

わからない	198
わかります	56, 65, 72
わかりません	63, 68, 92, 265
和食	97
忘れて	46
忘れません	43
割り勘	240
悪いけど	124
悪いのですが	69
悪かった	47, 57, 96

第1章 あいさつ

本章はウェブで会話の音声が聞けます(http://d3lc.dual-d.net/)

日々のあいさつ
―こんにちは!―

☐ こんにちは.
Nǐ hǎo! / Nín hǎo!
你好! / 您好!
ニィ ハウ! / ニン ハウ!
Hello! / Hi!

☐ (複数の相手に)こんにちは.
Nǐmen hǎo! / Dàjiā hǎo!
你們好! / 大家好!
ニィメン ハウ! / ダァヂア ハウ!
Hello! / Hi!

☐ おはようございます.
Zǎo'ān! / Nǐ zǎo!
早安! / 你早!
ヅァオアン! / ニィ ヅァオ!
Good morning.

☐ (複数の相手に)おはようございます.
Nǐmen zǎo! / Dàjiā zǎo!
你們早! / 大家早!
ニィメン ヅァオ! / ダァヂア ヅァオ!
Good morning.

1 あいさつ

□ こんばんは.
Nǐ hǎo!
你好！
ニィ ハウ!
Good evening.

□ (複数の相手に)こんばんは.
Nǐmen hǎo! / Dàjiā hǎo!
你們好！/ 大家好！
ニィメン ハウ! / ダァヂア ハウ!
Good evening.

> 初対面またはしばらくぶりに顔を合わせたときのあいさつは, 時間にかかわらず"你好！"でOKです.

□ おやすみなさい.
Wǎn'ān!
晚安！
ウアンアン!
Good night.

近況・暮らしぶりをたずねる・答える
―お元気ですか?―

□ お元気ですか.
Nǐ hǎo ma? / Zuìjìn hǎo ma?
你好嗎？/ 最近好嗎？
ニィ ハウ マァ? / ヅエイヂン ハウ マァ?
How are you?

1 あいさつ

❏ 調子はどうですか.
Nǐ zuìjìn zěnmeyàng?
你最近怎麼樣？
ニィ ヅエイヂン ヅェンモイアン?
How are you doing?

❏ はい，元気です．あなたは？
Wǒ hěn hǎo. Nǐ ne?
我很好。你呢？
ウオ ヘン ハウ. ニィ ノォ?
I'm fine. How are you?

❏ まあまあです．
Hái kěyǐ.
還可以。
ハイ コォイィ.
I have nothing to complain about. / So-so.

❏ お元気そうですね．
Nǐ kànqǐlái 'búcuò [hěn hǎo].
你看起來'不錯[很好]。
ニィ カンチィライ 'ブツオ [ヘン ハウ].
You look well.

❏ 仕事はどうですか.
Nǐ gōngzuò zěnmeyàng?
你工作怎麼樣？
ニィ グオンヅオ ヅェンモイアン?
How are you getting on with your business?

❏ 忙しいです．
Hěn máng.
很忙。
ヘン マン.
I'm busy.

❑ ご両親はお元気ですか.
Nǐ fùmǔ dōu hǎo ma?
你父母都好嗎？
ニィ フゥウムウ ドウ ハウ マァ?
How are your parents getting on?

❑ ご主人[奥さん]はお元気ですか.
Nín 'xiānshēng [tàitài] hǎo ma?
您'先生[太太]好嗎？
ニン 'シエンソン [タイタイ] ハウ マァ?
How is your husband [wife] getting on?

❑ 張さんはお元気でしょうか.
Zhāng xiānshēng hǎo ma?
張先生好嗎？
ヅァン シエンソン ハウ マァ?
How is Mr. Zhang?

❑ みんな元気です.
Wǒmen [Tāmen] dōu hěn hǎo.
我們[他們]都很好。
ウオメン [タァメン] ドウ ヘン ハウ.
Thank you. We [They] are all well.

❑ それは何よりです.
Nà tài hǎo le.
那太好了。
ナァ タイ ハウ ロォ.
I'm glad to hear that.

初対面・再会のときのあいさつ
—お久しぶりです.—

■ あいさつ ■

初対面の相手には "**見到您,很高興。**/Jiàndào nín, hěn gāoxìng./ ヂエンダウ ニン,ヘン ガウシン.", "**請多指教。**/Qǐng duō zhǐjiào./ チン ドゥオ ヅーヂアウ.", あるいは "**你好!**/Nǐ hǎo!/ ニィ ハウ!" と言って握手をするのが一般的です.

❏ お目にかかれてうれしいです.

Jiàndào nín, wǒ hěn gāoxìng.

見到您,我很高興。

ヂエンダウ ニン,ウオ ヘン ガウシン.

It's nice to see you.

❏ 李さんではありませんか.

Nín shì Lǐ xiānshēng ba?

您是李先生吧?

ニン スー リィ シエンソン バァ?

Are you Mr. Lee? / Aren't you Mr. Lee?

❏ 私を覚えていらっしゃいますか.

Nǐ hái rènshì wǒ ma?

你還認識我嗎?

ニィ ハイ ゼンスー ウオ マァ?

Do you remember me?

❏ お久しぶりです.

Hǎojiǔ bú jiàn.

好久不見。

ハウヂオウ ブウ ヂエン.

I haven't seen you for a long time.

旅のあいさつ
―ようこそ!―

☐ ようこそ台湾へ.
Huānyíng nín láidào Táiwān!
歡迎您來到台灣!
フアンイン ニン ライダウ タイウアン!
Welcome to Taiwan.

☐ 疲れていませんか.
Nǐ lèi le ba.
你累了吧。
ニィ レイ ロォ バァ.
Are you tired? / Aren't you tired?

☐ ええ, 大丈夫です.
Bú yàojǐn.
不要緊。
ブウ イアウヂン.
No, I'm fine.

☐ ちょっと疲れました.
Wǒ yǒudiǎn lèi.
我有點累。
ウオ イオウディエン レイ.
I'm a little tired.

☐ お出迎えありがとうございます.
Xièxiè nín lái jiē wǒ.
謝謝您來接我。
シエシエ ニン ライ ヂエ ウオ.
Thank you for coming to pick me up.

❏ どういたしまして.
　Nǎlǐ, nǎlǐ!

哪裡，哪裡！
ナァリィ, ナァリィ!
You are welcome.

招待・訪問のあいさつ
―すてきなお家ですね.―

❏ ぜひうちにいらしてください.
　Qǐng nǐ(men) lái wǒ jiā wán.

請你(們)來我家玩。
チン ニィ(メン) ライ ウオ ヂア ウアン.
Please come and visit me (sometime).

❏ ぜひうかがいます.
　Wǒ yídìng lái.

我一定來。
ウオ イィディン ライ.
I'm definitely going.

❏ お招きいただきありがとうございます.
　Xièxiè nǐ de 'yāoqǐng [zhāodài].

謝謝你的'邀請[招待]。
シエシエ ニィ ドォ 'イアウチン [ヅァオダイ].
Thanks very much for inviting me.

❏ すてきなお家ですね.
　Hǎo piàoliàng de fángzi a!

好漂亮的房子啊！
ハウ ピアウリアン ドォ ファンヅ アァ!
What a wonderful room!

□ 日本のおみやげです．
Zhè shì cóng Rìběn dàilái de lǐwù.

這是從日本帶來的禮物。

ヅォ スー ツオン ズーベン ダイライ ドォ リィウゥ．

Here's a Japanese gift.

■ 贈り物(1) ■

贈り物をするときは，"**希望你會喜歡。**/Xīwàng nǐ huì xǐhuān./ シィウアン ニィ フエイ シィフアン."「お好みに合えば嬉しいのですが」と言います．もし謙譲表現を使うのなら，"**這是小意思。**/Zhè shì xiǎoyìsi./ ヅォ スー シアウイィス."「ほんの気持ちです」と言いましょう．

別れのあいさつ
—さようなら．—

□ さようなら．
Zàijiàn!

再見！

ヅァイヂエン！

Good-bye. / See you.

□ もう行かなくては．
Wǒ gāi zǒu le.

我該走了。

ウオ ガイ ヅォウ ロォ．

I should be going now.

□ それではまた．
　Hòu huì yǒu qí!
　後會有期！
　ホウ フエイ イオウ チィ！
　I will see you again.

□ また近いうちに．
　Gǎitiān jiàn!
　改天見！
　ガイティエン ヂエン！
　I will see you soon.

□ じゃあまたあとで．
　Děngxià jiàn!
　等下見！
　ドンシア ヂエン！
　I will see you later.

□ また明日．
　Míngtiān jiàn!
　明天見！
　ミンティエン ヂエン！
　I will see you tomorrow.

□ どうぞ，楽しい旅を！
　Zhù nǐ yílù píng'ān!
　祝你一路平安！
　ヅウ ニィ イィルウ ピンアン！
　Have a nice trip!

□ お気をつけて！
　Qǐng duō bǎozhòng!
　請多保重！
　チン ドゥオ パウヅォン！
　Take care!

1 あいさつ

□ あなたもね！
Nǐ yě qǐng duō bǎozhòng ba.
你也請多保重吧。
ニィ イエ チン ドゥオ バウヅォン バァ．
You too! / The same to you!

□ 今度は日本で会いましょう．
Xiàcì zài Rìběn jiàn!
下次在日本見！
シアツー ヅァイ ズーベン ヂエン！
Next time, let's meet in Japan.

□ ご主人[奥さん]によろしくお伝えください．
Wèn nǐ 'xiānshēng [tàitài] hǎo.
問你'先生[太太]好。
ウン ニィ 'シエンソン [タイタイ] ハウ．
Please give my regards to your husband [wife].

□ ご家族によろしくお伝えください．
Tì wǒ xiàng nǐ jiārén wèn hǎo.
替我向你家人問好。
ティ ウオ シアン ニィ ヂアゼン ウン ハウ．
Please give my regards to your family.

第2章 紹介

自分の名前
―姓が福島, 名前が華です.―

■ 何と呼ばれる？ ■
日本人の名前は, 日本語の読み方に関わらず漢字の華語読みに置き換えて呼ばれるのが普通です. かなの名前には適当な漢字を当てます. 地名についても同じです.

❏ 私は鈴木健次です.
Wǒ jiào Língmù Jiàncì.
我叫鈴木健次。
ウオ ヂアウ リンムウ ヂエンツー.
My name is Kenji Suzuki.

❏ 姓が福島, 名前が華です.
Wǒ xìng Fúdǎo, míngzi jiào Fúdǎo Huá.
我姓福島, 名字叫福島華。
ウオ シン フゥダウ, ミンヅ ヂアウ フゥダウ ファ.
My first name is Hana, and my last name is Fukushima.

❏ 姓はなんとおっしゃいますか.
Nín guìxìng?
您貴姓？
ニン グエイシン？
May I have your family name please?

■姓■

台湾人の姓氏は日本ほど多彩ではありませんが，台湾政府の統計によるとそれでもおよそ 1,500 姓以上あるそうで，2016 年現在の 10 大姓氏は多い順に "**陳** /Chén/ ツェン，**林** /Lín/ リン，**黃** /Huáng/ フアン，**張** /Zhāng/ ヅァン，**李** /Lǐ/ リィ，**王** /Wáng/ ウアン，**吳** /Wú/ ウゥ，**劉** /Liú/ リオウ，**蔡** /Cài/ ツァイ，**楊** /Yáng/ イアン" となっており，これで全国の 50% 以上を占めるそうです．"**陳**" と "**林**" で 20% 以上だそうですから，俗に "**陳林滿天下** / Chén Lín mǎn tiānxià/ ツェン リン マン ティエンシア" と言われるのもむべなるかなです．みなさんの知り合いの台湾人に「陳さん」や「林さん」が一人ぐらいいてもおかしくありませんね．

❑ お名前は？

Nǐ jiào shénme míngzi?

你叫什麼名字？

ニィ ヂアウ センモ ミンヅ?

What's your name?

❑ もう一度お願いします．

Qǐng zài shuō yíxià (nǐ de míngzi).

請再說一下（你的名字）。

チン ヅァイ スオ イィシア (ニィ ドォ ミンヅ).

Could you repeat (your name) again?

❑ お名前はどう書きますか．

Nín de míngzi zěnme xiě?

您的名字怎麼寫？

ニン ドォ ミンヅ ヅェンモ シエ?

How do you spell your name?

職業・学校をたずねる・答える
—ご職業は何ですか?—

2 紹介

❏ ご職業は何ですか.
Nǐ zuò shénme gōngzuò?

你做什麼工作？

ニィ ヅオ センモ グオンヅオ?

What's your occupation?

❏ 看護師[会社員]です.
Wǒ shì 'hùshì [shàngbānzú].

我是'護士[上班族]。

ウオ スー 'フウスー [サンバンヅウ].

I am a nurse [company worker].

❏ どちらにお勤めですか.
Nǐ zài nǎ yì jiā gōngsī 'gōngzuò [shàngbān]?

你在哪一家公司'工作[上班]？

ニィ ヅァイ ナァ イィ ヂア グオンスー 'グオンヅオ [サンバン] ?

What company are you working for?

❏ 田中電気に勤めています.
Wǒ zài Tiánzhōng Diànqì 'gōngzuò [shàngbān].

我在田中電器'工作[上班]。

ウオ ヅァイ ティエンヅオン ディエンチィ 'グオンヅオ [サンバン].

I work for the Tanaka Denki Company.

❏ 銀行に勤めています.
Wǒ zài yínháng 'gōngzuò [shàngbān].

我在銀行'工作[上班]。

ウオ ヅァイ インハン 'グオンヅオ [サンバン].

I work in a bank.

❏ オフィスワークをしています.

Wǒ shì shìwùyuán.

我是事務員。

ウオ スー スーウゥユィエン.

I work in an office.

❏ 主婦です.

Wǒ shì jiātíng zhǔfù.

我是家庭主婦。

ウオ スー ヂアティン ヅゥフゥ.

I am a housewife.

❏ レストラン[商店]の経営者です.

Wǒ jīngyíng 'cāntīng [shāngdiàn].

我經營'餐廳[商店]。

ウオ ヂンイン 'ツァンティン [サンディエン].

I run a restaurant [shop].

❏ 学生です.

Wǒ shì xuéshēng.

我是學生。

ウオ スー シュィエソン.

I am a student.

❏ 学校はどちらですか.

Nǐ shì nǎge xuéxiào de xuéshēng?

你是哪個學校的學生？

ニィ スー ナァゴオ シュィエシアウ ドォ シュィエソン?

Which school do you go to?

❏ 九州大学に通っています.

Wǒ shì Jiǔzhōu Dàxué de xuéshēng.

我是九州大學的學生。

ウオ スー ヂォウヅォウ ダアシュィエ ドォ シュィエソン.

I am a student at Kyushu University.

❑ 大学で経済学を専攻しています．
Wǒ de zhuānyè shì jīngjìxué.

我的專業是經濟學。

ウオ ドォ ヅアンイエ スー ヂンヂィシュィエ．

I'm majoring in economics at college.

出身地・誕生日をたずねる・答える
—どこからいらしたのですか？—

❑ どこからいらしたのですか．
Nǐ shì cóng nǎlǐ lái de?

你是從哪裡來的？

ニィ スー ツオン ナァリィ ライ ドォ？

Where are you from?

❑ 日本から来ました．
Wǒ shì cóng Rìběn lái de.

我是從日本來的。

ウオ スー ツオン ズーベン ライ ドォ．

I'm from Japan.

❑ 台湾は初めてです．
Wǒ dìyī cì lái Táiwān.

我第一次來台灣。

ウオ ディイィ ツー ライ タイウアン．

This is my first time in Taiwan.

❑ 台北には２度来たことがあります．
Wǒ láiguò liǎng cì Táiběi.

我來過兩次台北。

ウオ ライグオ リアン ツー タイベイ．

I have been to Taibei twice before.

2 紹介

❑ 台南には3年前に来ました．
Wǒ sān nián qián lái Táinán de.
我三年前來台南的。
ウオ サン ニエン チエン ライ タイナン ドォ．
I came to Tainan three years ago.

❑ こちらへは休暇で来ました．
Wǒ shì lái dùjià de.
我是來度假的。
ウオ スー ライ ドゥヂア ドォ．
I am here on vacation.

❑ 仕事で来ています．
Wǒ shì lái gōngzuò de.
我是來工作的。
ウオ スー ライ グオンヅオ ドォ．
I am here on business.

❑ 留学です．
Wǒ shì lái liúxué de.
我是來留學的。
ウオ スー ライ リオウシュィエ ドォ．
I'm a foreign student.

❑ ご出身は東京ですか．
Nǐ shì Dōngjīng lái de ma?
你是東京來的嗎？
ニィ スー ドゥオンヂン ライ ドォ マァ？
Are you from Tokyo?

❑ 東京で生まれました．
Wǒ shēngzài Dōngjīng.
我生在東京。
ウオ ソンヅァイ ドゥオンヂン．
I was born in Tokyo.

❏ 大阪で育ちました．
　　Wǒ shì zài Dàbǎn zhǎngdà de.
　　我是在大阪長大的。
　　ウオ スー ヅァイ ダァバン ヅァンダァ ドォ．
　　I grew up in Osaka.

❏ 京都に住んでいます．
　　Wǒ zhùzài Jīngdū.
　　我住在京都。
　　ウオ ヅゥヅァイ ヂンドゥウ．
　　I live in Kyoto.

❏ 誕生日は5月15日です．
　　Wǒ de shēngrì shì wǔ yuè shíwǔ hào.
　　我的生日是五月十五號。
　　ウオ ドォ ソンズー スー ウゥ ユィエ スーウゥ ハウ．
　　My birthday is the 15th May.

家族との関係
―子供は3人います．―

❏ 独身です．／結婚しています．
　　Wǒ shì dānshēn. / Wǒ yǐjīng jiéhūn le.
　　我是單身。／我已經結婚了。
　　ウオ スー ダンセン．／ウオ イィヂン ヂエフン ロォ．
　　I'm single. / I'm married.

❏ 夫[妻]とは去年別れました．
　　Wǒ qùnián gēn 'tā [tā] líhūn le.
　　我去年跟他[她]離婚了。
　　ウオ チュィニエン ゲン 'タァ [タァ] リィフン ロォ．
　　I got divorced from my husband [wife] last year.

❏ 子供はいますか．
　Nǐ yǒu háizi ma?
　你有孩子嗎？
　ニィ イオウ ハイヅ マァ?
　Do you have any kids?

❏ 子供は3人います．
　Wǒ yǒu sān ge háizi.
　我有三個孩子。
　ウオ イオウ サン ゴォ ハイヅ．
　I have three kids.

❏ 10歳の男の子と8歳の女の子です．
　Érzi jīnnián shí suì, nǚ'ér jīnnián bā suì.
　兒子今年十歲，女兒今年八歲。
　オルヅ ヂンニエン スー スエイ, ニュィオル ヂンニエン バァ スエイ．
　I have a ten-year-old boy and an eight-year-old girl.

❏ 5歳の双子の女の子がいます．
　Wǒ yǒu shuāngbāotāi nǚ'ér, tāmen jīnnián wǔ suì.
　我有雙胞胎女兒，她們今年五歲。
　ウオ イオウ スアンバウタイ ニュィオル, タァメン ヂンニエン ウゥ スエイ．
　I have twin girls at five years old.

❏ 子供はいません．
　Wǒ méiyǒu háizi.
　我沒有孩子。
　ウオ メイイオウ ハイヅ．
　I don't have any kids.

❏ 9月に初めての子供が産まれます．
　Wǒmen dìyī ge háizi jiāng zài jiǔ yuèfèn chūshēng.
　我們第一個孩子將在九月份出生。
　ウオメン ディイ ゴォ ハイヅ ヂアン ヅァイ ヂオウ ユィエフェン ツウソン．
　Our first child is due in September.

❑ ご両親は健在ですか．
Nǐ fùmǔ hái zài ma?
你父母還在嗎？
ニィ フゥウムゥ ハイ ヅァイ マァ?
Are your parents still alive?

❑ 父は5年前に亡くなりました．
Wǒ 'bàba [fùqīn] wǔ nián qián qùshì le.
我'爸爸[父親]五年前去世了。
ウオ 'パァパァ [フゥチン] ウゥ ニエン チエン チュイスー ロォ.
My father passed away five years ago.

❑ 母は健在です．
Wǒ 'māma [mǔqīn] jiànzài.
我'媽媽[母親]健在。
ウオ 'マァマァ [ムウチン] ヂエンヅァイ.
My mother is alive and well.

❑ きょうだいはいますか．
Nǐ yǒu xiōngdì jiěmèi ma?
你有兄弟姐妹嗎？
ニィ イオウ シュオンディ ヂエメイ マァ?
Do you have any sisters or brothers?

❑ 姉が1人，弟が1人います．
Wǒ yǒu yí ge jiějie hàn [hé] yí ge dìdi.
我有一個姐姐和一個弟弟。
ウオ イオウ イィ ゴォ ヂエヂエ ハン [ホォ] イィ ゴォ ディディ.
I have one big sister and one little brother.

❑ 姉[兄]は2つ上です．
Wǒ 'jiějie [gēge] bǐ wǒ dà liǎng suì.
我'姐姐[哥哥]比我大兩歲。
ウオ 'ヂエヂエ [ゴォゴォ] ビィ ウオ ダァ リアン スエイ.
My sister [brother] is two years older than I am.

2 紹介

❏ 弟[妹]は3つ下です.
Wǒ 'dìdi [mèimei] bǐ wǒ xiǎo sān suì.

我弟弟[妹妹]比我小三歲。

ウオ ˇディディ [メイメイ] ビィ ウオ シアウ サン スエイ.

My brother [sister] is three years younger than I am.

❏ 犬[猫]を飼っています.
Wǒ jiā yǎng le yì zhī 'gǒu [māo].

我家養了一隻'狗[貓]。

ウオ ヂア イアン ロォ イィ ヅー ˇゴウ [マウ].

I have got a dog [cat].

家族について話す
―妻はデザイナーです.―

❏ 妻はデザイナーです.
Wǒ tàitai shì ge shèjìshī.

我太太是個設計師。

ウオ タイタイ スー ゴオ ソォヂィスー.

My wife's occupation is designer.

❏ うちは夫婦共働きです.
Wǒmen fūqī dōu gōngzuò.

我們夫妻都工作。

ウオメン フゥウチィ ドウ グオンヅオ.

Both my wife and I are working.

❏ 家内は専業主婦です.
Wǒ tàitai shì ge jiātíng zhǔfù.

我太太是個家庭主婦。

ウオ タイタイ スー ゴオ ヂアティン ヅゥフゥウ.

My wife is a housewife.

■妻■

自分の妻を言う時には一般に "**太太** /tàitài/ タイタイ"（家内に相当）を用い，もっとくだけた言いかたでは "**老婆** /lǎopó/ ラウポォ"（女房に相当）があります．台湾では夫婦共働きが基本で専業主婦は珍しいため，日本の主婦はよく話題になります．

□ 上の子は結婚しています．

Wǒ dà háizi yǐjīng chéngjiā le.

我大孩子已經成家了。

ウオ ダァ ハイヅ イィヂン ツォンヂア ロォ.

My eldest child is married.

□ お兄さんはどちらにお住まいですか．

Nǐ gēge zhùzài nǎlǐ?

你哥哥住在哪裡？

ニィ ゴォゴォ ヅウヅァイ ナァリィ?

Where does your brother live?

□ 私は親と同居しています．

Wǒ gēn fùmǔ tóngzhù.

我跟父母同住。

ウオ ゲン フゥウムウ トゥオンヅウ.

I live with my parents.

□ 実家はどちらですか．

Nǐ chūshēng nǎlǐ?

你出生哪裡？

ニィ ツウソン ナァリィ?

Where is your home country?

□ 両親は北海道に住んでいます．

Wǒ fùmǔ zhùzài Běihǎidào.

我父母住在北海道。

ウオ フゥウムウ ヅウヅァイ ベイハイダウ.

My parents live in Hokkaido.

父は定年退職しました.

Wǒ fùqīn yǐjīng tuìxiū le.

我父親已經退休了。

ウオ フウチン イィヂン トゥエイシオウ ロォ.

My father is retired.

---

2 紹介

知人を紹介する
― こちらは上田さんの奥さまです. ―

目の前で「こちらは誰それです」と紹介する時には, "這是～/ Zhè shì ~/ ヅォ スー ～" のように言います. 敬意を示す場合には, "這位是～/Zhè wèi shì ~/ ヅォ ウエイ スー ～"「このかたは～」のように紹介します. 自分からやや遠い位置にいる場合は "那(位)是～ /Nà (wèi) shì ~/ ナァ (ウエイ) スー ～"「あちらは～」を使います.

友人の田中君を紹介します.

Wǒ lái jièshào yíxià, tā shì wǒ de péngyǒu Tiánzhōng.

我來介紹一下，他是我的朋友田中。

ウオ ライ ヂエサオ イィシア, タァ スー ウオ ドォ ポンイオウ ティエンヅオン.

I'd like to introduce my friend Tanaka.

こちらは友人の山田恵理です.

Zhè shì wǒ de péngyǒu Shāntián Huìlǐ.

這是我的朋友山田惠理。

ヅォ スー ウオ ドォ ポンイオウ サンティエン フエイリィ.

This is my friend, Eri Yamada.

❏ こちらは上田さんの奥さまです.
Zhè wèi shì Shàngtián (xiānshēng de) tàitài.
這位是上田(先生的)太太。
ヅォ ウエイ スー サンティエン (シエンソン ドォ) タイタイ.
This is Mrs. Ueda [Mr. Ueda's wife].

❏ こちらはいっしょに仕事をしている中野純です.
Zhè shì wǒ de tóngshì Zhōngyě Chún.
這是我的同事中野純。
ヅォ スー ウオ ドォ トゥオンスー ヅォンイエ ツン.
This is Jun Nakano. He works with us.

❏ 彼は高校時代からの友人です.
Tā shì wǒ gāozhōng tóngxué.
他是我高中同學。
タァ スー ウオ ガウヅオン トゥオンシュイエ.
He has been my friend since we were in high school.

シミュレーション 空港で

はじめまして.

小 すみません，李秀媚(リィ シオウメイ)さんですか？
Qǐng wèn, nín shì Lǐ Xiùmèi xiǎojiě ma?
請問，您是李秀媚小姐嗎？
チン ウン, ニン スー リィ シオウメイ シアウヂエ マァ？
Excuse me, are you Ms. Li Xiumei?

李 そうです. 小谷由紀子さんですね.
Shì a. Nín shì Xiǎogǔ Yóujìzǐ nǚshì ba?
是啊。您是小谷由紀子女士吧？
スー アァ. ニン スー シアウグウ イオウヂヅー ニュィスー バァ？
Yes, you are Ms. Yukiko Kotani, aren't you?

小 そうです. こんにちは！
Shì de. Nín hǎo!
是的。您好！
スー ドォ. ニン ハウ！
Yes, I am. Hello!

李 はじめまして.
Nín hǎo!
您好！
ニン ハウ！
How do you do?

小 お会いできてうれしいです.
Jiàndào nín, wǒ hěn gāoxìng!
見到您，我很高興！
ヂエンダウ ニン, ウオ ヘン ガウシン！
I'm very happy to meet you.

李 こちらこそ．
Wǒ yě hěn gāoxìng.
我也很高興。
ウオ イエ ヘン ガウシン.
Me, too.

ホテルはどちらですか？
Nín zhù nǎge fàndiàn?
您住哪個飯店？
ニン ヅウ ナァゴォ ファンディエン?
What hotel are you staying at?

小 ええと，これがホテルの名前です．
Ēn, zhè shì fàndiàn de míngzi.
嗯，這是飯店的名字。
エン, ヅォ スー ファンディエン ドォ ミンヅ.
Well, this is the name of the hotel.

李 ホテルまでお連れしましょう．
Wǒ sòng nín dào fàndiàn qù.
我送您到飯店去。
ウオ スオン ニン ダウ ファンディエン チュイ.
I will take you to the hotel.

駐車場に私どもの車があります．行きましょう．
Wǒmen de chē zài tíngchēchǎng, yìqǐ guòqù ba.
我們的車在停車場，一起過去吧。
ウオメン ドォ ツォ ヅァイ ティンツォツァン, イィチィ グオチュィ バァ.
Our car is in the parking lot. Let's go.

小 どうもありがとうございます．
Xièxiè nín.
謝謝您。
シエシエ ニン.
Thank you so much.

2 紹介

小谷 **小**・リィ **李**

シミュレーション 友人の家での挨拶

お茶をどうぞ．

登場人物：フォンヂアウ 鳳・恵理 恵・フォンヂアウの母 母

鳳 さあ，中へどうぞ．
Qǐng jìn!
請進！
チンヂン！
Come on in.

恵 すてきなお部屋ね．
Zhège fángjiān zhēn piàoliàng a!
這個房間真漂亮啊！
ヅォゴ ファンヂエン ヅェン ピアウリアン アァ！
What a lovely room!

鳳 お母さん，友達を連れてきたわ．
Mā, wǒ dàilái yí ge péngyǒu. / Mā, wǒ dàile yí ge péngyǒu lái.
媽，我帶來一個朋友。／媽，我帶了一個朋友來。
マァ，ウオ ダイライ イィ ゴォ ポンイオウ．／マァ，ウオ ダイロォ イィ ゴォ ポンイオウ ライ．
Mom, I brought my friend.

母 いらっしゃい．
Huānyíng! Huānyíng!
歡迎！歡迎！
フアンイン！フアンイン！
Thanks for coming over.

恵 はじめまして．後藤恵理です．
Nǐ hǎo! Wǒ jiào Hòuténg Huìlǐ.
你好！我叫後藤惠理。
ニィ ハウ！ウオ ヂアウ ホウトン フエイリィ．
Hello. My name is Eri Goto.

鳳 大学でいっしょに勉強しているの. 日本からの留学生よ.
Tā shì wǒ de dàxué tóngxué, shì Rìběn liúxuéshēng.
她是我的大學同學，是日本留學生。
タァ スー ウオ ドォ ダァシュイエ トゥオンシュイエ, スー ズーベン リオウシュイエソン.
We are studying at the same university. She is from Japan.

母 ご出身はどこ？ 東京ですか？
Nǐ nǎlǐ rén? Dōngjīng ma?
你哪裡人？東京嗎？
ニィ ナァリィ ゼン? ドゥオンヂン マァ?
Where are you from? Are you from Tokyo?

恵 東京で学んでいますが，実家は北海道です.
Wǒ zài Dōngjīng shàng dàxué, dàn wǒ shì Běihǎidào rén.
我在東京上大學，但我是北海道人。
ウオ ヅァイ ドゥオンヂン サン ダァシュイエ, ダン ウオ スー ベイハイダウ ゼン.
I'm studying in Tokyo (now), but I am originally from Hokkaido.

母 さあ，お茶をどうぞ.
Lái, hē bēi chá ba.
來，喝杯茶吧。
ライ, ホォ ベイ ツァ バァ.
Have a cup of tea.

恵 ありがとうございます.
Xièxiè.
謝謝。
シエシエ.
Thank you.

鳳 お菓子もどうぞ. おいしいのよ.
Chī diǎn diǎnxīn ba! Hěn búcuò chī de [Hěn hǎochī de].
吃點點心吧！很不錯吃的[很好吃的]。
ツー ディエン ディエンシン バァ! ヘン ブウツオ ツー ドォ [ヘン ハウツー ドォ].
Would you like some sweets too? They taste good.

---

2 紹介

フォンヂアウ **鳳**・恵理 **恵**・フォンヂアウの母 **母**

単語 家族

親　fùmǔ 父母 /フウムウ/ (英 parent)
両親　shuāngqīn 雙親 /スアンチン/ (英 parents)
父　fùqīn 父親 /フウチン/ (英 father)
母　mǔqīn 母親 /ムウチン/ (英 mother)
兄　gēge 哥哥 /ゴォゴォ/ (英 elder brother)
姉　jiějie 姐姐 /ヂエヂエ/ (英 elder sister)
弟　dìdi 弟弟 /ディディ/ (英 (younger) brother)
妹　mèimei 妹妹 /メイメイ/ (英 (younger) sister)
夫婦　fūqī 夫妻 /フウチイ/ (英 couple)
夫　zhàngfū 丈夫 /ヅァンフウ/, xiānsheng 先生 /シエンソン/, lǎogōng 老公 /ラウゴォン/ (英 husband)
妻　qīzi 妻子 /チイヅ/, lǎopó 老婆 /ラウポォ/, tàitài 太太 /タイタイ/ (英 wife)
子供　háizi 孩子 /ハイヅ/, érnǚ 兒女 /オルニュイ/ (英 child)
息子　érzi 兒子 /オルヅ/ (英 son)
娘　nǚ'ér 女兒 /ニュイオル/ (英 daughter)
父方の祖父　zǔfù 祖父 /ヅウフウ/ (英 grandfather)
母方の祖父　wàizǔfù 外祖父 /ウアイヅウフウ/ (英 grandfather)
父方の祖母　zǔmǔ 祖母 /ヅウムウ/ (英 grandmother)
母方の祖母　wàizǔmǔ 外祖母 /ウアイヅウムウ/ (英 grandmother)
舅　gōnggong 公公 /ゴォンゴォン/ (英 father-in-law)
姑　pópo 婆婆 /ポォポォ/ (英 mother-in-law)
親戚　qīnqī 親戚 /チンチイ/ (英 relative)
先祖　zǔxiān 祖先 /ヅウシエン/, zǔzōng 祖宗 /ヅウヅオン/ (英 ancestor)

第3章 日常生活

毎日の暮らしぶり
— 毎朝8時に家を出ます。—

❏ 朝は何時に起きますか.
Nǐ měitiān zǎoshàng jǐ diǎn(zhōng) qǐchuáng?
你每天早上幾點(鐘)起床？
ニィ メイティエン ヅァオサン ヂィ ディエン(ヅオン) チィツァン？
What time do you get up in the morning?

❏ だいたい7時に起きます.
Wǒ qī diǎn zuǒyòu qǐchuáng.
我七點左右起床。
ウオ チィ ディエン ヅオイオウ チィツァン.
I get up around seven o'clock.

❏ 普段朝食は食べません.
Píngshí wǒ bù chī zǎofàn.
平時我不吃早飯。
ピンスー ウオ ブウ ツー ヅァオファン.
I don't eat breakfast.

❏ 朝はお茶だけですませます.
Wǒ zǎoshàng zhǐ hē (bēi) chá.
我早上只喝(杯)茶。
ウオ ヅァオサン ヅー ホォ (ベイ) ツァ.
I just have tea in the morning.

- 毎朝8時に家を出ます．
  Wǒ měitiān zǎoshàng bā diǎn chūmén.
  我每天早上八點出門。
  ウオ メイティエン ヅァオサン バァ ディエン ツウメン．
  I leave home at eight o'clock every morning.

- 学校へはMRT[バス]で行きます．
  Wǒ zuò 'jiéyùn [gōngchē] qù shàngxué.
  我坐'捷運[公車]去上學。
  ウオ ヅォ ヂエユィン [グオンツォ] チュィ サンシュィエ．
  I go to school by subway [bus].

- マイカー通勤です．
  Wǒ kāi chē shàngbān.
  我開車上班。
  ウオ カイ ツォ サンバン．
  I go to work by car.

- 昼食は1時ごろにとります．
  Wǒ zhōngwǔ yì diǎn zuǒyòu chī wǔfàn.
  我中午一點左右吃午飯。
  ウオ ヅオンウゥ イィ ディエン ヅオイオウ ツー ウゥファン．
  I eat lunch about one o'clock.

- 会社は5時に終わります．
  (Wǒmen gōngsī) wǔ diǎn xiàbān.
  (我們公司)五點下班。
  (ウオメン グオンスー) ウゥ ディエン シアバン．
  My company finishes at five o'clock.

- 家族といっしょに夕食をとります．
  Wǒ gēn jiālǐrén yìqǐ chī wǎnfàn.
  我跟家裡人一起吃晚飯。
  ウオ ゲン ヂアリィゼン イィチィ ツー ウアンファン．
  I eat supper with my family.

❏ 夜 11 時に寝ます．
Wǒ wǎnshàng shíyī diǎn 'shuìjiào [xiūxí].
我晚上十一點'睡覺[休息]。
ウオ ウアンサン スーイィ ディエン '[スエイヂアウ [シオウシィ].
I go to bed at eleven o'clock at night.

> ## ふだんの暮らしについてたずねる・答える
> ―日曜日はいつも何をしますか?―

❏ 日曜日はいつも何をしますか．
Nǐ 'xīngqítiān [lǐbàitiān] zuò shénme ne?
你'星期天[禮拜天]做什麼呢?
ニィ 'シンチティエン [リィバイティエン] ヅオ センモ ノォ?
What do you do on Sundays?

❏ 日曜は何もしません．
Xīngqítiān [Lǐbàitiān] wǒ méiyǒu shénme yào zuò (de shì).
星期天[禮拜天]我沒有什麼要做(的事)。
シンチティエン [リィバイティエン] ウオ メイイオウ センモ イアウ ヅオ (ドォ スー).
I have nothing to do on Sunday.

❏ 日曜日は図書館に行きます．
Xīngqítiān [Lǐbàitiān] wǒ qù túshūguǎn.
星期天[禮拜天]我去圖書館。
シンチティエン [リィバイティエン] ウオ チュイ トウ**ス**ウグアン.
I go to the library on Sunday(s).

3 日常生活

❑ 土曜の午後はいつも太極拳をします．

'Xīngqíliù [Lǐbàiliù] xiàwǔ jīngcháng liàn tàijíquán.

'星期六[禮拜六]下午經常練太極拳。

'シンチィリオウ [リィバイリオウ] シアウゥ ヂンツァン リエン タイヂィチュィエン．

I play Taijiquan (traditional Chinese shadow boxing) every Saturday afternoon.

❑ 家でのんびりしています．

Wǒ zài jiālǐ xiūxí.

我在家裡休息。

ウオ ヅァイ ヂアリィ シオウシィ．

I'm taking it easy at home.

❑ 冬にはスキー[スケート]に行きます．

Dōngtiān qù 'huáxuě [huábīng].

冬天去'滑雪[滑冰]。

ドゥオンティエン チュイ 'フアシュィエ [フアビン]．

I go skiing [skating] in winter.

どのくらいするか，頻度を述べる
―一年に2度，実家に帰ります．―

❑ よく買い物に出かけます．

Wǒ jīngcháng qù mǎi dōngxī.

我經常去買東西。

ウオ ヂンツァン チュイ マイ ドゥオンシィ．

I go shopping pretty often.

❏ 夜はだいたいテレビを見ています．
Wǒ wǎnshàng tōngcháng kàn diànshì.
我晚上通常看電視。
ウオ ウアンサン トゥオンツァン カン ディエンスー.
I usually watch television in the evenings.

❏ 週に１度，病院[スーパー]に行きます．
Wǒ 'yì xīngqí [yí ge lǐbài] qù yí cì 'yīyuàn [chāoshì].
我'一星期[一個禮拜]去一次'醫院[超市]。
ウオ 'イィ シンチィ [イィ ゴォ リィバイ] チュイ イィ ツー 'イィユィエン [ツァオスー].
I go to the hospital [supermarket] once a week.

❏ 年に２度，実家に帰ります．
Wǒ yì nián huí liǎng cì 'gùxiāng [jiāxiāng].
我一年回兩次'故鄉[家鄉]。
ウオ イィ ニエン フエイ リアン ツー 'グウシアン [ヂアシアン].
I visit my parents a couple of times a year.

❏ たまにゴルフをします．
Wǒ yǒushí dǎ gāo'ěrfūqiú.
我有時打高爾夫球。
ウオ イオウスー ダァ ガウオルフゥチオウ.
I play golf every once in a while.

❏ 映画はほとんど見ません．
Wǒ jīhū bú kàn diànyǐng.
我幾乎不看電影。
ウオ ヂィフウ ブウ カン ディエンイン.
I rarely watch movies.

シミュレーション テレビを見る

歌番組があるわよ.

恵 テレビをつけてもいい？
Wǒ dǎkāi diànshì kànkàn, kěyǐ ma?
我打開電視看看，可以嗎？
ウオ ダァカイ ディエンスー カンカン, コォイィ マァ?
Can I turn the TV on?

鳳 もちろん．8時から歌番組があるわよ．
Dāngrán kěyǐ. Bādiǎn yǒu 'zòngyì jiémù [gēqǔ jiémù].
當然可以。八點有'綜藝節目[歌曲節目]。
ダンザン コォイィ. バァディエン イオウ 'ヅオンイィ ヂエムウ [ゴォチュイ ヂエムウ].
Sure. A music show is on at eight o'clock.

伍佰(ウーバイ)が出るらしいわ．
Tīngshuō yǒu Wǔ Bǎi yǎnchàng.
聽說有伍佰演唱。
ティンスオ イオウ ウゥ バイ イエンツァン.
I hear Wu Bai will appear in it.

恵 台湾のシンガーソングライターね。日本でも知られているわ．
Tā shì Táiwān de chuàngzuò gēshǒu. Zài Rìběn yě hěn yǒumíng.
他是台灣的創作歌手。在日本也很有名。
タァ スー タイウアン ドォ ツアンヅオ ゴォソウ. ヅァイ ズーベン イエ ヘン イオウミン.
He is a singer-songwriter in Taiwan. He is also famous in Japan.

最近は誰がはやっているの？
Zuìjìn shéi zuì hóng?
最近誰最紅？
ヅエイヂン セイ ヅエイ フオン？
Who is hot now?

[鳳] さあねえ….
Zhè wǒ bú tài qīngchǔ.
這我不太清楚。
ヅォ ウオ ブウ タイ チンツウ.
Well, I'm not sure.

私は鄧麗君(テレサ・テン)の歌が好きだけど.
Wǒ xǐhuān tīng Dèng Lìjūn de gē.
我喜歡聽鄧麗君的歌。
ウオ シイフアン ティン ドン リイヂュィン ドォ ゴォ.
I like Teresa Teng's songs.

[恵] あら？ 番組が変更になったみたい.
Āiyā, hǎoxiàng jiémù biàn le.
哎呀，好像節目變了。
アイイア, ハウシアン ヂエムウ ビエン ロォ.
What? It seems like they have changed the schedule.

台湾提灯祭りの実況中継だわ.
Shì Yuánxiāojié dēnghuì de xiànchǎng zhíbò.
是元宵節燈會的現場直播。
スー ユィエンシアウヂエ ドンフエイ ドォ シエンツァン ツーボォ.
It's a live performance of the Lantern Festival.

[鳳] これも悪くないわ.
Zhè yě búcuò.
這也不錯。
ヅォ イエ ブウツォ.
That's not bad either.

3 日常生活

恵理 [恵]・フォンヂアウ [鳳]

シミュレーション 月餅

中秋って何日？

恵 最近よく月餅の広告を見るわ．
Zuìjìn chángcháng kàndào yuèbǐng de guǎnggào.
最近常常看到月餅的廣告。
ヅエイヂン ツァンツァン カンダウ ュィエビン ドォ グアンガウ.
I often see advertisements about moon cakes.

ほら，あそこにも「月餅販売中」って書いてある．
Nǐ kàn, nàbiān yě xiězhe "yuèbǐng shàngshì".
你看，那邊也寫著"月餅上市"。
ニィ カン, ナァビエン イエ シエヅォ "ュィエビン サンスー".
Look, it says "Moon cakes are on sale" up there.

鳳 中秋の日にはどの家でも月餅を食べるのよ．
Zài Zhōngqiūjié jiājiāhùhù dōu chī yuèbǐng.
在中秋節家家戶戶都吃月餅。
ヅァイ ヅォンチオウヂエ ヂアヂアフウフウ ドウ ツー ュィエビン.
People eat moon cakes on the day of the Zhongqiu.

恵 中秋って何日？
Zhōngqiūjié shì shénme shíhòu?
中秋節是什麼時候？
ヅォンチオウヂエ スー センモ スーホウ?
What day is the Zhongqiu?

鳳 旧暦の8月15日よ．
Shì nónglì bāyuè shíwǔ.
是農曆八月十五。
スー ヌオンリィ パァュィエ スーウゥ.
On the lunar calendar, it is August 15th.

月餅を食べて満月を愛でるお祭りよ．
Zài nàtiān rénmen biān chī yuèbǐng, biān shǎng míngyuè.

在那天人們邊吃月餅，邊賞明月。

ヅァイ ナァティエン ゼンメン ビエン ツー ユィエビン，ビエン サン ミンユィエ．

At that day, people eat moon cakes and celebrate the full moon.

正月に次いで大事な行事の日なの．
Shì cìyú Chūnjié de zhòngyào jiérì.

是次於春節的重要節日。

スー ツーユィ ツンヂエ ドォ ヅォンイアウ ヂエズー．

After Chinese New Year's Day, it is the most important holiday.

🈀 家族そろって食べるの？
Quánjiārén yìqǐ chī ma?

全家人一起吃嗎？

チュィエンヂアゼン イィチィ ツー マァ？

Do people eat with every member of their family?

🈀 そう．親戚にも知人にも贈るのよ．
Shì a. Rénmen hái bǎ yuèbǐng sònggěi qīnqī péngyǒu.

是啊。人們還把月餅送給親戚朋友。

スー アァ．ゼンメン ハイ バァ ユィエビン スオンゲイ チンチィ ポンヨウ．

Yes, they will send moon cakes to their relatives and friends.

シミュレーション 風水

迷信という人がいます．

田 香港ではビルを風水で建てていると聞きました．
Tīngshuō zài Xiānggǎng gài dàlóu shí yào kàn fēngshuǐ.

聽說在香港蓋大樓時要看風水。
ティンスオ ヅァイ シアンガン ガイ ダァロウ スー イアウ カン フォンスエイ.
I hear that, in Hong Kong, feng shui will be considered every time a new building is constructed.

台湾でもそうですか？
Zài Táiwān yě yíyàng ma?

在台灣也一樣嗎？
ヅァイ タイウアン イエ イィイアン マァ?
Does this happen in Taiwan?

張 さあ，どうでしょうか．
Nà wǒ bú tài qīngchǔ.

那我不太清楚。
ナァ ウオ ブウ タイ チンツゥ.
I'm not sure.

風水は迷信という人がいます．
Yǒu rén rènwéi fēngshuǐ shì míxìn.

有人認為風水是迷信。
イオウ ゼン ゼンウエイ フォンスエイ スー ミィシン.
Some people say that feng shui is a superstition.

でも家を建てるときには風水を見てもらう人もいます．
Dàn yě yǒu rén gài fángzi de shíhòu qǐng rén lái kàn fēngshuǐ.

但也有人蓋房子的時候請人來看風水。
ダン イエ イオウ ゼン ガイ ファンヅ ドォ スーホウ チン ゼン ライ カン フォンスエイ．

But some people ask about feng shui when they build a house.

ここ数年，日本でも風水がブームになっています．
Jìnnián zài Rìběn fēngshuǐ yě hěn shòu huānyíng.

近年在日本風水也很受歡迎。
ヂンニエン ヅァイ ズーペン フォンスエイ イエ ヘン ソウ フアンイン．

Feng shui is popular among Japanese people these days.

単語 家

家 fángzi 房子 /ファンヅ/ (英 house)
玄関 ménkǒu 門口 /メンコウ/ (英 the entrance)
ドア mén 門 /メン/ (英 door)
部屋 fángjiān 房間 /ファンヂエン/ (英 room)
台所 chúfáng 廚房 /ツウファン/ (英 kitchen)
寝室 wòfáng 臥房 /ウオファン/, wòshì 臥室 /ウオスー/ (英 bedroom)
浴室 yùshì 浴室 /ユィスー/ (英 bathroom)
トイレ xǐshǒujiān 洗手間 /シィソウヂエン/ (英 restroom, bathroom)
窓 chuānghù 窗戶 /ツアンフウ/ (英 window)
カーテン chuānglián 窗簾 /ツアンリエン/ (英 curtain)
椅子 yǐzi 椅子 /イィヅ/ (英 chair, stool)
ソファー shāfā 沙發 /サァファ/ (英 sofa, couch)
机 shūzhuō 書桌 /スウヅオ/, zhuōzi 桌子 /ヅオヅ/ (英 desk, bureau)
テーブル zhuōzi 桌子 /ヅオヅ/ (英 table)
ベッド chuáng 床 /ツアン/ (英 bed)
暖房 nuǎnqì 暖氣 /ヌアンチィ/ (英 heating)
冷房 lěngqì 冷氣 /ロンチィ/ (英 air conditioning)
照明 diàndēng 電燈 /ディエンドン/ (英 electric light)
冷蔵庫 bīngxiāng 冰箱 /ビンシアン/ (英 refrigerator)
電子レンジ wéibōlú 微波爐 /ウエイボォルウ/ (英 microwave oven)
掃除機 xīchénqì 吸塵器 /シィツェンチィ/ (英 vacuum cleaner)
洗濯機 xǐyījī 洗衣機 /シィイィヂィ/ (英 washing machine)
テレビ diànshì(jī) 電視(機) /ディエンスー(ヂィ)/ (英 television)
パソコン (gèrén) diànnǎo (個人)電腦 /(ゴォゼン) ディエンナウ/ (英 personal computer)

第4章 お礼を言う・あやまる

基本的なお礼の表現
―どうもありがとう.―

❏ ありがとう.
Xièxiè!
謝謝!
シエシエ!
Thanks. / Thank you.

❏ どうもありがとう.
Xièxiè nǐ!
謝謝你!
シエシエ ニィ!
Thanks a lot.

❏ どうもありがとうございます.
Tài gǎnxiè nín le!
太感謝您了!
タイ ガンシエ ニン ロォ!
Thank you very much.

❏ 心より感謝します.
Xiàng nín biǎoshì zhōngxīn (de) gǎnxiè.
向您表示衷心(的)感謝。
シアン ニン ビアウシー ヅオンシン (ドォ) ガンシエ.
Thank you with all my heart.

❏ ご親切にありがとう．
Xièxiè nǐ de guānxīn!
謝謝你的關心！
シエシエ ニィ ドォ グアンシン！
Thank you for your kindness.

❏ お気遣いほんとうにありがとうございます．
Xièxiè nín de guānzhào.
謝謝您的關照。
シエシエ ニン ドォ グアンヅァオ.
That's really thoughtful of you.

❏ 今日はほんとうにありがとう．
Jīntiān fēicháng gǎnxiè!
今天非常感謝！
ヂンティエン フェイツァン ガンシエ！
Thank you very much for today.

❏ あなたのおかげです．
Tuō nín de fú.
托您的福。
トゥオ ニン ドォ フゥウ.
Thanks to you.

❏ おみやげをありがとう．
Xièxiè nǐ de lǐwù.
謝謝你的禮物。
シエシエ ニィ ドォ リィウゥ.
Thank you very much for your present.

❏ プレゼント，とても気に入りました．
Wǒ hěn xǐhuān nǐ de lǐwù.
我很喜歡你的禮物。
ウオ ヘン シィフアン ニィ ドォ リィウゥ.
I like your present very much.

4 お礼を言う・あやまる

❏ すてきなプレゼントに子供たちも大喜びでした．
Háizi shōudào nàme hǎo de lǐwù, tāmen fēicháng gāoxìng.
孩子收到那麼好的禮物，他們非常高興。
ハイヅ ソウダウ ナァモ ハウ ドォ リィウゥ, タァメン フェイツァン ガウシン.
My children were very excited with your present. It was very nice.

❏ 切符をとってくれてありがとう．
Xièxiè nǐ bāng wǒ dìng piào.
謝謝你幫我訂票。
シエシエ ニィ バン ウオ ディン ピアウ.
Thank you for getting me a ticket.

❏ 誘ってくれてありがとう．
Xièxiè nǐ yāoqǐng wǒ.
謝謝你邀請我。
シエシエ ニィ イアウチン ウオ.
It was very kind of you to invite me.

❏ アドバイスをありがとう．
Xièxiè nǐ de jiànyì.
謝謝你的建議。
シエシエ ニィ ドォ ヂエンイィ.
I appreciate your advice.

❏ いろいろとお世話になりました．
Xièxiè nǐ de zhàogù.
謝謝你的照顧。
シエシエ ニィ ドォ ヅァオグウ.
Thank you for everything.

❏ ご親切は忘れません．
Wǒ bú huì wàngjì nǐ de 'hǎoyì [guānxīn].
我不會忘記你的'好意[關心]。
ウオ ブウ フェイ ウアンヂィ ニィ ドォ 'ハウイィ [グアンシン].
I won't forget your kindness.

❏ ご協力に感謝します.
Xièxiè nǐ de hézuò.
謝謝你的合作。
シエシエ ニィ ドォ ホォヅオ.
Thank you for your cooperation.

❏ どういたしまして.
Nǎlǐ, nǎlǐ.
哪裡，哪裡。
ナァリィ, ナァリィ.
You are welcome.

❏ こちらこそ.
Bié kèqi. Wǒ fēicháng lèyì.
別客氣。我非常樂意。
ビエ コォチィ. ウオ フェイツァン ロォイィ.
The pleasure is all mine. / My pleasure.

❏ またいつでも言ってください.
Qǐng suíshí gēn wǒ shuō ba.
請隨時跟我說吧。
チン スエイスー ゲン ウオ スオ バァ.
Please ask me anytime.

基本的なお詫びの表現
―ごめんなさい.―

❏ ごめんなさい.
Duìbùqǐ.
對不起。
ドゥエイブゥチィ.
Excuse me.

☐ 申し訳ありません.
Zhēn bù hǎoyìsi. / Guò yì bú qù.

真不好意思。/ 過意不去。
ヅェン ブウ ハウイィス. / グオ イィ ブウ チュイ.
I'm sorry. / I'm feeling embarrassed.

☐ お許しください.
Qǐng yuánliàng.

請原諒。
チン ユィエンリアン.
Excuse me. / Forgive me.

☐ 失礼しました.
Hěn bàoqiàn.

很抱歉。
ヘン バウチエン.
Excuse me. / I'm sorry.

☐ すみません, 気がつきませんでした.
Duìbùqǐ, wǒ 'shūhū le [méi zhùyìdào].

對不起, 我 '疏忽了 [沒注意到]。
ドゥエイブウチィ, ウオ 'スウフウ ロォ [メイ ヅゥイィダウ].
I'm sorry, I didn't realize.

☐ これから気をつけます.
Yǐhòu yídìng 'zhùyì [liúxīn].

以後一定 '注意 [留心]。
イィホウ イィディン 'ヅゥイィ [リオウシン].
I'll be more careful from now on.

☐ 遅れてすみません.
Duìbùqǐ, wǒ 'chídào [láiwǎn] le.

對不起, 我 '遲到 [來晚] 了。
ドゥエイブウチィ, ウオ 'ツーダウ [ライウアン] ロォ.
(I'm) sorry I'm late.

□ ご連絡が遅れて申し訳ありません.
Duìbùqǐ, gēn nǐ liánxì chí le.

對不起，跟你聯繫遲了。

ドゥエイブウチィ, ゲン ニィ リエンシィ ツー ロォ.

(I'm) sorry I couldn't contact you sooner.

□ 待たせてすみません.
Duìbùqǐ, ràng nǐ jiǔ děng le.

對不起，讓你久等了。

ドゥエイブウチィ, ザン ニィ ヂォウ ドン ロォ.

(I'm) sorry to have kept you waiting.

□ 道に迷ってしまって.
Wǒ mílù le.

我迷路了。

ウオ ミィルウ ロォ.

I got lost.

□ 携帯の番号を忘れてしまって.
Wǒ wàng le nǐ de shǒujī hàomǎ.

我忘了你的手機號碼。

ウオ ウアン ロォ ニィ ドォ ソウヂィ ハウマァ.

I forgot your cell phone number.

□ おじゃまをしてごめんなさい.
Dǎrǎo [Dǎjiǎo] nǐ le.

打擾[打攪]你了。

ダァザオ [ダァヂアウ] ニィ ロォ.

(I'm) sorry for bothering you.

□ 大丈夫ですか.
Bú yàojǐn ba? / Méi shì ma?

不要緊吧？／沒事嗎？

ブウ イアウヂン バァ? / メイ スー マァ?

Are you all right?

- ❑ 大丈夫です.
  Bú yàojǐn. / Méi shì.
  不要緊。/ 沒事。
  ブウ イアウヂン. / メイ スー.
  I'm [That's] all right.

- ❑ 痛かったですか.
  Téng (le) ma? / Téng bùténg?
  疼(了)嗎？/ 疼不疼？
  トン (ロォ) マァ? / トン ブウトン?
  Did it hurt?

- ❑ なんともありません.
  Méi guānxī. / Méi shì.
  沒關係。/ 沒事。
  メイ グアンシィ. / メイ スー.
  It's nothing.

- ❑ 気にしないでください.
  Qǐng bié jièyì.
  請別介意。
  チン ビエ ヂエイィ.
  Don't worry about it.

- ❑ 私も悪かったんです.
  Wǒ yě bú duì. / Wǒ yě yǒu cuò.
  我也不對。/ 我也有錯。
  ウオ イエ ブウ ドゥエイ. / ウオ イエ イオウ ツオ.
  It was my fault, too.

第5章 祝う・なぐさめる

よい知らせを祝して
―おめでとう!―

□ 新しい仕事が見つかりました.
Wǒ zhǎodào le xīn de gōngzuò.

我找到了新的工作。

ウオ ヅァオダウ ロォ シン ドォ グオンヅオ.

I've found a new job.

□ 大学に合格しました.
Wǒ kǎoshàng dàxué le.

我考上大學了。

ウオ カウ**サン** ダァシュィエ ロォ.

I got accepted in a university.

□ 先月結婚しました.
Wǒ shàng ge yuè jiéhūn le.

我上個月結婚了。

ウオ **サン** ゴォ ユィエ ヂエフン ロォ.

I got married last month.

□ 子供が生まれます.
Wǒmen kuài yǒu háizi le.

我們快有孩子了。

ウオメン クアイ イオウ ハイヅ ロォ.

We are having a baby.

- おめでとう.
    Gōngxǐ gōngxǐ! / Zhùhè nǐ!
    恭喜恭喜！/ 祝賀你！
    グオンシィ グオンシィ! / ヅウホォ ニィ!
    Congratulations!

- よかったね！/ やったね！
    Tài hǎo le! / Hǎo bàng 'ō [yō]!
    太好了！/ 好棒喔[唷]！
    タイ ハウ ロォ! / ハウ バン'オー [イオ] !
    That's great! / You did it!

- 大学合格おめでとう.
    Gōngxǐ nǐ kǎoshàng (le) dàxué.
    恭喜你考上(了)大學。
    グオンシィ ニィ カウサン (ロォ) ダァシュイエ.
    Congratulations on passing the entrance exam!

- 卒業おめでとう.
    Gōngxǐ nǐ 'bìyè [wánchéng xuéyè]!
    恭喜你'畢業[完成學業]！
    グオンシィ ニィ 'ビィイエ [ウアンウォン シュイエイエ] !
    Congratulations on your graduation!

- 男児[女児]ご出産おめでとうございます. 〔書面〕
    Gōnghè 'nòngzhāng [nòngwǎ] zhī xǐ.
    恭賀'弄璋[弄瓦]之喜。
    グオンホォ 'ヌオンヅァン [ヌオンウア] ヅー シィ.
    Congratulations for the birth of your son [daughter].

- 出産おめでとう！
    Gōngxǐ nǐ háizi chūshēng le!
    恭喜你孩子出生了！
    グオンシィ ニィ ハイヅ ツウソン ロォ!
    Congratulations for the birth of your baby.

5 祝う・なぐさめる

5 祝う・なぐさめる

❏ 出産おめでとう![生んだ本人に]
Zhùhè nǐ shēng xiǎohái le!
祝賀你生小孩了!
ヅウホォ ニィ ソン シアウハイ ロォ!
Congratulations for giving birth to a baby.

❏ ご就職おめでとうございます.
Zhùhè nǐ 'jiùzhí [zhǎodào gōngzuò]!
祝賀你'就職[找到工作]!
ヅウホォ ニィ 'ヂオウヅー [ヅァオダウ グオンヅオ] !
Congratulations on getting a job!

❏ 心からお祝い申し上げます.
Zhōngxīn xiàng nǐ biǎoshì zhùhè.
衷心向你表示祝賀。
ヅォンシン シアン ニィ ビアウスー ヅウホォ.
Congratulations from the bottom of my heart!

❏ 私もとてもうれしく思います.
Wǒ yě hěn gāoxìng.
我也很高興。
ウオ イエ ヘン ガウシン.
I'm so happy for you.

❏ あなたのおかげです.
Tuō nín de fú.
托您的福。
トゥオ ニン ドォ フゥウ.
Thanks to you.

❏ 成功を祈ります./健康を祈ります.
Zhù nǐ chénggōng! / Zhù nǐ jiànkāng!
祝你成功!/祝你健康!
ヅウ ニィ ヅォングオン! / ヅウ ニィ ヂエンカン!
I wish you all the success. / I wish you good health.

- 赤ちゃんがすくすくと育ちますように.
  Zhù nǐ 'xiǎohái [bǎobao] 'zhuózhuàng [kuàikuài] chéngzhǎng!

  祝你'小孩[寶寶]'茁壯[快快]成長！

  ヅウ ニィ 'シァウハイ [バウバウ] 'ヅオヅアン [クアイクアイ] ツォンヅァン！

  I hope your baby grows up healthy.

- お誕生日おめでとう.
  Zhù nǐ shēngrì kuàilè!

  祝你生日快樂！

  ヅウ ニィ ソンズー クアイロォ！

  Happy birthday!

- お誕生日のプレゼントです.
  Zhè shì shēngrì lǐwù.

  這是生日禮物。

  ヅォ スー ソンズー リィウゥ.

  Here's a birthday present for you.

- 気に入ってもらえるとうれしいです.
  Nǐ xǐhuān, wǒ hěn gāoxìng.

  你喜歡，我很高興。

  ニィ シィフアン, ウオ ヘン ガウシン.

  I hope you'll like it.

- ケーキのろうそくを吹き消して！
  Nǐ bǎ dàngāoshàng de làzhú chūimiè ba!

  你把蛋糕上的蠟燭吹滅吧！

  ニィ バァ ダンガウサン ドォ ラァヅウ ツエイミエ バァ！

  Now, you can blow out the birthday candles.

5 祝う・なぐさめる

結婚を祝って
―末永くお幸せに.―

□ お似合いのカップルです.
Nǐmen [Tāmen] zhēn pèiduì.
你們[他們]真配對。
ニィメン [タァメン] ヅェン ペイドゥエイ.
You both [They] make a nice couple.

□ 彼は何てプロポーズしたの？
Tā shì xiàng nǐ zěnme qiúhūn de?
他是向你怎麼求婚的？
タァ スー シアン ニィ ヅェンモ チオウフン ドォ？
How did he propose to you?

□ それは秘密.
Nà shì mìmì.
那是秘密。
ナァ スー ミィミィ.
That's a secret.

□ 末永くお幸せに.
Zhù nǐ(men) yǒngyuǎn xìngfú!
祝你(們)永遠幸福！
ヅウ ニィ(メン) ユオンユィエン シンフゥウ！
Please be forever happy together.

□ 新婚旅行はどちらへ？
Nǐmen qù nǎlǐ dù mìyuè?
你們去哪裡渡蜜月[度蜜月]？
ニィメン チュイ ナァリィ ドゥウ ミィユィエ？
Where are you going to have your honeymoon?

■ 贈り物(2)■

台湾では新築祝いや結婚祝いなどに置き時計・掛け時計を贈るのはタブーです. なぜなら,「置き時計・掛け時計を贈る」は華語では "送鐘 /sòng zhōng/ スオン ヅォン" と言い,「臨終を看取る」の "送終 /sòngzhōng/ スオンヅオン" と発音が同じため不吉なこととされているからです. しかし腕時計 "(手)錶 /(shǒu) biǎo/ (ソウ)ビアウ" ならば, 音が "終" と異なりますから贈ってもかまいません.

祭日・記念日
— あけましておめでとう!—

5 祝う・なぐさめる

❏ あけましておめでとう.

Xīnnián hǎo!

新年好!

シンニエン ハウ!

Happy New Year!

❏ 今年もよろしくお願いします.

Zhù jīnnián yě wànshì ruí yì!

祝今年也萬事如意!

ヅウ ヂンニエン イエ ウアンスー ズエイ イィ!

Please treat me favorably this year as well.

❏ よいお年を!

Bài ge zǎonián! / Zhù nǐ guò ge hǎo nián!

拜個早年!/ 祝你過個好年!

バイ ゴォ ヅァオニエン!/ ヅウ ニィ グオ ゴォ ハウ ニエン!

Have a good year!

❏ 楽しいお正月をお迎えください.

Zhù nǐ guònián yúkuài!

祝你過年愉快！

ヅウ ニィ グオニエン ユィクアイ！

I hope you have a happy new year.

❏ 春節おめでとう.

Zhù nǐmen Chūnjié hǎo!

祝你們春節好！

ヅウ ニィメン ツンヂエ ハウ！

Happy Chinese New Year!

❏ 春節おめでとう.〔＝儲かりますように〕

Gōngxǐ fācái!

恭喜發財！

グオンシィ ファツァイ！

I want to congratulate you and wish you prosperity!

■ 縁起 ■

春節には新年を言祝ぎ，家内安全，無病息災などの願いを表す文句を書いた "春聯 /chūnlián/ ツンリエン" を門やドアに張り出す習慣があります．"福 /fú/ フゥウ" の一字もそれで，わざわざ逆さまにして張ります．もともとは外省人（戦後に中国大陸から移住してきた人々）の習慣でしたが，近頃は本省人（終戦以前から台湾に定住していた人々）もこれをまねることがあります．"福倒 /fú dào/ フゥウ ダウ"（福の字がひっくり返っている）なので，"福到 /fú dào/ フゥウ ダウ"（福がやって来る）に掛けているわけです．"魚 /yú/ ユィ" は "餘 /yú/ ユィ"（余る，残る）と同音であることから縁起がいいとされ，"年畫 /niánhuà/ ニエンフア" には鯉を図柄にした "年年[連年]有餘 /nián nián [liánnián] yǒu yú/ ニエン ニエン [リエンニエン] イオウ ユィ" などが好まれます．もし鯉が9匹いれば，"九 /jiǔ/ ヂオウ" と "永久 /yǒngjiǔ/ ユオンヂオウ" の "久 /jiǔ/" を掛けているのです．

"招財進寶 /zhāo cái jìn bǎo/ ヅァオ ツァイ ヂン バウ"（お金がたんと儲かりますように）という絵文字の年画にも鯉が描かれているかもしれません．

☐ 結婚記念日おめでとう.
Zhù jiéhūn jìniànrì yúkuài!

祝結婚紀念日愉快！

ヅウ ヂエフン ヂィニエンズー ユィクアイ！

Happy anniversary of your wedding!

なぐさめとお悔やみの表現
―残念でしたね.―

文末助詞の"了"は，新たな状況の発生や変化を表します．

☐ 離婚しました.
Wǒ líhūn le.

我離婚了。

ウオ リィフン ロォ.

I got divorced.

☐ 姉が入院しました.
Wǒ jiějie zhùyuàn le.

我姐姐住院了。

ウオ ヂエヂエ ヅウィエン ロォ.

My sister was sent to the hospital.

☐ 祖父は先月亡くなりました.
Wǒ 'āgōng [zǔfù] shàng ge yuè qùshì le.

我'阿公[祖父]上個月去世了。

ウオ 'アァグオン [ヅウフウ] サン ゴォ ユィエ チュィスー ロォ.

My grandfather died last month.

5 祝う・なぐさめる

5 祝う・なぐさめる

❏ 切符はとれませんでした.
Piào méi dìngdào.
票没订到。
ピアウ メイ ディンダウ.
I failed to get the ticket.

❏ 残念でしたね. / お気の毒に.
Tài yíhàn le./ Zhēn kěxí.
太遗憾了。/ 真可惜。
タイ イィハン ロォ. / ヅェン コシィ.
That was too bad. / I'm sorry.

❏ お悔やみ申し上げます.
Xiàng nín biǎoshì āidào.
向您表示哀悼。
シアン ニン ピアウスー アイダウ.
Please accept my sympathy.

❏ それは大変ですね.
Nà kě bùdéliǎo./ Nà zhēn bùdéliǎo.
那可不得了。/ 那真不得了。
ナァ コォ ブゥドォリアウ. / ナァ ヅェン ブゥドォリアウ.
That's too bad. / That must be really tough.

❏ お気持ちはよくわかります.
Wǒ (néng) lǐjiě nǐ de xīnqíng.
我(能)理解你的心情。
ウオ (ノン) リィヂエ ニィ ドォ シンチン.
I understand how you feel.

❏ 気を落とさないで.
Nǐ bié 'xièqì [jǔsàng].
你别'泄气[沮丧]。
ニィ ビエ ゛シエチィ [ヂュサン].
Don't let things get you down.

□ あきらめないで．
Nǐ búyào fàngqì.
你不要放棄。
ニィ ブウイアウ ファンチィ.
Don't give up.

□ 運が悪かっただけですよ．
Nǐ zhǐbúguò yùnqì bù hǎo (éryǐ).
你只不過運氣不好（而已）。
ニィ ヅーブウグオ ユィンチィ ブウ ハウ（オルイィ）.
You just had bad luck.

□ 今度はうまくやれますよ．
Xiàcì yídìng 'néng zuò hǎo [bú huì cuò].
下次一定'能做好[不會錯]。
シアツー イィディン 'ノン ヅオ ハウ [ブウ フエイ ツオ].
It'll go better next time.

□ 少し休んだほうがいいですよ．
Nǐ zuìhǎo xiūxí yíxià.
你最好休息一下。
ニィ ヅエイハウ シオウシィ イィシア.
You should take a break.

□ 専門家に相談してみてはいかがですか．
Nǐ qù tīngtīng zhuānjiā de yìjiàn, zěnmeyàng?
你去聽聽專家的意見，怎麼樣？
ニィ チュイ ティンティン ヅアンヂア ドォ イィヂエン, ヅェンモイアン?
Why don't you consult some specialists?

□ 私にできることがありますか．
Yǒu méiyǒu wǒ néng bāng nǐ de?
有沒有我能幫你的？
イオウ メイイオウ ウオ ノン バン ニィ ドォ?
Is there anything I can do?

- ❏ これからもがんばって.

    Nǐ jìxù nǔlì ba!

    你繼續努力吧！

    ニィ ヂィシュィ ヌウリィ バァ！

    Keep doing your best.

- ❏ あなたならできますよ.

    Nǐ yídìng néng zuò hǎo.

    你一定能做好。

    ニィ イィディン ノン ヅオ ハウ.

    I bet you, you can do it!

- ❏ 気楽に.

    Bié jǐnzhāng! / Qǐng fàngsōng!

    別緊張！／請放鬆！

    ビエ ヂンヅァン！／チン ファンスオン！

    Take it easy.

- ❏ 落ち着いて.

    Bié jīdòng. / Lěngjìng diǎn.

    別激動。／冷靜點。

    ビエ ヂィドゥオン. / ロンヂン ディエン.

    Calm down.

第6章 呼びかけ・質問

呼びかける
―ちょっとすみません.―

☐ (ちょっと)すみません.〔注意を引くとき〕
Duìbùqǐ!
對不起！
ドゥエイブウチィ！
Excuse me.

☐ (ちょっと)すみません.〔尋ねるとき〕
Qǐng wèn (yíxià).
請問(一下)。
チン ウン (イィシア).
Excuse me. / May I ask you something?

☐ (ちょっと)すみません.〔店員などを呼ぶとき〕
Duìbùqǐ, 'xiǎojiě [xiānsheng]!
對不起，'小姐[先生]！
ドゥエイブウチィ，'シアウヂエ [シエンソン]！
Excuse me.

☐ (ちょっと)すみません.〔運転手に呼びかけるとき〕
Duìbùqǐ, sījī xiānsheng!
對不起，司機先生！
ドゥエイブウチィ，スーヂィ シエンソン！
Excuse me.

待って！ / ちょっと待って．

Děng yíxià! / Qǐng děngyìděng! / Qǐng shāo děng (yíxià)!

等一下！/ 請等一等！/ 請稍等（一下）！

ドン イィシア！/ チン ドンイィドン！/ チン サオ ドン (イィシア)！

Wait! / Just a moment.

お手伝いしましょうか．

Wǒ lái bāng nín ba.

我來幫您吧。

ウオ ライ バン ニン バァ．

Can I help you?

落としましたよ．

Nín diào dōngxī le./ Nín dōngxī diào le.

您掉東西了。/ 您東西掉了。

ニン ディアウ ドゥオンシィ ロォ．/ ニン ドゥオンシィ ディアウ ロォ．

You dropped it!

6 呼びかけ・質問

ものを尋ねるとき
―ちょっとお尋ねしたいのですが．―

ちょっとお尋ねしたいのですが．

Qǐng wèn (yíxià).

請問（一下）。

チン ウン (イィシア)．

May I ask you a question?

わからないことがあるのですが．

Wǒ yǒu jiàn shì ˇxiǎng xiàng nín qǐngjiào [xiǎng wèn nín].

我有件事ˇ想向您請教[想問您]。

ウオ イオウ ヂエン スー ˇシアン シアン ニン チンヂアウ [シアン ウン ニン]．

I have got something to ask you.

❑ (話があるときに)今ちょっといいですか.
Nǐ xiànzài fāngbiàn ma? / Nǐ xiànzài yǒu shíjiān ma?

你現在方便嗎？／你現在有時間嗎？

ニィ シエンヅァイ ファンビエン マァ？／ニィ シエンヅァイ イオウ スーヂエン マァ？

Can I talk to you?

❑ ちょっとこちらへ来ていただけますか.
Nǐ néng lái yíxià ma?

你能來一下嗎？

ニィ ノン ライ イィシア マァ？

Can you come here for a second?

❑ これは何ですか.
Zhè shì shénme?

這是什麼？

ヅォ スー センモ？

What's this?

❑ ここはどこですか.
Zhè shì shénme dìfāng? / Wǒmen zài nǎlǐ?

這是什麼地方？／我們在哪裡？

ヅォ スー センモ ディファン？／ウオメン ヅァイ ナァリィ？

Where is this? / Where are we?

❑ 失礼ですが，あなたはどなたですか.
Qǐng wèn, nín shì nǎ wèi?

請問，您是哪位？

チン ウン，ニン スー ナァ ウエイ？

Excuse me, but, who are you?

6
呼びかけ・質問

聞き取れなかったとき
―もう一度おっしゃってください.―

☐ もう一度おっしゃってください.
Qǐng (nín) zài shuō yí biàn.
請(您)再說一遍。
チン (ニン) ツァイ スオ イィ ビエン.
Can you say that again, please?

☐ よく聞こえません.
Tīngbùqīngchǔ.
聽不清楚。
ティンプウチンツゥ.
I can't hear you.

☐ 何て言いました？
Nǐ shuō shénme?
你說什麼？
ニィ スオ センモ?
What did you say? / I beg your pardon? / Excuse me?

☐ えっ，何ですって？/ 何？
Shénme?
什麼？
センモ?
Pardon? / What did you say?

☐ もう少しゆっくり話していただけますか.
Qǐng nín màndiǎn shuō./ Qǐng nín shuō màn yìdiǎn.
請您慢點說。/ 請您說慢一點。
チン ニン マンディエン スオ. / チン ニン スオ マン イィディエン.
Would you mind speaking a little bit slower?

6 呼びかけ・質問

❏ もう少し大きな声でお願いできますか.
Qǐng nín dàshēng yìdiǎn.

請您大聲一點。

チン ニン ダァソン イィディエン.

Would you mind speaking up a bit?

理解できないとき
―それはどういう意味ですか?―

❏ それはどういう意味ですか.
Nà shì shénme yìsi?

那是什麼意思?

ナァ スー センモ イィス?

What does that mean?

❏ この言葉[文]はどういう意味ですか.
Zhège cí [Zhè jù huà] shì shénme yìsi?

這個詞[這句話]是什麼意思?

ヅォゴォ ツー [ヅォ デュィ フア] スー センモ イィス?

Can you tell me what this means?

❏ なぜですか.
Wèi shénme?

為什麼?

ウエイ センモ?

Why?

❏ お話がよくわかりませんでした.
Nǐ shuō de huà wǒ bú tài dǒng.

你說的話我不太懂。

ニィ スオ ドォ フア ウオ ブウ タイ ドゥオン.

I didn't catch what you said.

- [ ] もう一度説明していただけますか.

    Qǐng (nǐ) zài 'shuōmíng [jiěshì] yíxià.

    請(你)再'說明[解釋]一下。

    チン (ニィ) ツァイ '**ス**オミン [ヂエスー] イィシア.

    Would you mind explaining that again?

- [ ] なるほど. (確かに) / どおりで.

    Díquè. / Guàibùdé. / Nánguài.

    的確。/ 怪不得。/ 難怪。

    ディチュィエ. / グアイブドォ. / ナングアイ.

    Exactly! / No wonder.

- [ ] ようやく理解できました.

    Wǒ 'hǎo(bù)róngyì [zhōngyú] cái míngbái le. / Wǒ 'hǎo(bù)róngyì [zhōngyú] cái dǒng le.

    我'好(不)容易[終於]才明白了。/ 我'好(不)容易[終於]才懂了。

    ウオ '**ハ**ウ (ブウ) **ズ**オンイィ [ヅオンユィ] ツァイ ミンパイ ロォ. / ウオ '**ハ**ウ (ブウ) **ズ**オンイィ [ヅオンユィ] ツァイ ドゥオン ロォ.

    I see it now.

第7章 肯定・否定

肯定するとき・引き受けるとき
―そのとおりです.―

❏ はい(そうです).
Shì (de). / Duì.
是(的)。/ 對。
スー(ドォ)./ ドゥエイ.
Yes.

❏ そのとおりです.
Nǐ shuō de duì.
你說的對。
ニィ スオ ドォ ドゥエイ.
That's right. / Exactly!

❏ そうだと思います.
Wǒ xiǎng shì 'zhèyàng [rúcǐ].
我想是'這樣[如此]。
ウオ シアン スー **'**ツォイアン [ズウツー].
I think so.

❏ おっしゃることはわかります.
Wǒ míngbái nín shuō de yìsi.
我明白您說的意思。
ウオ ミンパイ ニン スオ ドォ イィス.
I understand what you're saying.

- ❏ **わかりました. / なるほど.**
  Wǒ míngbái le. / Wǒ zhīdào le. / Yuánlái rúcǐ.
  我明白了。 / 我知道了。 / 原來如此。
  ウオ ミンバイ ロォ. / ウオ ヅーダウ ロォ. / ユィエンライ ズゥツー.
  I understand. / I see.

- ❏ **そうなんですか.**
  Shì ma?
  是嗎？
  スー マァ?
  Is that so?

- ❏ **それはよかったですね.**
  Nà tài hǎo le.
  那太好了。
  ナァ タイ ハウ ロォ.
  That's good.

- ❏ **まったく同感です.**
  Wǒ yě zhème xiǎng. / Wǒ zànchéng.
  我也這麼想。 / 我贊成。
  ウオ イエ ヅォモ シアン. / ウオ ヅァンツォン.
  Absolutely. / I agree.

- ❏ **いいですよ. / 了解.**
  Kěyǐ. / Wǒ zhīdào le.
  可以。 / 我知道了。
  コォイィ. / ウオ ヅーダウ ロォ.
  All right. / OK!

- ❏ **もちろんですよ.**
  Dāngrán.
  當然。
  ダンザン.
  Of course.

❏ 喜んで. / 必ずそうします.
Wǒ hěn yuànyì. / Wǒ yídìng nàyàng zuò.

我很願意。／我一定那樣做。

ウオ ヘン ユィエンイィ. / ウオ イィディン ナァイアン ヅオ.

I'd love to. / I'll definitely do that.

❏ 時と場合によります.
Yào kàn 'qíngkuàng [qíngxíng].

要看'情況[情形]。

イアウ カン 'チンクアン [チンシン].

That depends.

否定するとき・拒否するとき
— いいえ, けっこうです. —

意志を持って否定する時には, "不" を使います.

❏ いいえ.
Bù. / Bú shì.

不。／不是。

ブウ. / ブウ スー.

No.

❏ 違います.
Bú duì.

不對。

ブウ ドゥエイ.

No, that's wrong [different].

7 肯定・否定

□ そうは思いません.
Wǒ bú zhèyàng rènwéi.

我不這樣認為。
ウォ ブウ ヅォイアン ゼンウエイ.
I don't think so.

□ それは別の問題です.
Zhè shì lìng yì huí shì.

這是另一回事。
ヅォ スー リン イィ フエイ スー.
That's something else.

□ 知りません.
Wǒ bù zhīdào. / wǒ bù xiǎodé.

我不知道。／我不曉得。
ウォ ブウ ヅーダウ. / ウォ ブウ シアウドォ.
I don't know.

□ 私にはわかりません.
Wǒ bù dǒng. / Wǒ bù zhīdào. / Wǒ bù míngbái. / wǒ bù qīngchǔ. / wǒ bù xiǎodé.

我不懂。／我不知道。／我不明白。／我不清楚。／我不曉得。
ウォ ブウ ドゥオン./ ウォ ブウ ヅーダウ/ ウォ ブウ ミンバイ/ ウォ ブウ チンツウ. / ウォ ブウ シアウドォ.
I can't understand.

□ いいえ，けっこうです.
Bú yào le, xièxiè.

不要了，謝謝。
ブウ イアウ ロォ, シエシエ.
No, thank you.

❏ いやです.

Wǒ bú yào.

我不要。

ウオ ブウ イアウ.

It's no good. / No way.

❏ もう十分です.

Gòu le.

夠了。

ゴウ ロォ.

That's enough.

❏ それは困ります.

Nà kě bù xíng. / Nà bù xíng de.

那可不行。／那不行的。

ナァ コォ ブウ シン. / ナァ ブウ シン ドォ.

That'll put me in a bind.

❏ したくありません.

Wǒ bù xiǎng zuò.

我不想做。

ウオ ブウ シアン ヅオ.

I don't want to do it.

❏ 悪いのですが,できません.

Zhēn bàoqiàn, wǒ bù néng. / Bù hǎoyìsi, wǒ bànbúdào.

真抱歉，我不能。／不好意思，我辦不到。

ヅェン パオチエン, ウオ ブウ ノン. / ブウ ハウイィス, ウオ バンブウダウ.

Sorry, but I can't do it.

❏ 無理です.

Nà bànbúdào de. / Nà shì bù kěnéng de.

那辦不到的。／那是不可能的。

ナァ バンブウダウ ドォ. / ナァ スー ブウ コォノン ドォ.

It's impossible.

今は忙しいのです.

Wǒ xiànzài hěn máng.

我現在很忙。

ウオ シエンヅァイ ヘン マン.

I'm busy right now.

私には関係ありません.

Gēn wǒ 'méiyǒu guānxī [wúguān].

跟我'沒有關係[無關]。

ゲン ウオ 'メイイオウ グアンシィ [ウゥグアン].

That has got nothing to do with me.

急いでいますので.

Duìbùqǐ, wǒ hěn máng.

對不起，我很忙。

ドゥエイブウチィ, ウオ ヘン マン.

Sorry, but I'm in a bit of a hurry.

先約があります.

Wǒ yǐ yǒu 'ānpái [yùyuē]. / Wǒ yǐ yǒu yuē.

我已有'安排[預約]。/ 我已有約。

ウオ イィ イオウ 'アンパイ [ユィユエ]. / ウオ イィ イオウ ユイエ.

I have an appointment.

ほっといてください.

Búyào guǎn wǒ.

不要管我。

ブウイアウ グアン ウオ.

Leave me alone.

私のではありません.

Bú shì wǒ de.

不是我的。

ブウ スー ウオ ドォ.

It's not mine.

第8章 能力・可能性

相手の能力をたずねる・答える
―英語はわかりますか?―

□ あそこに手が届きますか.
Nàlǐ nǐ 'gòudedào[gòudezháo] ma?
那裡你'夠得到[夠得著]嗎?
ナァリィ ニィ "ゴウドォダウ[ゴウドォヅァオ] マァ?
Can you reach over there?

□ 届きます. / 届きません.
Gòudedào[Gòudezháo]. / Gòubúdào[Gòubùzháo].
夠得到[夠得著]。/ 夠不到[夠不著]。
ゴウドォダウ[ゴウドォヅァオ]. / ゴウブウダウ[ゴウブウヅァオ].
Yes, I can. / No, I can't.

□ パソコンが使えますか.
Nǐ huì búhuì yòng diànnǎo?
你會不會用電腦?
ニィ フエイ ブウフエイ ユオン ディエンナウ?
Do you know how to use a computer?

□ 使えます. / はい,できます.
Wǒ huì.
我會。
ウオ フエイ.
I know how to use a computer. / Yes, I can.

❏ 基本的なことならできます.

Jiǎndān de cāozuò méi wèntí.

簡單的操作沒問題。

ヂエンダン ドォ ツァオヅオ メイ ウンティ.

If it's something basic, I can do it.

❏ 英語[日本語]はわかりますか.

Nǐ dǒng 'Yīngyǔ [Rìyǔ] ma?

你懂'英語[日語]嗎？

ニィ ドゥオン 'インユィ [ズーユィ] マァ?

Do you understand English [Japanese]?

❏ はい，わかります.

Wǒ dǒng.

我懂。

ウオ ドゥオン.

Yes, I understand it.

❏ 中国語を読むことはできます[できません].

Wǒ 'kàndedǒng [kànbùdǒng] Zhōngwén.

我'看得懂[看不懂]中文。

ウオ 'カンドォドゥオン [カンブドゥオン] ヅオンウン.

I can [can't] read Chinese.

❏ 水泳は得意です.

Wǒ yóuyǒng yóude hěn hǎo. / Wǒ yóuyǒng hěn náshǒu. / Wǒ hěn huì yóuyǒng.

我游泳游得很好。／我游泳很拿手。／我很會游泳。

ウオ イオウユオン イオウドォ ヘン ハウ. / ウオ イオウユオン ヘン ナァソウ. / ウオ ヘン フエイ イオウユオン.

I am a good swimmer. / I can swim very well.

8 能力・可能性

❏ ピアノが少し弾けます．
　　Wǒ huì tán yìdiǎn gāngqín.
　　我會彈一點鋼琴。
　　ウオ フエイ タン イィディエン ガンチン．
　　I can play the piano a little.

❏ テニスはできません．
　　Wǒ bú huì dǎ wǎngqiú.
　　我不會打網球。
　　ウオ ブウ フエイ ダァ ウアンチオウ．
　　I cannot play tennis.

❏ 私は中国語は話せ［書け］ません．
　　Wǒ bú huì 'shuō Zhōngwén [xiě Zhōngwén].
　　我不會說中文［寫中文］。
　　ウオ ブウ フエイ "スオ ヅオンウン [シエ ヅオンウン]．
　　I cannot speak [write] Chinese.

❏ パソコンはまったくだめです．
　　Wǒ wánquán bù dǒng diànnǎo.
　　我完全不懂電腦。
　　ウオ ウアンチュイエン ブウ ドゥオン ディエンナウ．
　　I can't use computers at all.

❏ 中国語入力はできません．
　　Wǒ bú huì shūrù Zhōngwén.
　　我不會輸入中文。
　　ウオ ブウ フエイ スウズウ ヅオンウン．
　　I can't input Chinese.

❏ 中国語を話すのは得意ではありません．
　　Wǒ bú tài huì 'shuō Zhōngwén [jiǎng Zhōngwén].
　　我不太會說中文［講中文］。
　　ウオ ブウ タイ フエイ "スオ ヅオンウン [ヂアン ヅオンウン]．
　　I can't speak Chinese very well.

8 能力・可能性

❏ 聞き取れませんでした．
Méi tīngdǒng. / Tīngbùdǒng.
沒聽懂。／聽不懂。
メイ ティンドゥオン．／ティンブドゥオン．
I didn't catch what you said.

❏ 料理はうまくありません．
Wǒ zuò cài zuòde bù hǎo.
我做菜做得不好。
ウオ ヅオ ツァイ ヅオドォ ブウ ハウ．
I am not a good cook.

❏ 数学[計算]が苦手です．
Wǒ 'shùxué [jìsuàn] bú tài hǎo.
我'數學[計算]不太好。
ウオ 'スウシュイエ [ディスアン] ブウ タイ ハウ．
I am not good at math.

❏ 政治の話は苦手です．
Wǒ bú shànyú tán zhèngzhì.
我不善於談政治。
ウオ ブウ サンユィ タン ヅォンヅー．
I'm not interested in politics.

❏ 自信があります．
Wǒ yǒu 'bǎwò [xìnxīn].
我有'把握[信心]。
ウオ イオウ 'バァウオ [シンシン]．
I'm confident (with myself).

❏ 自信がありません．
Wǒ méiyǒu 'bǎwò [xìnxīn].
我沒有'把握[信心]。
ウオ メイイオウ 'バァウオ [シンシン]．
I'm not confident (with myself).

8 能力・可能性

可能性をたずねる・答える
―公園まで10分で行けます.―

> "能"＋[動詞]は「能力・条件があって[動詞]できる」の意です．
> 否定は"不能"（＋[動詞]）です．

❏ そこから海は見えますか.
Cóng nàlǐ néng kàndào dàhǎi ma?

從那裡能看到大海嗎？
ツォン ナァリィ ノン カンダウ ダァハイ マァ?

Can you see the sea from over there?

❏ 公園まで10分で行けます.
Dào gōngyuán yào shí fēnzhōng.

到公園要十分鐘。
ダウ グオンユィエン イアウ スー フェンヅオン．

The park is ten minutes' walk [ride] from here.

❏ 空港まで1時間では行けませんよ.
Yí ge xiǎoshí 'wúfǎ dào [méi bànfǎ dào / dàobùliǎo] jīchǎng.

一個小時'無法到[沒辦法到 / 到不了]機場。
イィ ゴォ シアウスー 'ウゥファ ダウ [メイ バンファ ダウ / ダウブウリアウ] ヂィヅァン．

You can't get to the airport in an hour.

❏ 今，西門町まで出て来られますか.
Xiànzài néng lái Xīméndīng ma?

現在能來西門町嗎？
シエンヅァイ ノン ライ シィメンディン マァ?

Can you come out here to Ximenting now?

8
能力・可能性

❏ ええ，行けます．/ いいえ，だめです．

Kěyǐ. / Bù néng.

可以。/ 不能。

コォイィ. / ブゥ ノン.

Yes, I can. / No, I can't.

■ 時刻の表現 ■

「10時15分」十點'十五分[一刻] /Shí diǎn 'shíwǔ fēn [yí kè]/ スー ディエン 'スーウゥ フェン [イィ コォ]

「7時半」七點半 /Qī diǎn bàn/ チィ ディエン バン

「3時ちょうど」三點整 /Sān diǎn zhěng/ サン ディエン ヅォン

「2時5分前」差五分兩點 /Chā wǔ fēn liǎng diǎn/ ツァ ウゥ フェン リアン ディエン

■ 日・日付・日数 ■

日は口語では "號 /hào/ ハウ" と言います(書面語では "日 /rì/ ズー" を使うこともあります). 日数は "天 /tiān/ ティエン" で数えますから, "二號 /èr hào/ オル ハウ" は日付の2日で, 日数の2日間は "兩天 /liǎng tiān/ リアン ティエン" と言います.

8 能力・可能性

第9章 感情表現

喜び・満足の表現
―すばらしい!―

☐ すばらしい!
Zhēn liǎobùqǐ! / Tài hǎo le! / Yìjíbàng!
真了不起!/ 太好了!/ 一級棒!
ヅェン リアウブウチィ!/ タイ ハウ ロォ!/ イィヂィバン!
Wonderful! / Fantastic!

☐ すごい!
Zhēn liǎobùqǐ! / Tài bàng le! / Yìjíbàng!
真了不起!/ 太棒了!/ 一級棒!
ヅェン リアウブウチィ!/ タイ バン ロォ!/ イィヂィバン!
Great! / Terrific!

☐ ラッキー!
Yùnqì zhēn hǎo! / Zhēn zǒuyùn! / Hǎoyùn!
運氣真好!/ 真走運!/ 好運!
ユィンチィ ヅェン ハウ!/ ヅェン ヅォウユィン!/ ハウユィン!
I am lucky!

☐ おもしろい!
Hěn yǒu yìsi! / Hǎowán! / Zhēn yǒuqù!
很有意思!/ 好玩!/ 真有趣!
ヘン イオウ イィス!/ ハウウアン!/ ヅェン イオウチュィ!
What fun!

9 感情表現

❏ とても印象的でした．
Gěi wǒ liúxià le shēnkè de yìnxiàng.
給我留下了深刻的印象。
ゲイ ウオ リオウシア ロォ **セ**ンコォ ドォ インシアン.
I was very impressed.

❏ 感動しました．
Wǒ hěn gǎndòng.
我很感動。
ウオ ヘン ガンドゥオン.
That's very moving.

❏ あの映画に感動しました．
Nà bù diànyǐng shǐ wǒ fēicháng gǎndòng.
那部電影使我非常感動。
ナァ ブウ ディエンイン スー ウオ フェイ**ツァ**ン ガンドゥオン.
I was moved by the film.

❏ おっかしい！
Tài kěxiào le. / Zhēn hǎoxiào.
太可笑了。／真好笑。
タイ コォシアウ ロォ. / **ヅ**ェン ハウシアウ.
That's hilarious!

❏ 笑えますね．
Zhēn kěxiào. / Hǎo huájī. / Tài hǎoxiào le. / Hǎoxiào jíle.
真可笑。／好滑稽。／太好笑了。／好笑極了。
ヅェン コォシアウ. / ハウ フアヂィ. / タイ ハウシアウ ロォ. / ハウシアウ ヂィロォ.
That makes me laugh.

❏ わあ，おいしい．
Ā, zhēn hǎochī!
啊，真好吃！
アァ, ヅェン ハウツー！
How delicious!

❏ 気分は最高です！
　Wǒ gāoxìng jíle! / Wǒ tài gāoxìng le! / Tài 'hāi [high] le!

我高興極了！/ 我太高興了！/ 太'嗨[high]了！

ウオ ガウシン ヂィロォ! / ウオ タイ ガウシン ロォ! / タイ 'ハイ [ハイ] ロォ!

I feel great! / I couldn't feel any better!

❏ それはいい知らせです．
　Zhè shì yí ge hǎo xiāoxí.

這是一個好消息。

ヅォ スー イィ ゴォ ハウ シアウシィ.

That's good news.

❏ それを聞いて安心しました．
　Wǒ tīngdào zhè jù huà jiù fàngxīn le.

我聽到這句話就放心了。

ウオ ティンダウ ヅォ ヂュィ フア ヂオウ ファンシン ロォ.

I'm relieved to hear that.

❏ 気に入りました．
　Wǒ xǐhuānshàng le. / Wǒ zhòngyì le. / Wǒ kànshàng le.

我喜歡上了。/ 我中意了。/ 我看上了。

ウオ シィフアン**サン** ロォ. / ウオ **ヅ**オンイィ ロォ. / ウオ カン**サン** ロォ.

I like it.

❏ 夢がかなってうれしいです．
　Wǒ de lǐxiǎng shíxiàn le, wǒ zhēn gāoxìng.

我的理想實現了，我真高興。

ウオ ドォ リィシアン スーシエン ロォ, ウオ ヅェン ガウシン.

I'm glad my dream has come true.

9 感情表現

❏ やっとできた！
Zhōngyú zuò hǎo le!
終於做好了！
ヅォンユィ ヅォ ハウ ロォ!
I'm finally finished!

❏ 楽しかった．
Zhēn yúkuài. / Zhēn hǎowán.
真愉快。/ 真好玩。
ヅェン ユィクアイ. / ヅェン ハウウアン.
I had a good time. / That was fun.

❏ ツアーには満足しています．
Wǒ hěn mǎnyì 'zhège xíngchéng [zhè cì lǚxíng].
我很滿意'這個行程[這次旅行]。
ウオ ヘン マンイィ 'ヅォゴォ シンヅォン [ヅォ ツー リュィシン].
I was satisfied with the tour.

❏ くつろいでいます．
Wǒ hěn qīngsōng. / Wǒ xiànzài hěn yōuxián.
我很輕鬆。/ 我現在很'悠閒[悠閑]。
ウオ ヘン チンスオン. / ウオ シエンヅァイ ヘン イオウシエン.
I'm relaxing now.

❏ ここは居心地がいいです．
Zhèlǐ hěn shūfú.
這裡很舒服。
ヅォリィ ヘン スウフゥウ.
I feel comfortable here.

□ ここに来るとリラックスできます．
Dào zhèlǐ lái, wǒ gǎndào ʼ(hěn) shūshì zìzài [hěn qīngsōng].
到這裡來，我感到ʼ(很)舒適自在[很輕鬆]。
ダウ ヅォリィ ライ，ウオ ガンダウ ʼ(ヘン) **スウスー** ヅーヅァイ [ヘン チンスオン].
When I come here, I can relax.

期待の表現
— 楽しみにしています．—

□ あなたにお会いできるのを楽しみにしています．
Wǒ pànwàng gēn nín jiànmiàn. / Wǒ qídài wǒmen de jiànmiàn.
我盼望跟您見面。／我期待我們的見面。
ウオ パンウアン ゲン ニン ヂエンミエン．/ ウオ チィダイ ウオメン ドォ ヂエンミエン．
I'm looking forward to seeing you.

□ わくわくします．
Wǒ hěn xīngfèn. / Wǒ xīnqíng hěn jīdòng.
我很興奮。／我心情很激動。
ウオ ヘン シンフェン．/ ウオ シンチン ヘン ヂィドゥオン．
I'm so excited!

□ 本当ならいいのですが．
Rúguǒ shì zhēn de, ʼjiù hǎo le [gāi duō hǎo a].
如果是真的，ʼ就好了[該多好啊]。
ズウグオ スー ヅェンドォ，ʼヂオウ ハウ ロォ [ガイ ドゥオ ハウ アァ].
I hope it's true.

9 感情表現

❏ 来てくれるとうれしいのですが.
Nǐ néng lái, wǒ hěn gāoxìng.
你能來，我很高興。
ニィ ノン ライ, ウオ ヘン ガウシン.
I'd be glad [happy] if you could come.

驚き・当惑の表現
― まさか！―

❏ 本当？
(Shì) zhēn de ma?
(是)真的嗎？
(スー) ヅェンドォ マァ?
Really?

❏ ええっ，本当ですか.
Āi, shì zhēn de?
哎，是真的？
アイ, スー ヅェン ドォ?
Huh? Really?

❏ まさか！
Bú huì ba! / Zěnme huì ne!
不會吧！／怎麼會呢！
ブウ フェイ バァ！／ヅェンモ フエイ ノォ！
Come on! / You've got to be kidding!

❏ 冗談でしょう？
Nǐ zài kāi wánxiào ba? / Xiāshuō.
你在開玩笑吧？／瞎説。
ニィ ヅァイ カイ ウアンシアウ バァ? / シアスオ.
You're kidding, right?

❏ 本気？

Zhè huà dàngzhēn? / Nǐ rènzhēn shuō de ma? / Nǐ shì rènzhēn de ma?

這話當真？/ 你認真說的嗎？/ 你是認真的嗎？

ヅォ ファ ダンヅェン? / ニィ ゼンヅェン スォ ドォ マァ? / ニィ スー ゼンヅェン ドォ マァ?

Are you serious?

❏ それはショックです.

Wǒ hěn chījīng. / Tài zhènjīng le.

我很吃驚。/ 太震驚了。

ウオ ヘン ツーヂン. / タイ ヅェンヂン ロォ.

I'm shocked to hear that.

❏ 驚きました.

Xià le wǒ yí tiào.

嚇了我一跳。

シア ロォ ウオ イィ ティアウ.

Oh, what a surprise!

❏ 思ってもみませんでした.

Wǒ méi xiǎngdào. / Chūhū yìliào.

我沒想到。/ 出乎意料。

ウオ メイ シアンダウ. / ツウフウ イィリアウ.

I never thought anything of the sort.

❏ 信じられません.

Wǒ bú xìn. / Wǒ kě bù xiāngxìn.

我不信。/ 我可不相信。

ウオ ブウ シン. / ウオ コォ ブウ シアンシン.

I can't believe it!

- どうしよう.
 Zěnme bàn?
 怎麼辦？
 ヅェンモ バン?
 What shall [should] I do?

- そのときは驚きました.
 Nà shí wǒ 'hěn chījīng [hěn jīngyà / xià le yítiào].
 那時我'很吃驚[很驚訝 / 嚇了一跳]。
 ナァ スー ウオ'ヘン ツーヂン [ヘン ヂンイア / シア ロォ イィティアウ].
 I was surprised, at that time.

落胆・怒りの表現
― がっかりしました！―

- 残念です.
 Zhēn yíhàn. / Zhēn kěxí.
 真遺憾。／真可惜。
 ヅェン イィハン. / ヅェン コォシィ.
 That's too bad.

- それを聞いてがっかりしました.
 Yì tīngdào zhège xiāoxí wǒ hěn shīwàng.
 一聽到這個消息我很失望。
 イィ ティンダウ ヅォゴォ シアウシィ ウオ ヘン スーウアン.
 I was disappointed to hear that.

- もう売り切れなんてがっかりだ.
 Yǐjīng màiguāng le, zhēn sǎoxìng.
 已經賣光了，真掃興。
 イィヂン マイグアン ロォ, ヅェン サオシン.
 I'm so disappointed that it's sold out.

- ❏ 落ち込んでいます．
    Hěn jǔsàng. / Hěn àonǎo.

    很沮喪。／很懊惱。

    ヘン ヂュィサン．／ヘン アウナウ．

    I'm depressed.

- ❏ あなたが来ないとつまらない．
    Nǐ bù lái méi yìsi.

    你不來沒意思。

    ニィ ブウ ライ メイ イィス．

    It'll be boring if you don't come.

- ❏ 気に入りません．
    Wǒ bù xǐhuān.

    我不喜歡。

    ウオ ブウ シィフアン．

    I don't like it.

- ❏ それはひどい．
    Zhēn zāogāo! / Tài zāo le!

    真糟糕！／太糟了！

    ヅェン ヅァオガウ！／タイ ヅァオ ロォ！

    That's too bad. / That's terrible!

- ❏ ばかげています．
    Húshuō! / Fèihuà! / Xiāshuō!

    胡說！／廢話！／瞎說！

    フウスオ！／フェイフア！／シアスオ！

    Nonsense!

- ❏ もうたくさんだ．
    Gòu le.

    夠了。

    ゴウ ロォ．

    I've had it!

9 感情表現

□ いいかげんにしてください.
Suàn le ba. / Nǐ hǎo le ba.

算了吧。/ 你好了吧。
スアン ロォ バァ. / ニィ ハウ ロォ バァ.

I've had enough of it.

□ 彼にはまったく頭にきた.
Wǒ hěn shēng tā de qì. / Shuōdào tā jiù yǒuqì.

我很生他的氣。/ 說到他就有氣。
ウオ ヘン ソン タァ ドォ チィ. / スオダウ タァ ヂオウ イオウチィ.

I'm quite angry with him.

否定的な気持ちの表現
—心配です.—

□ 悲しいです.
Wǒ hěn shāngxīn.

我很傷心。
ウオ ヘン サンシン.

I feel sad.

□ 寂しいです.
Wǒ hěn jímò.

我很寂寞。
ウオ ヘン ヂィモォ.

I'm lonely.

□ 退屈です.
Wǒ juéde hěn 'méi qù [wúliáo].

我覺得很'沒趣[無聊]。
ウオ ヂュイエドォ ヘン 'メイ チュイ [ウゥリアウ].

I'm bored.

❏ 怖いです.

Wǒ hěn pà. / Hǎo kǒngbù.

我很怕。/ 好恐怖。

ウオ ヘン パァ. / ハウ クオンブウ.

I'm scared.

❏ 心配です.

Wǒ hěn dānxīn.

我很擔心。

ウオ ヘン ダンシン.

I'm worried.

❏ 困っています.

Wǒ hěn wéinán. / Wǒ hěn tóutòng.

我很為難。/ 我很頭痛。

ウオ ヘン ウエイナン. / ウオ ヘン トウトゥオン.

I'm in trouble.

❏ 悩みがあります.

Wǒ yǒu fánnǎo.

我有煩惱。

ウオ イオウ ファンナウ.

I've got something on my mind.

❏ 忙しくて, もう大変です.

Mángde bùdéliǎo. / Mángsǐ wǒ le.

忙得不得了。/ 忙死我了。

マンドォ ブゥドォリアウ. / マンスー ウオ ロォ.

I'm busy to death.

❏ 緊張しています.

Wǒ hěn jǐnzhāng.

我很緊張。

ウオ ヘン ヂンヅァン.

I'm nervous.

フォンヂアウ 鳳・恵理 恵

シミュレーション 台湾のゆるキャラ

日本のくまモンの親友よ.

鳳 台北のマスコット知ってる？
Nǐ zhīdào Táiběi de jíxiángwù shì shénme ma?
你知道台北的吉祥物是什麼嗎？
ニィ ヅーダウ タイペイ ドォ ディシアンウゥ スー センモ マァ?
Do you know what the mascot of Taibei is?

恵 台湾クマでしょう？ 熊なんとかと言うのよね.
Shì Táiwān hēixióng ba. Jiào xióng shénme de.
是台彎黑熊吧。叫熊甚麼的。
スー タイウアン ヘイシュオン バァ. ヂアウ シュオン センモ ドォ.
I think it's a Formosan black bear. It's called Bear something.

9 感情表現

鳳 そう,「熊讚 Bravo」と言って, 台湾語では"xiong"は「とっても」, "zan"は「素晴らしい」, つまり「すご～い」の意味なのよ.
Duì, jiào "Xióng-zàn", Táiwānhuà de fāyīn "xiong" shì "hěn", "zan" shì "bàng", jiù shì "hěn bàng" de yìsi.
對，叫" 熊讚"， 台灣話的發音"xiong"是" 很","zan"是" 棒"，就是" 很棒"的意思.
ドゥエイ, ヂアウ " シュオン - ヅァン", タイウアンフア ドォ ファイン " シュオン " スー " ヘン", " ヅァン" スー " バン", ヂオウ スー " ヘンバン " ドォ イィス.
Yes, his name is "Xiong-zan Bravo". In Taiwanese, "xiong" means "very" and "zan" means "wonderful", when you put them together, that means "Bravo".

台湾にはほかにも「高雄熊 Hero」や「喔熊 Oh! Bear」などのクマにちなんだゆるキャラがいるわよ.
Táiwān hái yǒu "Gāoxióng-xióng", "Oh! Xióng" děng gēn xióng yǒuguān de jíxiángwù.
台灣還有"高雄熊","喔熊"等跟熊有關的吉祥物。
タイウアン ハイ イオウ "ガウシュオン-シュオン","オー! シュオン" ドン ゲン シュオン イオウグアン ドォ ヂィシアンウゥ.
There are also other bear mascots like "Hero" or "Oh! Bear" in Taiwan.

みんな,日本のくまモンの親友よ.
Tāmen dōu shì Rìběn Xióngběn-xióng de hǎo péngyǒu.
牠們都是日本熊本熊的好朋友。
タァメン ドウ スー ズーペン シュオンペン-シュオン ドォ ハウ ポンイオウ.
They are all Japanese Kumamon's best friends.

恵 どうしてクマなの?
Wèi shénme shì xióng ne?
為什麼是熊呢?
ウエイ センモ スー シュオン ノォ?
Why are they bears?

鳳 台湾クマは台湾の国宝級動物だし,みんなその愛くるしい仕草が大好きなのよ.
Táiwān hēixióng shì Táiwān de guóbǎojí dòngwù, érqiě dàjiā xǐhuān xióng kě'ài de yàngzi.
台灣黑熊是台灣的國寶級動物,而且大家喜歡熊可愛的樣子。
タイウアン ヘイシュオン スー タイウアン ドォ グオバウヂィ ドゥオンウゥ, オルチエ ダァヂア シィフアン シュオン コアイ ドォ イアンツ.
Because the Formosan black bear is thought of as almost a national treasure in Taiwan, and everyone likes its adorable movements.

フォンヂァウ 鳳・恵理 恵

9 感情表現

第10章 意見・好み・願い

意見を聞く・述べる
― どう思いますか？ ―

"覺得～ /juéde ～ / デュィエドォ～" で,「～感じる」「～思う」の意です.

□ 私の考えをどう思いますか.
Wǒ de 'kànfǎ [yìjiàn] nǐ juéde zěnmeyàng?
我的'看法[意見]你覺得怎麼樣？
ウオ ドォ 'カンファ [イィヂエン] ニィ デュィエドォ ヅェンモイアン？
What do you think of my idea?

□ 彼女の曲をどう思いますか.
Tā de qǔzi nǐ juéde zěnmeyàng?
她的曲子你覺得怎麼樣？
タァ ドォ チュィヅ ニィ デュィエドォ ヅェンモイアン？
What do you think of her music?

□ いいと思います.
Wǒ juéde bú cuò.
我覺得不錯。
ウオ デュィエドォ ブ ツォ.
I think it's nice.

❏ 賛成です．
　Wǒ zànchéng.
　我贊成。
　ウオ ヅァン**ツ**ォン.
　I'm (all) for it.

❏ 反対です．
　Wǒ fǎnduì. / Bú zànchéng.
　我反對。／ 不贊成。
　ウオ ファンドゥエイ．/ ブウ ヅァンツォン.
　I'm against it.

❏ 問題があると思います．
　Wǒ rènwéi yǒu wèntí.
　我認為有問題。
　ウオ ゼ̣ンウエイ イオウ ウンティ.
　I think there's something wrong with it.

❏ 役に立つ[立たない]と思います．
　Wǒ juéde ˙yǒuyòng [méi (yǒu) yòng].
　我覺得˙有用[沒(有)用]。
　ウオ ヂュィエドォ ˙イオウユオン [メイ (イオウ) ユオン].
　I think it's useful [useless].

❏ 一概には言えません．
　Bù néng yí gài ér lùn.
　不能一概而論。
　ブウ ノン イィ ガイ オル ルン.
　We can't say for sure whether or not that is so.

❏ 私もそう思います．
　Wǒ yě zhèyàng xiǎng.
　我也這樣想。
　ウオ イエ ヅォイアン シアン.
　I think so, too.

10 意見・好み・願い

❏ 私はそうは思いません．
Wǒ bú nàyàng xiǎng.
我不那樣想。
ウオ ブウ ナァイアン シアン.
I don't think so.

❏ 私にはわかりません．/ 理解できません．
wǒ bù qīngchǔ. / Wǒ bù néng lǐjiě. [Wǒ bù dǒng.]
我不清楚。/ 我不能理解。[我不懂。]
ウオ ブウ チンツウ. / ウオ ブウ ノン リィヂエ. [ウオ ブウ ドゥオン.]
I don't know. / I cannot understand.

❏ まったくそのとおりです．
Nǐ shuōde wánquán duì. / Jiù rú nǐ suǒ shuō.
你說得完全對。/ 就如你所說。
ニィ スオドォ ウアンチュィエン ドゥエイ. / ヂオウ ズウ ニィ スオ スオ.
That's exactly it.

感想を聞く・述べる
―台湾はどうでしたか?―

❏ それを聞いて[見て，読んで]どう思いましたか．
Nǐ 'tīngqǐlái [kànqǐlái] juéde zěnmeyàng?
你'聽起來[看起來]覺得怎麼樣？
ニィ 'ティンチィライ [カンチィライ] デュイエドォ ゼンモイアン?
What did you think when you heard [saw, read] that?

❏ 台湾はどうでしたか．
Nǐ juéde Táiwān zěnmeyàng?
你覺得台灣怎麼樣？
ニィ デュイエドォ タイウアン ゼンモイアン?
How did you like Taiwan?

10 意見・好み・願い

- ❏ サービスはどうでしたか.
  Fúwù zěnmeyàng?
  服務怎麼樣？
  フゥウゥ ヅェンモイアン?
  How was the service there?

- ❏ どんな映画でしたか.
  Shì shénme diànyǐng?
  是什麼電影？
  スー センモ ディエンイン?
  What was that movie like?

- ❏ コンサートは面白かったですか.
  Yīnyuèhuì yǒu yìsi ma?
  音樂會有意思嗎？
  インユィエフエイ イオウ イィス マァ?
  Did you enjoy yourself at the concert?

- ❏ よかったです.
  Hěn hǎo.
  很好。
  ヘン ハウ.
  It was very good.

- ❏ おもしろかったです.
  Hěn yǒu yìsi.
  很有意思。
  ヘン イオウ イィス.
  I had a good time.

- ❏ 最高でした.
  Hěn zàn. / Zhēn shì hǎo jíle. / Zhēn jīngcǎi.
  很讚。/ 真是好極了。/ 真精彩。
  ヘン ヅァン. / ヅェン スー ハウ ディロォ. / ヅェン ヂンツァイ.
  Nothing could have been better.

10 意見・好み・願い

感動しました.
Wǒ hěn gǎndòng.

我很感動。

ウオ ヘン ガンドゥオン.

I was moved.

まずまずでした.
Hái kěyǐ. / Hái búcuò. / Hái hǎo.

還可以。/ 還不錯。/ 還好。

ハイ コォイィ. / ハイ ブウツォ. / ハイ ハウ.

It was quite good.

役者が上手[下手]でした.
Yǎnyuán yǎnde 'hěn hǎo [bù hǎo].

演員演得'很好[不好]。

イエンユィエン イエンドォ 'ヘン ハウ [ブウ ハウ].

The actors were good [no good].

よくありませんでした.
Bù hǎo.

不好。

ブウ ハウ.

It was no good.

ひどいものでした.
Tài chā le.

太差了。

タイ ツァ ロォ.

It was terrible.

がっかりしました.
Zhēn sǎoxìng. / Hěn shīwàng.

真掃興。/ 很失望。

ヅェン サオシン. / ヘン スーウアン.

I was disappointed.

10 意見・好み・願い

❏ 期待外れでした.
　　Qídài luòkōng le.

期待落空了。

チィダイ ルオクオン ロォ.

It didn't reach my expectations.

❏ ストーリーがお粗末でした.
　　Qíngjié tài jiǎndān.

情節太簡單。

チンヂエ タイ ヂエンダン.

The story was pretty bad.

❏ 物価が安かった[高かった]です.
　　Wùjià hěn 'piányí [guì] / Wùjià hěn 'dī [gāo].

物價很便宜[貴]。/ 物價很低[高]。

ウゥヂア ヘン 'ピエンイィ [グエイ] / ウゥヂア ヘン 'ディ [ガウ].

Their prices were low [high].

❏ みんな親切でした.
　　Dàjiā dōu hěn 'rèqíng [hǎo].

大家都很熱情[好]。

ダァヂア ドウ ヘン 'ゾォチン [ハウ].

They were all kind.

❏ ホテルは豪華でした.
　　Fàndiàn hěn háohuá.

飯店很豪華。

ファンディエン ヘン ハウフア.

The hotel was luxurious.

❏ 景色がよかったです.
　　Jǐngsè hěn hǎo.

景色很好。

ヂンソォ ヘン ハウ.

The scenery was very nice.

10 意見・好み・願い

❏ サービスがよかった[悪かった]です．
Fúwù hěn hǎo [bù hǎo].

服務很好[不好]。

フゥウゥ ヘン ハウ [ブゥ ハウ]．

The service was good [bad].

好みを聞く・述べる
― 好きな音楽は何ですか？―

"(很)喜歡〜/(hěn) xǐhuān〜/(ヘン) シィフアン〜" で「〜が好き」の意です．"喜歡"＋[動詞]で「〜するのが好き」，否定は "不喜歡"(＋[動詞])です．

❏ 好きな音楽は何ですか．
Nǐ xǐhuān shénme yīnyuè?

你喜歡什麼音樂？

ニィ シィフアン センモ インユィエ？

What kind of music do you like?

❏ 好きな色は何ですか．
Nǐ xǐhuān shénme yánsè?

你喜歡什麼顏色？

ニィ シィフアン センモ イエンソォ？

What color do you like?

❏ 好きな俳優[タレント]は誰ですか．
Nǐ xǐhuān nǎge yǎnyuán [yìrén]?

你喜歡哪個演員[藝人]？

ニィ シィフアン ナァゴォ イエンユィエン [イィゼン]？

Who is your favorite actor [entertainer]?

❑ どんな映画が好きですか.
Nǐ xǐhuān shénme diànyǐng? / Nǐ ài kàn shénme diànyǐng?
你喜歡什麽電影？/ 你愛看甚麽電影？
ニィ シィフアン センモ ディエンイン? / ニィ アイ カン センモ ディエンイン?
What kind of movies [films] do you like?

❑ あなたは和食はお好きですか.
Nǐ ˬxǐhuān [ài] chī Rìběncài ma?
你˅喜歡[愛]吃日本菜嗎？
ニィ ˬシィフアン [アイ] ツー ズーベンツァイ マァ?
Do you like Japanese food?

❑ 何かお嫌いなものはありますか.
Nǐ yǒu shénme ˬbù xǐhuān de [chībúguàn de / bú ài chī de] ma?
你有什麽˅不喜歡的[吃不慣的/不愛吃的]嗎？
ニィ イオウ センモ ˬブウ シィフアン ドォ [ツーブグアン ドォ / ブウ アイ ツー ドォ] マァ?
Is there anything [any food] you don't like?

❑ 辛いものは苦手です.
Wǒ bù ˬxǐhuān [ài] chī là de.
我不˅喜歡[愛]吃辣的。
ウオ ブウ ˬシィフアン [アイ] ツー ラァ ドォ.
Hot food doesn't agree with me.

❑ お父さまはどんなお酒がお好きですか.
Nǐ fùqīn ˬài [xǐhuān] hē shénme jiǔ?
你父親˅愛[喜歡]喝什麽酒？
ニィ フウチン ˬアイ [シィフアン] ホォ センモ ヂオウ?
What does your father like to drink?

❑ 赤ワインと白ワイン，どちらがお好きですか.
Nǐ xǐhuān hē hóng pútáojiǔ, háishì bái pútáojiǔ?
你喜歡喝紅葡萄酒，還是白葡萄酒？
ニィ シィフアン ホォ フォン プウタウヂオウ, ハイスー バイ プウタウヂオウ?
Which do you like better, red or white wine?

10 意見・好み・願い

■ 台湾のお酒 ■

ビールはなんといってもみんな大好き"**台灣啤酒** /Táiwāng píjiǔ/ タイウアン ピィヂォウ", 略して"**台啤** /Táipí/ タイピィ". 苦みが少なくて女性向きかも. "**米酒** /mǐjiǔ/ ミィヂォウ"は調理用に用いられることが多い焼酎ですが, 好んで飲む人もいます. 映画「海角七号」で有名になった南投の地酒"**馬拉桑** /Mǎlāsāng/ マァラァサン"は"**小米** /xiǎomǐ/ シァウミィ"(粟)で作る焼酎です. "**清酒** /qīngjiǔ/ チンヂォウ"(日本酒)は日本時代からの伝統がありますが, なかでも"**玉泉** /Yùquán/ ユィチュイエン"は台湾産のお米"**蓬萊米** /pénglái mǐ/ ポンライミィ"を原料とする銘酒. "**葡萄酒** /pútáojiǔ/ プゥタゥヂォウ"(ワイン)には"**紅葡萄酒** /hóng pútáojiǔ/ フォン プゥタゥヂォウ"と"**白葡萄酒** /bái pútáojiǔ/ パイ プゥタゥヂォウ"がありますが, 略して"**紅酒** /hóngjiǔ/ フォンヂォウ"、"**白酒** /báijiǔ/ パイヂォウ"という事が多いです. ロゼは"**粉紅酒** /fěnhóngjiǔ/ フェンフォンヂォウ"ですね. 台湾のお酒には必ず"**酒後不開車** /Jiǔ hòu bù kāi chē/ ヂォウ ホウ ブゥ カイ ツォ"(お酒を飲んだら運転しない)と明記してありますよ.

10 意見・好み・願い

❏ 私はワインよりもウィスキーのほうが好きです.

Hàn [Hé] pútáojiǔ xiāngbǐ, wǒ jiào xǐhuān hē wēishìjìjiǔ. / Bǐqǐ pútáojiǔ, wǒ (jiào) ˈxǐhuān [ài] hē wēishìjì(jiǔ).

和葡萄酒相比, 我較喜歡喝威士忌酒。／比起葡萄酒, 我(較)ˈ喜歡[愛]喝威士忌(酒)。

ハン [ホォ] プゥタゥヂォウ シアンビィ, ウオ ヂアウ シィフアン ホォ ウエイスーヂィヂォウ. / ビィチィ プゥタゥヂォウ, ウオ (ヂアウ) ˈシィフアン [アイ] ホォ ウエイスーヂィ (ヂォウ).

I prefer whisky to wine.

❏ 季節でいちばん好きなのはいつですか.

Nǐ zuì xǐhuān shénme jìjié?

你最喜歡什麼季節？

ニィ ヅエイ シィフアン センモ ヂィヂエ?

Which season do you like the best?

- ❏ 春[秋]がいちばん好きです．

    Wǒ zuì xǐhuān ˈchūntiān [qiūtiān].

    我最喜歡ˈ春天[秋天]。

    ウオ ヅエイ シィフアン ˈツンティエン [チオウティエン].

    I like spring [fall] the best.

- ❏ わたしは村上春樹が好きです．

    Wǒ xǐhuān Cūnshàng Chūnshù.

    我喜歡村上春樹。

    ウオ シィフアン ツンサン ツンスウ.

    I like Haruki Murakami.

- ❏ ひところサーフィンに熱中していました．

    Wǒ yǐqián ˈrèzhōng[chénmí]yú chōnglàng.

    我以前ˈ熱衷[沉迷]於衝浪。

    ウオ イィチエン ˈヅォヅォン [ツェンミィ] ユィ ツォンラン.

    I once got carried away with surfing.

- ❏ フランス語に関心があります．

    Wǒ duì ˈFàyǔ [Fǎyǔ] gǎn xìngqù.

    我對法語感興趣。

    ウオ ドゥエイ ファユィ ガン シンチュイ.

    I'm interested in French.

- ❏ スキーに興味はありません．

    Wǒ duì huáxuě ˈbù gǎn xìngqù [méiyǒu xìngqù].

    我對滑雪ˈ不感興趣[沒有興趣]。

    ウオ ドゥエイ フアシュィエ ˈブウ ガン シンチュイ [メイイオウ シンチュイ].

    I'm not interested in skiing.

- ❏ カラオケは嫌いです．

    Wǒ bù xǐhuān (chàng) kǎlā OK. / Wǒ tǎoyàn kǎlā OK.

    我不喜歡(唱)卡拉 OK。/ 我討厭卡拉 OK。

    ウオ ブウ シィフアン (ツァン) カァラァ OK. / ウオ タウイエン カァラァ OK.

    I hate Karaoke.

10 意見・好み・願い

❑ けっこう好きです.

Wǒ hěn xǐhuān.

我很喜歡。

ウオ ヘン シィフアン.

I like it quite a bit.

❑ 大好きです.

Wǒ ˈtèbié [fēicháng/hěn/hǎo] xǐhuān. / Wǒ xǐhuānde bùdéliǎo.

我ˈ特別[非常 / 很 / 好]喜歡。 / 我喜歡得不得了。

ウオ ˈトォビエ [フェイツァン / ヘン / ハウ] シィフアン. / ウオ シィフアンドォ ブウ ドォリアウ.

I like it very much.

❑ 夢中になっています.

Wǒ míshàng le ~ . / Wǒ (duì ~) ˈzháomí [rùmí] le.

我迷上了~。 / 我(對~)ˈ著迷[入迷]了。

ウオ ミィサン ロォ ~ . / ウオ (ドゥエイ ~) ˈヅァオミィ [ズウミィ] ロォ.

I'm really getting into it.

❑ まあまあ好きです.

Háisuàn xǐhuān.

還算喜歡。

ハイスアン シィフアン.

I like it well enough.

❑ あまり好きではありません.

Wǒ ˈbú dà [bú tài] xǐhuān.

我ˈ不大[不太]喜歡。

ウオ ˈブウ ダァ [ブウ タイ] シィフアン.

I don't like it very much.

❏ 好きでも嫌いでもありません.
Wǒ jì bù xǐhuān, yě bù tǎoyàn. / Wǒ dōu kěyǐ jiēshòu.
我既不喜歡，也不討厭。／ 我都可以接受。
ウオ ヂィ ブウ シィフアン, イエ ブウ タウイエン. / ウオ ドウ コォイィ ヂエソウ.
I neither like it or dislike it.

❏ 大嫌いです.
Hěn tǎoyàn.
很討厭。
ヘン タウイエン.
I hate it.

ほしいものをたずねる・答える
―何がほしいですか？―

"想 /xiǎng/ シアン" ＋[動詞]で「～がしたい」, 否定は "不想" ＋[動詞]で「～はしたくない」の意です.

10 意見・好み・願い

❏ プレゼントに何がほしいですか.
Nǐ xiǎngyào shénme lǐwù?
你想要什麼禮物？
ニィ シアンイアウ センモ リィウゥ?
What kind of a present do you want?

❏ スポーツシューズがほしいです.
Wǒ xiǎngyào yì shuāng yùndòngxié.
我想要一雙運動鞋。
ウオ シアンイアウ イィ スアン ユィンドゥオンシエ.
I want a pair of sport shoes.

□ 少し休みがほしいです.
Wǒ xiǎng fàng jǐ tiān jià. / Wǒ xiǎng xiūxí jǐ tiān.
我想放幾天假。/ 我想休息幾天。
ウオ シアン ファン ヂィ ティエン ヂア. / ウオ シアン シオウシィ ヂィ ティエン.
I'd like to get some days off.

□ ビールはもうたくさんです.
Píjiǔ wǒ 'hēgòu le [hē (hěn) duō le].
啤酒我'喝夠了[喝(很)多了]。
ピィヂオウ ウオ 'ホォゴウ ロォ [ホォ (ヘン) ドゥオ ロォ].
I've already had enough beer.

望みをたずねる・述べる
—どちらに行きたいですか?—

□ 明日は何をするつもりですか.
Míngtiān nǐ dǎsuàn zuò shénme? / Míngtiān yǒu shénme jìhuà ma?
明天你打算做什麼？/ 明天有什麼計劃嗎？
ミンティエン ニィ ダアスアン ヅオ センモ? / ミンティエン イオウ センモ ヂィフアア マァ?
What do you want to do tomorrow?

□ 何が買いたいですか.
Nǐ xiǎng mǎi shénme?
你想買什麼？
ニィ シアン マイ センモ?
What do you want to buy?

❑ 台北と台南とどちらに行きたいですか.
　　Nǐ xiǎng qù Táiběi háishì Táinán?
　　你想去台北還是台南？
　　ニィ シアン チュィ タイペイ ハイスー タイナン?
　　Would you like to go to Taibei or Tainan?

❑ 台中に行きたいです.
　　Wǒ xiǎng qù Táizhōng.
　　我想去台中。
　　ウオ シアン チュィ タイヅオン.
　　I want to go to Taizhong.

❑ 日月潭に行ってみたいんです.
　　Wǒ xiǎng qù (kànkàn) Rìyuètán.
　　我想去(看看)日月潭。
　　ウオ シアン チュィ (カンカン) ズーユィエタン.
　　I'd like to go to Sun Moon Lake.

❑ 遊覧船に乗ってみたいんです.
　　Wǒ xiǎng zuò yóutǐng.
　　我想坐遊艇。
　　ウオ シアン ヅオ イオウティン.
　　I'd like to go on a pleasure cruise.

❑ 将来店を開きたいです.
　　Wǒ jiānglái xiǎng kāi yí ge (shāng)diàn.
　　我將來想開一個(商)店。
　　ウオ ヂアンライ シアン カイ イィ ゴォ (サン) ディエン.
　　Someday, I want to open my own store.

❑ もっとやせたいです.
　　Wǒ xiǎng zài shòu yìdiǎn. / Wǒ yào jiǎnféi.
　　我想再瘦一點。／我要減肥。
　　ウオ シアン ヅァイ ソウ イィディエン. / ウオ イアウ ヂエンフェイ.
　　I want to lose more weight.

10 意見・好み・願い

❏ その方と会ってみたいです．
Wǒ xiǎng jiànjiàn nàge rén.
我想見見那個人。
ウオ シアン ヂエンヂエン ナァゴォ ゼン.
I'd like to meet that man [woman].

❏ 試しに食べて[飲んで]みたいです．
Wǒ xiǎng chángyìcháng.
我想嘗一嘗[嚐一嚐]。
ウオ シアン ツァンイィツァン.
I'd like to take a bite [a drink] of that.

❏ 映画が見たいです．
Wǒ xiǎng (qù) kàn diànyǐng.
我想(去)看電影。
ウオ シアン (チュイ) カン ディエンイン.
I want to go and see a movie.

❏ ちょっと見てみたいです．
Wǒ xiǎng kànyíkàn.
我想看一看。
ウオ シアン カンイィカン.
I'd like to see that.

❏ いろいろチャレンジしてみたいです．
Wǒ yǒu hěn duō shì xiǎng shìshikàn. / Wǒ xiǎng chángshì gè zhǒng shì.
我有很多事想試試看。／我想嘗試各種事。
ウオ イオウ ヘン ドゥオ スー シアン スースーカン. / ウオ シアン ツァンスー ゴォ ヅオン スー.
I'd like to do as many things as possible.

❏ また訪れてみたいです.

Wǒ xiǎng zài ˈlái [qù].

我想再ˈ來[去]。

ウオ シアン ヅァイ ˈライ [チュィ].

I want to visit here[there] one more time.

❏ もう行きたいとは思いません.

Wǒ zài yě bù xiǎng qù le. / Wǒ bú huì zài qù dìˈèr cì le.

我再也不想去了。/ 我不會再去第二次了。

ウオ ヅァイ イエ ブウ シアン チュィ ロォ. / ウオ ブウ フエイ ヅァイ チュィ ディオル ツー ロォ.

I don't want to go there ever again.

■ 台湾のお茶とコーヒー ■

台湾のお茶といえば半発酵の烏龍茶が有名で,南投県鹿谷の凍頂がよく知られています.ほかにも鉄観音,東方美人など多くの銘柄があります.さらに発酵を抑えた包種茶は台北近郊の文山がおもな産地です.粗製茶を再製するときジャスミンなどで香りを付けるそうですが,とくに花香を付けないものもあるようです.

緑茶は台北の南西郊外にある三峡が有名な産地ですが,生産量が少なくあまり知られていません.紅茶は南投県の日月潭周辺が生産地として有名です.実は戦前から戦後にかけては全世界に輸出される台湾の重要な農産品でしたが,その後生産がほとんど止まっていました.しかし 921 大地震(1999)のあと復活を遂げ,かなり出回るようになりました.他のアッサムティーと比べて渋みが少なく,その芳香は独特なものです.

生産された粗製茶はむかしはほとんどが大稲埕に集められ,精製されて台湾各地に出回りました.大稲埕にはいまもその面影が残っています.ついでに **"茶行 /cháháng/ ツァハン"**(茶葉を売るお店)を冷やかしてみたらいかがでしょうか.

紅茶と同じように,台湾のコーヒーも戦前は盛んに栽培されていました.戦後になって生産が止まっていたところ,やはり 921 大地震後ふたたび生産されるようになりました.種類はやはりアラビカ種です.雲林県の古坑咖啡が昔から有名ですが,台東県など他の地でも栽培されており,産地によって味わいに微妙な違いがあって奥深いものです.台北市内には各種台湾産コーヒーを飲ませる店が何軒かあります.

10 意見・好み・願い

第11章 誘う・約束

誘いの表現
—映画に行きませんか?—

☐ 映画に行きませんか.

Wǒmen qù kàn diànyǐng ba. / Nǐ yào bú yào yìqǐ qù kàn diànyǐng?

我們去看電影吧。/ 你要不要一起去看電影？

ウオメン チュィ カン ディエンイン バァ. / ニィ イアウ ブウ イアウ イィチィ チュィ カン ディエンイン？

Shall we go to the movies?

☐ 買い物に行きませんか.

Gēn wǒ yìqǐ qù *mǎi dōngxī [guàngjiē], hǎo ma?

跟我一起去*買東西[逛街]，好嗎？

ゲン ウオ イィチィ チュィ *マイ ドゥオンシィ [グアンヂエ], ハウ マァ？

What do you say about doing some shopping?

☐ 試合を見に行きませんか.

Wǒmen (yìqǐ) qù kàn bǐsài, *zěnmeyàng [hǎo ma]?

我們(一起)去看比賽，*怎麼樣[好嗎]？

ウオメン (イィチィ) チュィ カン ビィサイ, *ヅェンモイアン [ハウ マァ]？

What do you say about watching the match?

- ❏ 二二八和平公園に行きませんか.
  Wǒmen qù Èr-èr-bā Hépíng Gōngyuán, hǎo bùhǎo?
  我們去二二八和平公園，好不好？
  ウオメン チュイ オル-オル-バァ ホォピン グオンユィエン, ハウ ブウハウ？
  Why don't we go to the 228 Peace Memorial Park?

- ❏ いっしょに行きませんか.
  Gēn wǒ yìqǐ qù, hǎo ma? / Yào bú yào yìqǐ qù ne?
  跟我一起去，好嗎？／要不要一起去呢？
  ゲン ウオ イィチィ チュイ, ハウ マァ？／イアウ ブウ イアウ イィチィ チュイ ノォ？
  Won't you come along?

- ❏ お茶でも飲みませんか.
  Wǒmen hē bēi chá ba.
  我們喝杯茶吧．
  ウオメン ホォ ベイ ツァ バァ．
  Would you like a cup of tea?

- ❏ 今晩，出かけませんか.
  Jīntiān wǎnshàng chūqù guàngguàng, hǎo ma?
  今天晚上出去逛逛，好嗎？
  ヂンティエン ウアン**サン** ツウチュイ グアングアン, ハウ マァ？
  How about going out this evening?

- ❏ 今南京東路にいるんですが，出てこられませんか.
  Wǒ zài Nánjīng Dōnglù, nǐ néng bù néng lái?
  我在南京東路，你能不能來？
  ウオ ヅァイ ナンヂン ドゥオンルウ, ニィ ノン ブウ ノン ライ？
  I am at the Nanjing E.Rd. Can you come out here now?

11 誘う・約束

あなたもどうですか.

Nǐ yě lái ba. / Nǐ yě yìqǐ ba.

你也來吧。／你也一起吧。

ニィ イエ ライ バァ. / ニィ イエ イィチィ バァ.

How about you?

台湾の家庭料理はどうですか.

Nǐ xǐhuān chī Táiwān de jiāchángfàn ma?

你喜歡吃台灣的家常飯嗎？

ニィ シィフアン ツー タイウアン ドォ ヂアツァンファン マァ？

How about home-cooked Taiwan food?

今度, 飲みに行きましょう.

Xiàcì wǒmen qù hē yì bēi ba.

下次我們去喝一杯吧。

シアツー ウオメン チュイ ホォ イィ ペイ バァ.

How about getting together for a drink one of these days?

始めましょう.

Wǒmen kāishǐ ba.

我們開始吧。

ウオメン カイスー バァ.

Let's start now.

明日[日曜日に]お会いしましょう.

Míngtiān [Xīngqítiān / Lǐbàitiān] jiàn!

明天[星期天／禮拜天]見！

ミンティエン [シンチィティエン / リィパイティエン] ヂエン！

See you tomorrow [on Sunday]!

11 誘う・約束

❏ あとで会いましょう．/ また会いましょう．
Huítóu jiàn! [Děng (yí)xià jiàn!] / Zàijiàn!

回頭見！[等（一）下見！] / 再見！

フエイトウ ヂエン！[ドン（イィ）シア ヂエン！] / ヅァイヂエン！

See you later! / See you again!

❏ 高雄に来たなら，ぜひ家へ寄ってください．
Nǐ dào Gāoxióng de huà, yídìng lái wǒ jiā zuò kè.

你到高雄的話，一定來我家做客。

ニィ ダウ ガウシュオン ドォ フア，イィディン ライ ウオ ヂア ヅオ コォ．

If you happen to come to Gaoxiong, please drop in at my house.

❏ ご家族とごいっしょにいらしてください．
Gēn 'jiālǐrén [nǐmen jiārén] yìqǐ lái ba.

跟'家裡人[你們家人]一起來吧。

ゲン 'ヂアリィゼン [ニィメン ヂアゼン] イィチィ ライ バァ．

Please bring your family along.

誘いに答える
―あとにします．―

11 誘う・約束

❏ いいですよ．
Hǎo ba.

好吧。

ハウ バァ．

OK!

- はい，もちろん．
  Hǎo, dāngrán kěyǐ.

  好，當然可以。

  ハウ, ダンザン コイィ.

  Yes, I'd love to.

- それはいいですね．
  Nà tài hǎo le.

  那太好了。

  ナァ タイ ハウ ロォ.

  That sounds good.

- いいえ，けっこうです．
  Bù, wǒ bú yào le, xièxiè.

  不，我不要了，謝謝。

  ブウ, ウオ ブウ イアウ ロォ, シエシエ.

  No thanks.

- あとにします．
  Yǐhòu zài shuō.

  以後再説。

  イィホウ ヅァイ スオ.

  I'll do it afterward.

- 残念ですが行けません．
  Zhēn bàoqiàn [Duìbùqǐ / Bù hǎoyìsi], wǒ bù néng qù.

  真抱歉[對不起 / 不好意思]，我不能去。

  ヅェン バウチエン [ドゥエイブウチィ / ブウ ハウイィス], ウオ ブウ ノン チュイ.

  I'm afraid I can't go.

- あいにく，今することがあるんです．
  Zhēn bù qiǎo, xiànzài wǒ 'yǒu shì [bù fāngbiàn].

  真不巧，現在我'有事[不方便]。

  ヅェン ブウ チアウ, シエンヅァイ ウオ 'イオウ スー [ブウ ファンビエン].

  Sorry, but right now I've got to attend to something.

11 誘う・約束

❏ 今，手が離せません．
Xiànzài téngbùchū shǒu lái. / Xiànzài bù fāngbiàn.

現在騰不出手來。/ 現在不方便。

シエンヅァイ トンブウツウ ソウ ライ. / シエンヅァイ ブウ ファンビエン.

I'm busy now.

❏ 体調が悪いので，行くのはやめておきます．
Xiànzài bù shūfú, wǒ bú qù le.

現在不舒服，我不去了。

シエンヅァイ ブウ スウフウフウ, ウオ ブウ チュイ ロォ.

I'm not in shape, but thanks anyway.

時間を約束する
―明日の朝10時にしましょう．―

❏ 明日の晩空いていますか．
Míngtiān wǎnshàng yǒu kòng ma?

明天晚上有空嗎？

ミンティエン ウアンサン イオウ クオン マァ?

Are you free tomorrow evening?

❏ 何も予定はありません．
Wǒ méiyǒu shénme jìhuà. / Wǒ méi(yǒu) shì. / Wǒ méiyǒu yuē(dìng). / Wǒ yǒu kòng.

我沒有什麼計畫。/ 我沒(有)事。/ 我沒有約(定)。/ 我有空。

ウオ メイイオウ センモ ヂィファ. / ウオ メイ(イオウ) スー. / ウオ メイイオウ ユィエ(ディン). / ウオ イオウ クオン.

I don't have any plans.

11 誘う・約束

- ❏ いつお会いしましょうか.
  Shénme shíhòu jiànmiàn?
  什麼時候見面？
  センモ スーホウ ヂエンミエン?
  When shall we meet?

- ❏ 5時でご都合はいかがでしょうか.
  Wǔ diǎn zěnmeyàng?
  五點怎麼樣？
  ウゥ ディエン ヅェンモイアン?
  Would 5 o'clock be a good time to meet?

- ❏ 何曜日がいいですか.
  Xīngqíjǐ 'hǎo [fāngbiàn] ne?
  星期幾'好[方便]呢？
  シンチィヂィ 'ハウ [ファンビエン] ノォ?
  Which day is best for you?

- ❏ 今週の土曜日はいかがですか.
  Zhège 'xīngqíliù [lǐbàiliù] zěnmeyàng?
  這個'星期六[禮拜六]怎麼樣？
  ヅォゴォ 'シンチィリオウ [リィパイリオウ] ヅェンモイアン?
  How about this Saturday?

- ❏ 金曜の午後で大丈夫ですか.
  Xīngqíwǔ [Lǐbàiwǔ] xiàwǔ, 'hǎo ma [kěyǐ ma]?
  星期五[禮拜五]下午，'好嗎[可以嗎]？
  シンチィウゥ [リィパイウゥ] シアウゥ, 'ハウ マァ [コォイィ マァ]?
  Will Friday afternoon be all right for you?

- ❏ 私はそれでけっこうです.
  Kěyǐ. / Méi wèntí.
  可以。/ 沒問題。
  コォイィ. / メイ ウンティ.
  That suits me fine.

11 誘う・約束

- 金曜の午後は予定が入っています．
  Xīngqíwǔ [Lǐbàiwǔ] xiàwǔ wǒ yǒu shì.
  星期五[禮拜五]下午我有事。
  シンチィウゥ [リィバイウゥ] シアウゥ ウオ イオウ スー.
  I'm busy on Friday afternoon.

- 残念ですが，予定があるんです．
  Zhēn kěxí, wǒ 'yǒu shì [gēn rénjiā yuē le].
  真可惜，我'有事[跟人家約了]。
  ヅェン コォシィ, ウオ 'イオウ スー [ゲン ゼンヂア ユィエ ロォ].
  I'm sorry, but I've got plans.

- 残念ですが，その日は都合が悪いです．
  Zhēn bàoqiàn, nà yì tiān bú tài fāngbiàn.
  真抱歉，那一天不太方便。
  ヅェン パウチエン, ナァ イィ ティエン ブウ タイ ファンピエン.
  I'm afraid that day is not good for me.

- 知り合いの結婚式に呼ばれています．
  Péngyǒu qǐng wǒ cānjiā hūnlǐ. / Wǒ yào cānjiā péngyǒu de hūnlǐ.
  朋友請我參加婚禮。/ 我要參加朋友的婚禮。
  ポンイオウ チン ウオ ツァンヂア フンリィ./ ウオ イアウ ツァンヂア ポンイオウ ドォ フンリィ.
  I've been invited to a friend's wedding.

- いつならご都合がよろしいですか．
  Shénme shíhòu fāngbiàn ne?
  什麽時候方便呢？
  センモ スーホウ ファンピエン ノォ?
  When would be a good time for you?

- ❏ 木曜の午後なら空いています．
  Xīngqísì xiàwǔ (de huà,) wǒ 'yǒu kòng [méi(yǒu) shì].
  星期四下午(的話，)我ˈ有空[沒(有)事]。
  シンチィスー シアウゥ (ドゥ ファ,) ウオ ˈイオウ クオン [メイ(イオウ) スー].
  I'll be free on Thursday afternoon.

- ❏ あさってだったら暇なんだけど．
  Hòutiān wǒ 'yǒu kòng [kěyǐ].
  後天我ˈ有空[可以]。
  ホウティエン ウオ ˈイオウ クオン [コォイィ].
  I'll be free the day after tomorrow.

- ❏ では，明日の朝10時にしましょう．
  Nàme, míngtiān shàngwǔ shí diǎn ba.
  那麼，明天上午十點吧。
  ナァモ，ミンティエン サンウゥ スー ディエン バァ.
  Well, let's make it ten o'clock tomorrow morning.

- ❏ では，当日会いましょう．
  Nàme, 'nà tiān [dāngtiān / dào shíhòu] jiàn ba.
  那麼，ˈ那天[當天 / 到時候]見吧。
  ナァモ，ˈナァ ティエン [ダンティエン / ダウ スーホウ] ヂエン バァ.
  Well, I will see you then.

11 誘う・約束

場所を約束する
―ロビーでお会いしましょう．―

- ❏ どこで会いましょうか．
  Wǒmen zài nǎlǐ jiànmiàn?
  我們在哪裡見面？
  ウオメン ヅァイ ナァリィ ヂエンミエン?
  Where shall we meet?

❏ 台北市立動物園の入り口では？

Zài Táiběi shìlì Dòngwùyuán ménkǒu, hǎo bùhǎo?

在台北市立動物園門口，好不好？

ヅァイ タイペイ スーリィ ドゥオンウゥユィエン メンコウ, ハウ ブウハウ?

At the entrance of Taipei Zoo?

❏ 台北駅の改札は？

Zài Táiběi chēzhàn de chūkǒu, zěnmeyàng?

在台北車站的出口，怎麼樣？

ヅァイ タイペイ ツォヅァン ドォ ツウコウ, ヅェンモイアン?

At the ticket gate in Taipei Station?

❏ とても混みますよ．お互いに見つけるのは難しいです．

Nàlǐ rén tài duō, 'zhǎo rén hěn bù fāngbiàn [bù fāngbiàn zhǎo rén].

那裡人太多，'找人很不方便[不方便找人]。

ナァリィ ゼン タイ ドゥォ, 'ヅァオ ゼン ヘン ブウ ファンビエン [ブウ ファンビエン ヅァオ ゼン].

It'll be difficult to find each other, because it'll be really crowded.

❏ では，別の場所にしましょう．

Nà, huàn ge dìfāng ba.

那，換個地方吧。

ナァ, フアン ゴォ ディファン バァ.

Then let's change to another place.

❏ では，ホテルのロビーでお会いすることにしましょう．

Nà, zài fàndiàn dàtīng jiànmiàn ba.

那，在飯店大廳見面吧。

ナァ, ヅァイ ファンディエン ダァティン ヂエンミエン バァ.

Then, let's meet at the hotel lobby.

11 誘う・約束

□ そうしましょう.
Hǎo ba.

好吧。

ハウ バァ.

Let's do that.

□ ロビーで待っています.
Wǒ zài fàndiàn dàtīng děng nǐ.

我在飯店大廳等你。

ウオ ヅァイ ファンディエン ダァティン ドン ニィ.

I will be waiting in the lobby.

その他の約束
—迎えに来てくれますか?—

□ 空港に着いたら電話してくださいますか.
Dào le jīchǎng 'gěi wǒ dǎ ge diànhuà [dǎ ge diànhuà gěi wǒ], hǎo ma?

到了機場'給我打個電話[打個電話給我],好嗎?

ダウ ロォ ディヅァン 'ゲイ ウオ ダァ ゴォ ディエンフア [ダァ ゴォ ディエンフア ゲイ ウオ], ハウ マァ?

Please call me when you arrive at the airport.

□ 迎えに来てくれますか.
Nǐ néng bù néng lái jiē wǒ?

你能不能來接我?

ニィ ノン ブウ ノン ライ ヂエ ウオ?

Will you come and meet me?

❑ 車で迎えに行きますよ．

Wǒ kāi chē qù jiē nǐ.

我開車去接你。

ウオ カイ ツォ チュィ ヂエ ニィ．

I'll pick you up in my car.

❑ それは助かります．

Nà tài hǎo le.

那太好了。

ナァ タイ ハウ ロォ．

That helps.

❑ お目にかかるのを楽しみにしています．

Wǒ 'qídàizhe [pànwàngzhe] hàn [hé] nǐ jiànmiàn. / Wǒ hěn gāoxìng yào kàndào nǐ.

我'期待著[盼望著]和你見面。／ 我很高興要看到你。

ウオ 'チィダイヅォ [パンウアンヅォ] ハン [ホォ] ニィ ヂエンミエン．／ ウオ ヘン ガウシン イアウ カンダウ ニィ．

I'm really looking forward to meeting you.

11 誘う・約束

第12章 許可・依頼

許可を求める
―写真を撮ってもいいですか?―

❏ チャンネルを替えてもいいですか.
Kě bù kěyǐ huàn ge 'píndào [tái]? / Kěyǐ zhuǎn (qítā) tái ma?

可不可以換個'頻道[台]？/ 可以轉(其他)台嗎？

コォ ブウ コォイィ フアン ゴォ 'ピンダウ [タイ] ？/ コォイィ ヅアン (チィタァ) タイ マァ？

Can I change the channel?

❏ ここに座ってもいいですか.
Wǒ kěyǐ zuò(zài) zhèlǐ ma?

我可以坐(在)這裡嗎？

ウオ コォイィ ヅオ (ヅァイ) ヅォリィ マァ？

Can I sit here?

❏ ここで写真を撮ってもいいですか.
Zhèlǐ kě bù kěyǐ pāizhào?

這裡可不可以拍照？

ヅォリィ コォ ブウ コォイィ パイヅァオ？

Can I take a photograph here?

❏ これをもらってもいいですか．
　　Zhège (dōngxī) kěyǐ gěi wǒ ma?
這個(東西)可以給我嗎？
ヅォゴォ (ドゥオンシィ) コォイィ ゲイ ウォ マァ？
Can I have this?

❏ たばこを吸ってもいいですか．
　　Wǒ kěyǐ chōuyān ma?
我可以抽菸嗎？
ウオ コォイィ ツォウイエン マァ？
Do you mind if I smoke?

❏ ここに車を停めてもいいですか．
　　Zhèlǐ néng tíng chē ma?
這裡能停車嗎？
ヅォリィ ノン ティン ツォ マァ？
Can I park (my car) here?

❏ さわってみてもいいですか．
　　Wǒ mōyìmō, kěyǐ ma? / Kěyǐ mōyìmō ma?
我摸一摸，可以嗎？／可以摸一摸嗎？
ウオ モォイィモォ, コォイィ マァ？／コォイィ モォイィモォ マァ？
Can I try touching it?

❏ 中に入ってもいいですか．
　　Wǒ kěyǐ jìnqù ma?
我可以進去嗎？
ウオ コォイィ デンチュイ マァ？
Am I allowed to go inside?

❏ 今から行ってもいいですか．
　　Wǒ xiànzài 'guòqù [guòlái], 'xíng [kěyǐ / hǎo] ma?
我現在'過去[過來]，'行[可以／好]嗎？
ウオ シエンヅァイ 'グオチュイ [グオライ], 'シン [コォイィ／ハウ] マァ？
Will it be all right if I come over now?

12

許可・依頼

❏ いっしょに行ってもいいですか.
Wǒ gēn nǐ yìqǐ qù, 'xíng [kěyǐ / hǎo] ma?

我跟你一起去，'行[可以／好]嗎？

ウオ ゲン ニィ イィチィ チュィ, 'シン [コォイィ／ハウ] マァ?

Can I go with you?

❏ 個人的なことを聞いてもいいですか.
Wǒ xiǎng wèn ge sīrén wèntí, kěyǐ ma?

我想問個私人問題，可以嗎？

ウオ シアン ウン ゴォ スーゼン ウンティ, コォイィ マァ?

Can I ask you a personal question?

❏ 今，ちょっとお話ししてもいいですか.
Xiànzài 'shuō [tán] yíxià, kěyǐ ma?

現在'說[談]一下，可以嗎？

シエンヅァイ 'スオ [タン] イィシア, コォイィ マァ?

Can we talk for a minute?

許可を与える・禁止する
―チャンネルを替えてもいいですよ.―

❏ よろしいですよ.
Kěyǐ.

可以。

コォイィ.

Sure. / All right. / OK.

❏ チャンネルを替えてもいいですよ.
Kěyǐ 'zhuǎn tái [huàn píndào].

可以'轉台[換頻道]。

コォイィ 'ヅアン タイ [フアン ピンダウ].

You can change the channel, if you want to.

❏ キャンセルしてもいいですよ．
Kěyǐ 'tuì piào [qǔxiāo / jiěyuē].
可以'退票［取消 / 解約］。
コォイィ 'トゥエイ ピアウ [チュィシアウ / ヂエユィエ].
You can call it off, if you want to.

❏ それはご遠慮いただけますか．
Qǐng búyào zuò.
請不要做。
チン ブウイアウ ヅォ.
Please don't do that (sort of thing).

❏ ここに車を停めてはいけません．
Bù kěyǐ [Bù néng / Búyào] zài zhèlǐ tíng chē.
不可以［不能 / 不要］在這裡停車。
ブウ コォイィ [ブウ ノン / ブウイアウ] ヅァイ ヅォリィ ティン ツォ.
You can't park here.

❏ 絶対にだめです．
Juéduì bù xíng.
絕對不行。
ヂュィエドゥエイ ブウ シン.
Never do that.

12
許可・依頼

依頼する
― 窓を閉めていただけますか？ ―

❏ お願いがあるのですが．
Wǒ xiǎng qiú nín diǎn shì. / Wǒ yǒu jiàn shì xiǎng qǐng nín bāngmáng. / Xiǎng máfán nín.
我想求您點事。／ 我有件事想請您幫忙。／ 想麻煩您。
ウオ シアン チオウ ニン ディエン スー．／ ウオ イオウ ヂエン スー シアン チン ニン バンマン．／ シアン マァファン ニン．
Can I ask you a favor?

❏ 写真を撮っていただけませんか．
Nín bāng wǒ zhào zhāng xiàng, kěyǐ ma?
您幫我照張相，可以嗎？
ニン バン ウオ ヅァオ ヅァン シアン，コイィ マァ？
Could you please take a photo of us?

❏ ドアを開けていただけますか．
Qǐng nín dǎkāi mén.
請您打開門。
チン ニン ダァカイ メン．
Would you mind opening the door?

❏ 窓を閉めていただけますか．
Qǐng nín guānshàng chuānghù.
請您關上窗戶。
チン ニン グアン**サン** ツアンフウ．
Would you mind shutting the window?

12 許可・依頼

❏ このガイドブックを貸してくださいますか.

Zhè běn lǚxíng shǒucè néng jiègěi wǒ ma?

這本旅行手冊能借給我嗎？

ヅォ ベン リュイシン ソウツォ ノン ヂエゲイ ウオ マァ？

Could I borrow this guidebook?

❏ コピーをとってくれますか.

Néng bāng wǒ fùyìn yíxià ma?

能幫我複印一下嗎？

ノン バン ウオ フゥウイン イィシア マァ？

Would you (please) make a copy of this?

❏ メールで連絡してもらえますか.

Yòng diànzǐ yóujiàn gēn wǒ liánxì, hǎo ma?

用電子郵件跟我聯系，好嗎？

ユオン ディエンヅー イオウヂエン ゲン ウオ リエンシィ, ハウ マァ？

Could you send me an e-mail?

❏ 空港まで送っていただけませんか.

Nǐ néng bù néng bǎ wǒ sòngdào jīchǎng? / Nǐ kěyǐ sòng wǒ dào jīchǎng ma?

你能不能把我送到機場？／你可以送我到機場嗎？

ニィ ノン ブウ ノン バァ ウオ スオンダウ ヂィツァン？／ニィ コォイィ スオン ウオ ダウ ヂィツァン マァ？

Could you give me a ride to the airport?

❏ 駅まで迎えに来てくれませんか.

Nín néng bù néng lái huǒchēzhàn jiē wǒ?

您能不能來火車站接我？

ニン ノン ブウ ノン ライ フオツォヅァン ヂエ ウオ？

Could you meet me [pick me up] at the station?

12 許可・依頼

□ ちょっと手伝っていただけますか.
　Qǐng bāng wǒ yíxià, hǎo ma?
　請幫我一下，好嗎？
　チン バン ウオ イィシア, ハウ マァ?
　Could you give me a hand?

□ 悪いけど，あとにしてもらえますか.
　Duìbùqǐ, 'děng yíxià [dāi huǐ] zài shuō, kěyǐ ma?
　對不起，'等一下[待會]再說，可以嗎？
　ドゥエイブチィ, 'ドン イィシア [ダイ フエイ] ヅァイ スオ, コォイィ マァ?
　Sorry, I can't do it right now. Ask me later.

□ 電気をつけて[消して]ください.
　Qǐng nín 'dǎkāi [guānshàng] diàndēng.
　請您'打開[關上]電燈。
　チン ニン 'ダァカイ [グアンサン] ディエンドン.
　Please turn the light on [off].

□ ここに書いてください.
　Qǐng (nín) xiězài zhèlǐ.
　請(您)寫在這裡。
　チン (ニン) シエヅァイ ヅォリィ.
　Could you write that down here?

□ 急いでください.
　Qǐng nín kuàidiǎn.
　請您快點。
　チン ニン クアイディエン.
　Please hurry.

□ 砂糖を取ってください.
　Qǐng dìgěi wǒ shātáng. / Máfán ná shātáng gěi wǒ.
　請遞給我砂糖。 / 麻煩拿砂糖給我。
　チン ディゲイ ウオ サァタン. / マァファン ナァ サァタン ゲイ ウオ.
　Could you pass me the sugar?

❏ もう少しゆっくり話してください.

Qǐng nín màndiǎn shuō. / Qǐng shuō màn yìdiǎn.

請您慢點說。/ 請說慢一點。

チン ニン マンディエン スオ. / チン スオ マン イィディエン.

Please speak slower.

❏ 見せてください.

Qǐng gěi wǒ kànkàn.

請給我看看。

チン ゲイ ウオ カンカン.

Let me see that.

❏ 知らせてください.

Qǐng nín gàosù wǒ. / Qǐng tōngzhī wǒ.

請您告訴我。/ 請通知我。

チン ニン ガウスウ ウオ. / チン トゥオンヅー ウオ.

Please let me know.

❏ 会社へ電話してください.

Qǐng nín gěi gōngsī dǎ diànhuà. / Qǐng dǎ diànhuà gěi gōngsī.

請您給公司打電話。/ 請打電話給公司。

チン ニン ゲイ グオンスー ダァ ディエンフア. / チン ダァ ディエンフア ゲイ グオンスー.

Please call me at the office.

❏ 電話を貸してください.

Nín de diànhuà jiè wǒ yòng yíxià, hǎo ma?

您的電話借我用一下，好嗎？

ニン ドォ ディエンフア ヂエ ウオ ユオン イィシア, ハウ マァ?

Could I use your telephone?

12 許可・依頼

- ❏ 続けてください.
  Qǐng jìxù zuòxiàqù ba. / Qǐng jìxù.
  請繼續做下去吧。/ 請繼續。
  チン ヂィシュィ ヅオシアチュィ バァ. / チン ヂィシュィ.
  Please go on.

- ❏ ちょっと通してください.
  Qǐng jièguò (yíxià). / Qǐng ràng yíxià.
  請借過(一下)。/ 請讓一下。
  チン ヂエグオ (イィシア). / チン ザン イィシア.
  Please let me through.

- ❏ 遅れないで来てくださいね.
  Qǐng búyào chídào.
  請不要遲到。
  チン ブイアウ ツーダウ.
  Please don't be late.

引き受ける・断る
― はい, よろこんで. ―

12 許可・依頼

- ❏ はい, よろこんで.
  Hǎo de, wǒ hěn ˈlèyì [yuànyì].
  好的，我很ˈ樂意[願意]。
  ハウ ドォ, ウオ ヘン ˈロォイィ [ユィエンイィ].
  Yes, with pleasure.

- ❏ いいですよ.
  Kěyǐ. / Hǎo de. / OK.
  可以。/ 好的。/ OK。
  コォイィ. / ハウ ドォ. / OK.
  OK.

❏ お待ちください．今すぐにやります．
Qǐng shāo děng yíxià. Wǒ mǎshàng jiù lái.
請稍等一下。我馬上就來。
チン サオ ドン イィシア．ウオ マァサン ヂオウ ライ．
Please wait. I'll do that right away.

❏ 今，手が離せません．
Xiànzài wǒ 'zǒubùkāi [téngbùchū shǒu lái].
現在我'走不開[騰不出手來]。
シエンヅァイ ウオ 'ヅォウブウカイ [トンブ'ツウ ソウ ライ]．
I'm busy right at the moment.

❏ 残念ですが，お引き受けできません．
Zhēn bàoqiàn, wǒ bù néng bāng nín.
真抱歉，我不能幫您。
ヅェン バオチエン，ウオ ブウ ノン バン ニン．
Sorry, but I can't take that on.

12 許可・依頼

第13章 数・時間の表現

数の表現
―饅頭を2個ください．―

□ 饅頭を2個ください．

Wǒ yào [Gěi wǒ] liǎng ge dòushābāo.

我要[給我]兩個豆沙包。

ウオ イアウ [ゲイ ウオ] リアン ゴォ ドウサァバウ．

Can you give me two bean-jam buns?

■ 饅頭（まんじゅう）■

日本語で「饅頭（まんじゅう）」と言えば「肉まん」「あんまん」やお菓子などを指しますが，台湾では "**饅頭** /mántóu/ マントウ" は小麦の蒸しパンで中に何も入っていないものです．主食にも間食にもなります．具を包んだものは "**包子** /bāozi/ バウヅ" と言い，あんの種類によって "**肉包** /ròubāo/ ゾウバウ"，"**菜包** /càibāo/ ツァイバウ"（野菜），"**豆沙包** /dòushābāo/ ドウサァバウ"（あんこ）などがあります．

□ 缶ビールを1ダース買いましょう．

Wǒmen mǎi yì dǎ guànzhuāng píjiǔ ba.

我們買一打罐裝啤酒吧。

ウオメン マイ イィ ダァ グアンヅアン ピィヂォウ バァ．

Let's get a couple of six-packs of beer.

- [ ] これは 1 個いくらですか.
  (Zhège) 'yí ge duōshǎo qián [duōshǎo qián yí ge]?

  (這個)'一個多少錢[多少錢一個]？

  (ヅォゴォ)'イィ ゴォ ドゥオ**サォ** チエン [ドゥオ **サォ** チエン イィ ゴォ]？

  How much is a piece of this?

- [ ] 1 人いくらですか.
  Yí ge rén duōshǎo qián?

  一個人多少錢？

  イィ ゴォ **ゼ**ン ドゥオ**サォ** チエン？

  How much is it per person?

- [ ] 大人 2 枚, 子供 1 枚お願いします.
  Qǐng gěi wǒ liǎng zhāng 'dàrénpiào [quánpiào], yìzhāng 'értóngpiào [bànpiào].

  請給我兩張'大人票[全票], 一張'兒童票[半票]。

  チン ゲイ ウオ リアン ヅァン '**ダ**ァ**ゼ**ンピアウ [チュィエンピアウ], イィ**ヅ**ァン '**オ**ル トゥオンピアウ [バンピアウ].

  I'd like three tickets, for two adults and a child.

- [ ] このアパートは 30 平方メートルの広さがあります.
  Zhège fángjiān de dàxiǎo shì jiǔ píng duō.

  這個房間的大小是九坪多。

  ヅォゴォ ファンヂエン ドォ ダァシアウ スー ヂオウ ピン ドゥォ.

  This apartment covers (an area of) about 30 square meters.

- [ ] このモニターは 15 インチです.
  Zhège yíngmù yǒu shíwǔ cùn dà.

  這個螢幕有十五吋大。

  ヅォゴォ インムウ イオウ **ス**ーウゥ ツン ダァ.

  This is a 15-inch monitor.

❑ かばんの重さが倍[半分]になった.
Píbāo zhòngliàng 'zēngjiā le yí bèi [jiǎnshǎo le yíbàn].

皮包重量'增加了一倍[減少了一半]。

ピィバウ ヅォンリアン 'ヅォンヂア ロォ イィ ペイ [ヂエン**サ**オ ロォ イィバン].

The bag weighs twice [half] as much as before.

今の時刻の表現
―4時15分です.―

❑ (今)何時ですか.
Xiànzài jǐ diǎn?

現在幾點？

シエンヅァイ ヂィ ディエン?

What time is it (now)?

❑ 2時です.
Xiànzài liǎng diǎn(zhōng).

現在兩點(鐘)。

シエンヅァイ リアン ディエン (**ヅ**ォン).

It's two o'clock.

❑ もうすぐ3時です.
Kuài (dào) sān diǎn le.

快(到)三點了。

クアイ (ダウ) サン ディエン ロォ.

It's almost three o'clock.

❑ 3時を回ったところです.
Yǐjīng sān diǎn duō le.

已經三點多了。

イィヂン サン ディエン ドゥオ ロォ.

It's just after three (o'clock).

❏ 1時半です.
Yī diǎn bàn.

一點半。

イィ ディエン バン.

It's half past one.

❏ 4時15分です.
Sì diǎn shíwǔ fēn. / Sì diǎn yí kè.

四點十五分。/ 四點一刻。

スー ディエン スーウゥ フェン. / スー ディエン イィ コォ.

It's a quarter past four. / Four fifteen.

❏ 6時10分前です.
Chā shí fēn liù diǎn.

差十分六點。

ツァ スー フェン リオウ ディエン.

It's ten to six.

❏ 私の時計は少し進んで[遅れて]います.
Wǒ de shǒubiǎo yǒudiǎn 'kuài [màn].

我的手錶有點快[慢]。

ウオ ドォ ソウビアウ イオウディエン 'クアイ [マン].

My watch is a little fast [slow].

時刻・時間の表現
―7時閉店です.―

❏ 開店[閉店]は何時ですか.
Jǐ diǎn 'kāi mén [guān mén]?

幾點'開門[關門]？

ディ ディエン 'カイ メン [グアン メン] ？

What time does the store open [close]?

13 数・時間の表現

❏ 何時まで開いていますか.
Kāidào jǐ diǎn? / Jǐ diǎn guān mén?

開到幾點？/ 幾點關門？

カイダウ ヂィ ディエン? / ヂィ ディエン グアン メン?

When do you close?

❏ 7時閉店です.
Qī diǎn guān mén.

七點關門。

チィ ディエン グアン メン.

The store closes at seven o'clock.

❏ 何時開演ですか.
Jǐ diǎn kāiyǎn?

幾點開演？

ヂィ ディエン カイイエン?

What time does the performance start?

❏ コンサートは6時に始まります.
Yīnyuèhuì liù diǎn kāiyǎn.

音樂會六點開演。

インュィエフエイ リオウ ディエン カイイエン.

The concert starts at six o'clock.

❏ 映画[会議]は何時に終わりますか.
Diànyǐng jǐ diǎn wán? / Huìyì jǐ diǎn jiéshù?

電影幾點完？/ 會議幾點結束？

ディエンイン ヂィ ディエン ウアン? / フエイイィ ヂィ ディエン ヂエスゥ?

What time will the movie [meeting] finish?

❏ コンサートは何時から何時までですか.
Yīnyuèhuì cóng jǐ diǎn kāidào jǐ diǎn?

音樂會從幾點開到幾點？

インュィエフエイ ツオン ディ ディエン カイダウ ディ ディエン?

What time will the concert start, and when will it finish?

❏ ７時半から９時までです.
Cóng qī diǎn bàn kāidào jiǔ diǎn.

從七點半開到九點。

ツオン チィ ディエン バン カイダウ デオウ ディエン.

It is from seven-thirty till nine.

❏ 成田から台北まで何時間かかりましたか.
Cóng Chéngtián dào Táiběi xūyào duōcháng shíjiān?

從成田到台北需要多長時間？

ツオン ツォンティエン ダウ タイベイ シュィイアウ ドゥォツァン スーヂエン?

How long did it take (to go) from Narita to Taibei?

❏ 高雄まで何時間かかりますか.
Dào Gāoxióng yào jǐ ge xiǎoshí?

到高雄要幾個小時？

ダウ ガウシュオン イアウ ディ ゴォ シアウスー?

How long will [does] it take to get to Gaoxiong?

❏ 終点まで何分ほどですか.
Dào zhōngdiǎnzhàn hái yǒu jǐ fēn?

到終點站還有幾分？

ダウ ヅオンディエンヅァン ハイ イオウ ディ フェン?

How long does it take to get to the terminal?

13 数・時間の表現

❏ バスで1時間ほどです.
Zuò gōngchē yào yí ge xiǎoshí.

坐公車要一個小時。
ヅオ グオンツォ イアウ イィ ゴォ シアウスー.
It will take about an hour by bus.

❏ 渋滞すれば2時間以上かかります.
Jiāotōng 'yǒngjǐ [dǔsè] de huà, xūyào liǎng ge duō xiǎoshí.

交通'擁擠[堵塞]的話，需要兩個多小時。
ヂアウトゥオン 'ユオンヂィ[ドゥウソォ] ドォ フア, シュイイアウ リアン ゴォ ドゥオ シアウスー.
If the traffic is heavy, it will take over two hours.

年月日・曜日をたずねる・答える
―3月2日に来ました.―

❏ 今日は何日ですか.
Jīntiān jǐ yuè 'jǐ hào [jǐ rì]?

今天幾月'幾號[幾日]？
ヂンティエン ヂィ ユィエ 'ヂィ ハウ [ヂィ ズー] ?
What's the date (today)?

❏ 4月18日です.
Sì yuè shíbā 'hào [rì].

四月十八'號[日]。
スー ユィエ スーパァ 'ハウ [ズー].
It's the 18th April.

13 数・時間の表現

❏ 会議は何日ですか.
Huìyì 'jǐ hào [jǐ rì] kāi?

會議'幾號[幾日]開？

フエイイィ 'ヂィ ハウ [ヂィ ズー] カイ?

What day will you hold the meeting?

❏ 12日です.
Shí'èr 'hào [rì].

十二'號[日]。

スーオル 'ハウ [ズー].

It's on the 12th.

❏ 会議は何日間ですか.
Huìyì yào kāi jǐ tiān?

會議要開幾天？

フエイイィ イアウ カイ ヂィ ティエン?

How many days will the meeting take?

❏ 3日間です.
Kāi sān tiān.

開三天。

カイ サン ティエン.

It'll take three days.

❏ いつこちらへ来られましたか.
(Nǐ shì) shénme shíhòu lái de?

(你是)什麼時候來的？

(ニィ スー) センモ スーホウ ライ ドォ?

When did you get here?

❏ こちらへは3月2日に来ました.
Sān yuè èr 'hào [rì] lái de.

三月二'號[日]來的。

サン ユィエ オル 'ハウ [ズー] ライ ドォ.

I got here on the 2nd of March.

13 数・時間の表現

❏ 何月[何日]に行かれる予定ですか．

Nǐ dǎsuàn ˈjǐ yuè [jǐ hào / jǐ rì] qù?

你打算ˈ幾月[幾號 / 幾日]去？

ニィ ダアスアン ˈディ ユィエ [ディ ハウ / ディ ズー] チュイ?

When are you planning to go?

❏ 5月に台北へ発ちます．

Wǔyuè dào Táiběi.

五月到台北。

ウゥユィエ ダウ タイペイ．

I'll leave for Taibei in May.

❏ 休暇はどれくらいありますか．

Fàng duōcháng shíjiān jià? / Nǐ de jiàqí yǒu duōjiǔ?

放多長時間假？/ 你的假期有多久？

ファン ドゥオツァン スーヂエン ヂア? / ニィ ドォ ヂアチィ イオウ ドゥオヂオウ?

How much time off do you have?

❏ 2週間ほどです．

Liǎng ge ˈxīngqí [lǐbài] zuǒyòu. / Liǎng ge duō ˈxīngqí [lǐbài].

兩個ˈ星期[禮拜]左右。/ 兩個多ˈ星期[禮拜]。

リアン ゴォ ˈシンチィ [リィパイ] ヅオイオウ. / リアン ゴォ ドゥオ ˈシンチィ [リィパイ].

I'll have about two weeks off.

❏ 春節は何曜日ですか．

Chūnjié shì ˈxīngqíjǐ [lǐbàijǐ]?

春節是ˈ星期幾[禮拜幾]？

ツンヂエ スー ˈシンチィディ [リィパイディ] ?

Which day of the week is Chinese New Year?

❑ 今日は何曜日ですか．
　Jīntiān 'xīngqíjǐ [lǐbàijǐ]?

今天'星期幾[禮拜幾]？

ヂンティエン 'シンチィヂィ [リィバイヂィ] ？

What day is it today?

❑ 火曜です．
　Xīngqí'èr / Lǐbài'èr.

星期二／禮拜二。

シンチィオル／リィバイオル．

It's Tuesday.

❑ 彼とは木曜日に会います．
　Wǒ 'xīngqísì [lǐbàisì] gēn tā jiànmiàn.

我'星期四[禮拜四]跟他見面。

ウオ 'シンチィスー [リィバイスー] ゲン ター ヂエンミエン．

I'll meet him on Thursday.

❑ 先週の金曜日は大雨でした．
　Shàng 'xīngqíwǔ [lǐbàiwǔ] xià le dàyǔ.

上'星期五[禮拜五]下了大雨。

サン 'シンチィウゥ [リィバイウゥ] シア ロォ ダアユィ．

We had some heavy rain last Friday.

13 数・時間の表現

単語 季節・週日・時間

春 chūntiān 春天 /ツンティエン/ (英 spring)
夏 xiàtiān 夏天 /シアティエン/ (英 summer)
秋 qiūtiān 秋天 /チオウティエン/ (英 autumn, fall)
冬 dōngtiān 冬天 /ドゥオンティエン/ (英 winter)
日曜日 xīngqítiān 星期天 /シンチィティエン/, lǐbàitiān 禮拜天 /リィパイティエン/ (英 Sunday)
月曜日 xīngqíyī 星期一 /シンチイィ/, lǐbàiyī 禮拜一 /リィパイィ/ (英 Monday)
火曜日 xīngqí'èr 星期二 /シンチィオル/, lǐbài'èr 禮拜二 /リィパイオル/ (英 Tuesday)
水曜日 xīngqísān 星期三 /シンチィサン/, lǐbàisān 禮拜三 /リィパイサン/ (英 Wednesday)
木曜日 xīngqísì 星期四 /シンチィスー/, lǐbàisì 禮拜四 /リィパイスー/ (英 Thursday)
金曜日 xīngqíwǔ 星期五 /シンチィウゥ/, lǐbàiwǔ 禮拜五 /リィパイウゥ/ (英 Friday)
土曜日 xīngqíliù 星期六 /シンチィリオウ/, lǐbàiliù 禮拜六 /リィパイリオウ/ (英 Saturday)
休日 xiūxírì 休息日 /シオウシィズー/, jiàrì 假日 /ヂアズー/ (英 holiday, vacation)
今日 jīntiān 今天 /ヂンティエン/ (英 today)
明日 míngtiān 明天 /ミンティエン/ (英 tomorrow)
明後日 hòutiān 後天 /ホウティエン/ (英 the day after tomorrow)
昨日 zuótiān 昨天 /ヅオティエン/ (英 yesterday)
一昨日 qiántiān 前天 /チエンティエン/ (英 the day before yesterday)
午前 shàngwǔ 上午 /サンウゥ/ (英 morning)
午後 xiàwǔ 下午 /シアウゥ/ (英 afternoon)
朝 zǎochén 早晨 /ヅアオツェン/ (英 morning)
昼 báitiān 白天 /パイティエン/ (英 the daytime), zhōngwǔ 中午 /ヅオンウゥ/ (英 noon)
夕方 bāngwǎn 傍晚 /パンウアン/ (英 late afternoon, evening)
夜 yèwǎn 夜晚 /イエウアン/, wǎnshàng 晚上 /ウアンサン/ (英 night)

13 数・時間の表現

単語 十二支・動物

● 十二支

子(ネズミ)　zǐ 子 /ヅー/, (lǎo)shǔ (老)鼠 /(ラウ)スウ/ (英 rat, mouse)

丑(ウシ)　chǒu 丑 /ツォウ/, niú 牛 /ニオウ/ (英 cattle)

寅(トラ)　yín 寅 /イン/, (lǎo)hǔ (老)虎 /(ラウ)フウ/ (英 tiger)

卯(ウサギ)　mǎo 卯 /マウ/, tù(zi) 兔(子) /トウ(ツ)/ (英 rabbit)

辰(リュウ)　chén 辰 /ツェン/, lóng 龍 /ルオン/ (英 dragon)

巳(ヘビ)　sì 巳 /スー/, shé 蛇 /ソォ/ (英 snake)

午(ウマ)　wǔ 午 /ウゥ/, mǎ 馬 /マァ/ (英 horse)

未(ヒツジ)　wèi 未 /ウエイ/, yáng 羊 /イアン/ (英 sheep)

申(サル)　shēn 申 /セン/, hóu(zi) 猴(子) /ホウ(ツ)/ (英 monkey, ape)

酉(トリ)　yǒu 酉 /イオウ/, jī 雞 /ヂィ/ (英 rooster)

戌(イヌ)　xū 戌 /シュイ/, gǒu 狗 /ゴウ/ (英 dog)

亥(イノシシ)　hài 亥 /ハイ/, zhū 豬 /ヅウ/ (英 pig, wild boar)

● 動物

ゾウ　(dà)xiàng (大)象 /(ダァ)シアン/ (英 elephant)

シカ　lù 鹿 /ルウ/ (英 deer)

ウシ　niú 牛 /ニオウ/ (英 cattle)

ブタ　zhū 豬 /ヅウ/ (英 pig)

クマ　xióng 熊 /シュオン/ (英 bear)

パンダ　(dà)māoxióng (大)貓熊 /(ダァ)マウシュオン/ (英 panda)

ゴリラ　dàxīngxīng 大猩猩 /ダァシンシン/ (英 gorilla)

オオカミ　láng 狼 /ラン/ (英 wolf)

イヌ　gǒu 狗 /ゴウ/ (英 dog)

ネコ　māo 貓 /マウ/ (英 cat)

13 数・時間の表現

第14章 現在と過去の出来事

今していること
―今,ごはんを食べているところです.―

□ 今何をしていますか.
Xiànzài gàn shénme? / Nǐ zài zuò shénme ne?
現在幹什麼？/ 你在做什麼呢？
シエンヅァイ ガン センモ? / ニィ ヅァイ ヅオ センモ ノォ?
What are you doing right now?

□ 今, ごはんを食べているところです.
(Xiànzài) wǒ zài chī fàn.
（現在）我在吃飯。
(シエンヅァイ) ウオ ヅァイ ツー ファン.
I'm having something to eat.

□ 今, 友達が来ているところです.
Xiànzài yǒu péngyǒu lái (wán).
現在有朋友來（玩）。
シエンヅァイ イオウ ポンイオウ ライ (ウアン).
I have got a friend over now.

□ 今, ホテルから出るところです.
Xiànzài zhèng yào chū fàndiàn.
現在正要出飯店。
シエンヅァイ ヅォン イアウ ツウ ファンディエン.
I'm leaving the hotel just now.

❏ 返事を待っているところです．
Wǒ zài děng dáfù.

我在等答覆。

ウオ ヅァイ ドン ダフゥウ．

I'm waiting for the answer.

❏ 今，忙しいですか．
Xiànzài nǐ máng bù máng?

現在你忙不忙？

シエンヅァイ ニィ マン ブウ マン？

Are you busy at the moment?

❏ 今しなくてはならないことは何もありません．
(Wǒ) xiànzài méiyǒu yàoshì.

(我)現在沒有要事。

(ウオ) シエンヅァイ メイイオウ イアウスー．

I don't have anything to do right now.

❏ 王さんは今ごろは空港に着いているでしょう．
Wáng xiānsheng xiànzài dào jīchǎng le ba.

王先生現在到機場了吧。

ウアン シエンソン シエンヅァイ ダウ ヂィツァン ロォ バァ．

Mr. Wang should be at the airport by now.

❏ 現在，ビルは建設中です．
Xiànzài zài jiànshè dàlóu.

現在在建設大樓。

シエンヅァイ ヅァイ ヂエンソォ ダァロウ．

The building is under construction right now.

❏ 修理中です．
Xiànzài zài xiūlǐ.

現在在修理。

シエンヅァイ ヅァイ シオウリィ．

It is under repair(s).

14 現在と過去の出来事

❏ 工事中です．

Xiànzài zhèngzài shīgōng.

現在正在施工。

シエンヅァイ ヅォンヅァイ スーゴォン．

It is under construction.

❏ 確認中です．

Zài quèrèn. / Zài cháduì.

在確認。/ 在查對。

ヅァイ チュイエゼン．/ ヅァイ ツァドゥエイ．

We're in the process of getting this confirmed.

たった今したこと
―今，ホテルに着いたところです．―

「ちょうど～する」「～したばかり」は "**剛剛[剛]** /gānggāng[gāng]/ ガンガン[ガン]" ＋［動詞］で表現します．"**剛好** /gānghǎo/ ガンハウ" は「いいタイミングで」，"**剛才** /gāngcái/ ガンツァイ" は「先ほど」の意です．

❏ 今，ホテルに着いたところです．

Gāng(gāng) dào fàndiàn.

剛(剛)到飯店。

ガン(ガン) ダウ ファンディエン．

I have just arrived at the hotel.

❏ 今，会社を出たところです．

Gāng(gāng) chū gōngsī.

剛(剛)出公司。

ガン(ガン) ツウ グオンスー．

I have just left my office.

14 現在と過去の出来事

- [ ] たった今，馬さんから電話がありましたよ．
   Mǎ xiānshēng gāng láiguò diànhuà.
   馬先生剛來過電話。
   マァ シエンソン ガン ライグオ ディエンフア.
   Mr. Ma has just called for you.

- [ ] 今，あなたに電話しようと思っていました．
   Zhènghǎo [Gānghǎo] yào gěi nǐ dǎ diànhuà.
   正好[剛好]要給你打電話。
   ヅォンハウ [ガンハウ] イアウ ゲイ ニィ ダァ ディエンフア.
   I was just thinking about giving you a call.

- [ ] すみません．今，考えごとをしていました．
   Duìbùqǐ, wǒ 'gāng(gāng) [gāngcái] zài xiǎng shì.
   對不起，我'剛(剛)[剛才]在想事。
   ドゥエイブウチィ, ウオ 'ガン(ガン) [ガンツァイ] ヅァイ シアン スー.
   I'm sorry. My mind was somewhere else.

- [ ] ここはさっき通りましたよね．
   Zhètiáo lù 'gāng(gāng) [gāngcái] zǒuguò ba.
   這條路'剛(剛)[剛才]走過吧。
   ヅォティアウ ルウ 'ガン(ガン) [ガンツァイ] ヅォウグオ バァ.
   We came by here a little while ago, didn't we?

- [ ] さっき行ってきたばかりです．
   Gāng(gāng) [Gāngcái] qùguò yí tàng.
   剛(剛)[剛才]去過一趟。
   ガン(ガン) [ガンツァイ] チュイグオ イィ タン.
   I've just been there.

- [ ] 彼女はついさっきまでここにいました．
   Tā 'gāng(gāng) [gāngcái] zài zhèlǐ.
   她'剛(剛)[剛才]在這裡。
   タァ 'ガン(ガン) [ガンツァイ] ヅァイ ヅォリィ.
   She was here up until a few minutes ago.

14 現在と過去の出来事

❏ ちょうどガソリンが切れたところです．
　　Zhēn bù qiǎo, qìyóu gāng yòngwán.

　真不巧，汽油剛用完。
　ヅェン ブウ チアウ，チイヨウ ガン ユオンウアン．

　I've just run out of gas.

過去・経験
―修学旅行で来ました．―

「～したことがある」という経験を述べるには，[動詞]の後に "**過** /guò/ グオ" をつけます．「～したことがない」という否定の形は "**沒**[動詞]**過**" です．

❏ 彼の家に行ったことがあります．
　　Wǒ qùguò tā jiā.

　我去過他家。
　ウオ チュイグオ タァ ヂア．

　I've been to his house.

❏ 葉さんとは以前お会いしたことがあります．
　　Wǒ yǐqián gēn Yè xiānshēng jiànguò miàn.

　我以前跟葉先生見過面。
　ウオ イイチエン ゲン イエ シエンソン ヂエングオ ミエン．

　Mr. Ye and I have met once before.

❏ 3年前に台湾に来たことがあります．
　　Wǒ sān nián (yǐ)qián láiguò Táiwān.

　我三年(以)前來過台灣。
　ウオ サン ニエン (イィ)チエン ライグオ タイウアン．

　I came to Taiwan three years ago.

❏ これは（まだ）食べたことがありません．
Zhège (hái) méi chīguò.

這個(還)沒吃過。

ヅォゴォ（ハイ）メイ ツーグオ．

I have never tried this before.

❏ この本はもう読みましたか．
Nǐ kànguò zhèběn shū ma?

你看過這本書嗎？

ニィ カングオ ヅォベン スウ マァ？

Have you read this book yet?

❏ 去年，買いました．
Wǒ qùnián mǎi de.

我去年買的。

ウオ チュィニエン マイ ドォ．

I bought it last year.

❏ 3年前に卒業しました．
Wǒ shì sān nián qián bìyè de.

我是三年前畢業的。

ウオ スー サン ニエン チエン ビィイエ ドォ．

I graduated three years ago.

❏ 修学旅行で来ました．
Zài xiūxué lǚxíng de shíhòu láiguò.

在修學旅行的時候來過。

ヅァイ シオウシュィエ リュィシン ドォ スーホウ ライグオ．

I came on the school trip.

❏ 台北101でデートをしました．
Zài Táiběi yī líng yī yuēhuì le.

在台北101約會了。

ヅァイ タイベイ イィ リン イィ ユィエフエイ ロォ．

I went to Taipei101 for a date.

14 現在と過去の出来事

- ❏ この映画はずっと前に見ました．
  Wǒ hěn jiǔ yǐqián kànguò zhè bù diànyǐng.
  我很久以前看過這部電影。
  ウオ ヘン ヂオウ イィチエン カングオ ヅォ ブウ ディエンイン．
  I saw this movie a long time ago.

- ❏ それは何度も聞きました．
  Wǒ (zhè jù huà [zhè jiàn shì]) tīngguò hǎojǐcì.
  我(這句話[這件事])聽過好幾次。
  ウオ (ヅォ ヂュイ フア [ヅォ ヂエン スー]) ティングオ ハウヂィツー．
  I heard it over and over again.

- ❏ 確か見たように思います．
  Wǒ hǎoxiàng kànguò.
  我好像看過。
  ウオ ハウシアン カングオ．
  I must have seen it, I think.

- ❏ 知りませんでした．
  Wǒ 'bù zhīdào [bù xiǎodé].
  我'不知道[不曉得]。
  ウオ 'ブウ ツーダウ [ブウ シアウドォ]．
  I didn't know that.

- ❏ ここ数年彼には会ってません．
  Wǒ zhè jǐ nián méi jiànguò tā.
  我這幾年沒見過他。
  ウオ ヅォ ヂィ ニエン メイ ヂエングオ タァ．
  I haven't seen him for a few years.

- ❏ 私が帰ったときには，妻はすでに寝ていました．
  Wǒ huíjiā de shíhòu, wǒ tàitài yǐjīng 'shuì [xiūxí] le.
  我回家的時候，我太太已經'睡[休息]了。
  ウオ フエイヂア ドォ スーホウ，ウオ タイタイ イィヂン 'スエイ [シオウシィ] ロォ．
  When I got home, my wife was already asleep.

❏ もう5年ほどここに住んでいます．

Wǒ zài zhèlǐ zhù (le) yǐjīng wǔ nián le. / Wǒ zài zhèlǐ yǐjīng zhù (le) wǔ nián le.

我在這裡住(了)已經五年了。／我在這裡已經住(了)五年了。

ウオ ヅァイ ヅォリィ ヅウ(ロォ) イィヂン ウゥ ニエン ロォ. / ウオ ヅァイ ヅォリィ イィヂン ヅウ(ロォ) ウゥ ニエン ロォ.

I have lived here for about five years.

❏ 中国語を学んで4年になります．〔今も勉強中〕

Wǒ xué Zhōngwén xué (le) sì nián le.

我學中文學(了)四年了。

ウオ シュィエ ヅォンウン シュィエ(ロォ) スー ニエン ロォ.

I have been studying Chinese for 4 years.

❏ あれからもう10年以上たちます．

Cóng nà shíhòu qǐ, yǐjīng 'guò (le) [guòqù] shí nián le.

從那時侯起，已經'過(了)[過去]十年了。

ツオン ナァ スーホウ チィ, イィヂン 'グオ(ロォ)[グオチュィ] スー ニエン ロォ.

It's been more than ten years since then.

14 現在と過去の出来事

第15章 未来の予定

予定・計画についてたずねる
―明日はどちらへ行きますか?―

「~するつもり / 予定だ」は "打算 /dǎsuàn/ ダアスアン" + [動詞] で表現します.

❏ 今晩は何をしますか.
   Jīntiān wǎnshàng zuò shénme?
   今天晚上做什麼?
   ヂンティエン ウアンサン ヅオ センモ?
   What are you doing this evening?

❏ 明日はどちらへ行きますか.
   Míngtiān dǎsuàn qù nǎlǐ?
   明天打算去哪裡?
   ミンティエン ダアスアン チュイ ナァリィ?
   Where are you going tomorrow?

❏ 今週末は何をしますか.
   Zhège zhōumò dǎsuàn zuò shénme?
   這個週末打算做什麼?
   ヅォゴォ ヅォウモォ ダアスアン ヅオ センモ?
   What are you doing this weekend?

❏ 今度の休みの予定は？
Xiàcì xiūjià 'yǒu shénme dǎsuàn [dǎsuàn zuò shénme]?

下次休假有什麼打算[打算做什麼]？

シアツー シオウヂア イオウ センモ ダアスアン [ダアスアン ヅオ センモ]？

What do you plan to do this vacation?

❏ お正月はどこで過ごしますか．
Yào zài nǎlǐ guò nián?

要在哪裡過年？

イアウ ヅァイ ナァリィ グオ ニエン？

Where are you spending the New Year?

❏ 夏休みには何をしますか．
Shǔjià nǐ dǎsuàn zuò shénme?

暑假你打算做什麼？

スウヂア ニィ ダアスアン ヅオ センモ？

What are you doing for your summer vacation?

❏ 春節は誰と過ごしますか．
Chūnjié nǐ gēn shéi yìqǐ guò?

春節你跟誰一起過？

ツンヂエ ニィ ゲン セイ イィチィ グオ？

Who are you spending Chinese New Year with?

❏ 午後はお出かけですか．
Xiàwǔ yào chū mén ma?

下午要出門嗎？

シアウゥ イアウ ツウ メン マァ？

Are you going out any time this afternoon?

15 未来の予定

❏ 明日はお暇ですか.
Míngtiān yǒu kòng ma?
明天有空嗎？
ミンティエン イオウ クオン マァ?
Will you be free any time tomorrow?

❏ 発送はいつですか.
Shénme shíhòu jì?
什麼時候寄？
センモ スーホウ ディ?
When are you going to send it?

❏ 台湾にいつまでご滞在ですか.
Nǐ zài Táiwān dǎsuàn zhùdào shénme shíhòu?
你在台灣打算住到什麼時候？
ニィ ヅァイ タイウアン ダァスアン ヅゥダウ センモ スーホウ?
How long are you going to stay in Taiwan?

❏ 展覧会はいつからいつまでの予定ですか.
Zhǎnlǎnhuì cóng jǐ hào (kāi)dào jǐ hào?
展覽會從幾號(開)到幾號？
ヅァンランフエイ ツオン ディ ハウ (カイ) ダウ ディ ハウ?
What are the dates of the exhibition?

予定・計画について述べる
―昼から出かけます.―

15 未来の予定

❏ 午前中に洗濯をします.
Shàngwǔ xǐ yīfú.
上午洗衣服。
サンウゥ シィ イィフウ.
I'll be doing the laundry in the morning.

❏ 午前中はたぶん寝ていると思います．

Shàngwǔ kǒngpà hái zài shuìjiào.

上午恐怕還在睡覺。

サンウゥ クオンパァ ハイ ヅァイ スエイヂアウ.

I'll probably be asleep in the morning.

❏ 昼までに仕事を終わらせます．

Zhōngwǔ yǐqián zuòwán gōngzuò.

中午以前做完工作。

ヅオンウゥ イィチエン ヅオウアン グオンヅオ.

I'll finish working by noon.

❏ 昼から出かけます．

Xiàwǔ yào chū mén.

下午要出門。

シアウゥ イアウ ツウ メン.

I'll go out this afternoon.

❏ 午後は何もすることがありません．

Xiàwǔ shénme shì yě méiyǒu. / (Wǒ) xiàwǔ dōu méi(yǒu) shì.

下午什麼事也沒有。/（我）下午都沒(有)事。

シアウゥ センモ スー イエ メイイオウ. /（ウオ）シアウゥ ドウ メイ（イオウ）スー.

I don't have anything to do in the afternoon.

❏ 夕方までには帰ります．

Bāngwǎn 'zhīqián [yǐqián] huí jiā.

傍晚'之前[以前]回家。

パンウアン 'ヅーチエン [イィチエン] フエイ ヂア.

I'll be back by evening.

15 未来の予定

❏ 夜は劉さんの家に呼ばれています.

Wǎnshàng Liú xiānshēng qǐng wǒ dào tā jiā (wán).

晚上劉先生請我到他家(玩)。

ウアンサン リオウ シエンソン チン ウオ ダウ タァ ヂア (ウアン).

I've been invited to Mr. Liu's house this evening.

■ 呼びかけ ■

親族あるいは親しい友人の間では名前を呼び捨てにするか, 愛称やニックネームで呼ぶのが普通です. 職種や身分の名称を後ろにつけて "～董事長 /dǒngshìzhǎng/ ドゥオンスーヅァン (～社長), " "～科長 /kēzhǎng/ コォヅァン (～課長), " "～老師 /lǎoshī/ ラウスー (～先生), " "～醫師 /yīshī/ イィスー (～先生), " "～郷長 /xiāngzhǎng/ シアンヅァン (～村長) などとすれば敬称になります. 見知らぬ人に呼びかける場合は, 男性に対しては "先生! /Xiānshēng!/ シエンソン!", 女性に対しては "小姐!/Xiǎojiě!/ シアウヂエ!" でいいでしょう. "小姐" は年若い人からかなりの高年齢の人まで使えますが, いかにもお年寄りといった感じの老婦人なら台湾語の "阿嬷! アーマー!" あるいは台湾語の "歐巴桑! オーバーサン!" を使います. お店のご主人に "老闆! /Lǎobǎn!/ ラウバン!" (男性), "老闆娘!/Lǎobǎnniáng!/ ラウバンニアン!" (女性) と呼びかけているのもよく耳にします. 小学生までの子供は "小朋友!/Xiǎopéngyǒu!/ シアウポンイオウ!", 中高生なら "同學!/Tóngxué!/ トゥオンシュィエ!" でしょうか.

❏ 明日は市内観光をしようかな.

Wǒ xiǎng míngtiān qù cānguān shìnèi.

我想明天去參觀市內。

ウオ シアン ミンティエン チュイ ツァングアン スーネイ.

Maybe I'll do some sight-seeing of the city tomorrow.

❏ 土曜日も会社に行きます.

Xīngqíliù [Lǐbàiliù] yě yào shàngbān.

星期六[禮拜六]也要上班。

シンチィリオウ [リィバイリオウ] イエ イアウ サンバン.

I go to my office on Saturdays as well.

15 未来の予定

- ☐ 週末はゴルフです．
  Zhōumò wǒ jīngcháng qù dǎ gāo'ěrfūqiú.
  週末我經常去打高爾夫球。
  ヅォウモォ ウオ ヂンツァン チュイ ダァ ガウオルフゥウチオウ．
  I play golf at the weekends.

- ☐ 来週の火曜日に日本に帰ります．
  Xiàge 'xīngqí'èr [lǐbài'èr] wǒ huí Rìběn.
  下個'星期二[禮拜二]我回日本。
  シアゴォ 'シンチィオル [リィバイオル] ウオ フエイ ズーベン．
  I'm going back to Japan next Tuesday.

- ☐ 来年また台湾に来ますよ．
  Míngnián wǒ hái yào dào Táiwān lái.
  明年我還要到台灣來。
  ミンニエン ウオ ハイ イアウ ダウ タイウアン ライ．
  I'll come back to Taiwan again next year.

さまざまな予定
—ツアーで台北を回ります．—

- ☐ 今（そちらへ）行きます．
  Wǒ mǎshàng guòqù. / Wǒ mǎshàng lái.
  我馬上過去。／我馬上來。
  ウオ マァサン グオチュイ．／ウオ マァサン ライ．
  I'll go [come] now.

- ☐ すぐに戻ります．
  Wǒ mǎshàng 'huílái [huíqù].
  我馬上'回來[回去]。
  ウオ マァサン 'フエイライ [フエイチュイ]．
  I'll be [go] back soon.

15 未来の予定

❏ これからメールをチェックします.

Wǒ yào kàn yíxià 'E-mail [diànzǐ yóujiàn].

我要看一下'E-mail[電子郵件]。

ウオ イアウ カン イィシア 'E-mail [ディエンヅー イオウヂエン].

I'll check my mail now.

❏ 家にいます.

Wǒ zài jiā.

我在家。

ウオ ヅァイ ヂア.

I'll be at home.

❏ ゆっくり休みます.

Wǒ yào hǎohǎo 'xiūxí [fàngkōng zìjǐ / fàngsōng].

我要好好'休息[放空自己 / 放鬆]。

ウオ イアウ ハウハウ 'シオウシィ [ファンクオン ヅーヂィ / ファンスオン].

I'll take it easy.

❏ あの人は多分家でごろごろしていると思います.

Tā dàgài zài jiā xiánzhe wúshì.

他[她]大概在家閒著無事。

タァ ダァガイ ヅァイ ヂア シエンヅォ ウゥスー.

He [She] will probably be hanging out in his[her] home.

❏ 出かけると思います.

Kěnéng huì chū mén.

可能會出門。

コォノン フエイ ツウ メン.

I think I'll go out.

❏ 美容院[理髪店]に行きます.

Wǒ yào qù 'měiróngyuàn [lǐfǎdiàn].

我要去'美容院[理髪店]。

ウオ イアウ チュイ 'メイズオンユィエン [リィファディエン].

I'll go to the hairdresser's [barber's].

15 未来の予定

❏ サッカー[卓球]を見に行きます．
Wǒ qù kàn 'zúqiú [zhuōqiú] bǐsài.

我去看'足球[桌球]比賽。

ウオ チュイ カン ヅウチオウ [ヅオチオウ] ビィサイ．

I'm going to watch the soccer [table tennis].

❏ 飲みに行きます．
Wǒ qù hē jiǔ.

我去喝酒。

ウオ チュイ ホォ ヂオウ．

I'm going to go drinking.

❏ 家族でドライブをします．
Wǒ gēn jiālǐrén yìqǐ kāi chē qù dōufēng.

我跟家裡人一起開車去兜風。

ウオ ゲン ヂアリィゼン イィチィ カイ ツォ チュイ ドウフォン．

I'll take a drive with my family.

❏ 友達とレストランで食事をします．
Wǒ gēn péngyǒumen yìqǐ qù cāntīng chī fàn.

我跟朋友們一起去餐廳吃飯。

ウオ ゲン ポンイオウメン イィチィ チュイ ツァンティン ツー ファン．

I and my friends will eat at a restaurant.

❏ 友人たちとパーティーをします．
Wǒ gēn péngyǒu yìqǐ kāi 'wǎnhuì [yànhuì].

我跟朋友一起開'晚會[宴會]。

ウオ ゲン ポンイオウ イィチィ カイ ヴアンフエイ [イエンフエイ]．

Some of my friends and I are partying.

❏ 弟に会うかもしれません．
Wǒ 'kěnéng [yěxǔ] gēn dìdi jiànmiàn.

我'可能[也許]跟弟弟見面。

ウオ ヴォノン [イエシュイ] ゲン ディディ ヂエンミエン．

I might see my brother.

15 未来の予定

- ❑ 友人が家に来ます．
  Yǒu péngyǒu lái wǒ jiā (wán).
  有朋友來我家(玩)。
  イオウ ポンイオウ ライ ウオ ヂア (ウアン).
  A friend is coming over.

- ❑ 台東にいる親戚に会います．
  Jiàn zhùzài Táidōng de qīnqī.
  見住在台東的親戚。
  ヂエン ヅウツァイ タイドゥオン ドォ チンチィ.
  I am going to see a relative who lives in Taidong.

- ❑ 大学時代の友達と再会します．
  Wǒ gēn '(niàn) dàxué shí de tóngxué [dàxué shídài de péngyǒu] jiànmiàn.
  我跟'(念)大學時的同學[大學時代的朋友]見面。
  ウオ ゲン '(ニエン) ダアシュィエ スー ドォ トゥオンシュィエ [ダアシュィエ スーダイ ドォ ポンイオウ] ヂエンミエン.
  I'm going to get together with an old college friend of mine.

- ❑ 卓球の試合があります．
  Yǒu zhuōqiú bǐsài.
  有桌球比賽。
  イオウ ヅオチオウ ビィサイ.
  I'm having a table tennis match.

- ❑ ツアーで台北を回ります．
  Cānjiā lǚxíngtuán qù Táiběi guānguāng.
  參加旅行團去台北觀光。
  ツァンヂア リュィシントゥアン チュイ タイベイ グアングアン.
  I'm planning to go on a tour of Taipei.

15 未来の予定

□ 台湾に旅行します．
Wǒ qù Táiwān lǚxíng.

我去台灣旅行。

ウオ チュイ タイウアン リュィシン.

I'm going on a trip to Taiwan.

□ まだ，予定はありません．
Wǒ hái méiyǒu shénme jìhuà.

我還沒有什麼計畫。

ウオ ハイ メイイオウ センモ ディフア.

I don't have any plans yet.

□ これから決めます．/ もうすぐ決めます．
Wǒ yǐhòu zài juédìng. / Wǒ kuàiyào juédìng le.

我以後再決定。/ 我快要決定了。

ウオ イィホウ ヅァイ デュィエディン. / ウオ クアイイアウ デュィエディン ロォ.

I'll make up my mind soon.

□ 体調次第です．
Yào kàn jiànkāng zhuàngtài (zěnmeyàng).

要看健康狀態(怎麼樣)。

イアウ カン ヂエンカン ヅアンタイ (ヅェンモイアン).

It depends on how I feel.

□ 天候次第です．
Yào kàn tiānqì (zěnmeyàng).

要看天氣(怎麼樣)。

イアウ カン ティエンチィ (ヅェンモイアン).

It depends on the weather.

□ 天気がよければ花蓮市内を回ってみます．
Rúguǒ tiānqì hǎo, jiù cānguān Huālián shìnèi.

如果天氣好，就參觀花蓮市內。

ズウグオ ティエンチィ ハウ, ヂオウ ツァングアン フアリエン スーネイ.

I'll go around Hualian if the weather's nice.

15 未来の予定

第16章 天候・気候

天候の表現
―こちらはいい天気です．―

「雨が降る」「風が吹く」といった自然現象は "**下雨** /xià yǔ/ シア ユィ", "**颱風** /guā fēng/ グア フォン" のように［動詞］＋（出現するもの）の語順になります．

□ 台中の［そちらの］今の天気はどうですか．
　Táizhōng [Nín nàlǐ] de tiānqì zěnmeyàng?
　台中[您那裡]的天氣怎麼樣？
　タイヅォン［ニン ナァリィ］ドォ ティエンチィ ヅェンモイアン？
　How is the weather in Taizhong [at your place]?

□ こちらはいい天気です．
　Wǒ zhèlǐ tiānqì hěn hǎo.
　我這裡天氣很好。
　ウオ ヅォリィ ティエンチィ ヘン ハウ．
　It's nice here.

□ いい天気です．／晴れています．
　Tiānqì hěn hǎo. / Qíngtiān.
　天氣很好。／晴天。
　ティエンチィ ヘン ハウ．／チンティエン．
　The weather's fine. / It's sunny.

16 天候・気候

- 過ごしやすいです．
  (Zhèlǐ de) qìhòu hěn shūfú.
  （這裡的）氣候很舒服。
  (ヅォリィ ドォ) チィホウ ヘン スゥフゥ.
  It's very comfortable outside.

- 雨です．
  Xià yǔ le.
  下雨了。
  シア ユィ ロォ.
  It's raining.

- どしゃぶりです．
  Xià dàyǔ.
  下大雨。
  シア ダァユィ.
  It's raining heavily.

- 小雨が降っています．
  Xià máomáoyǔ.
  下毛毛雨。
  シア マウマウユィ.
  It's drizzling.

- 雪です．／みぞれまじりです．
  Xià xuě. / Yǔlǐ jiázhe xuě.
  下雪。／雨裡夾著雪。
  シア シュィエ. / ユィリィ ヂアヅォ シュィエ.
  It's snowing. / We're getting sleety rain.

- 曇りです．
  Yīntiān.
  陰天。
  インティエン.
  It's cloudy.

16 天候・気候

□ 雨が降ったり止んだりしています.
Yǔ yìhuǐ xià yìhuǐ tíng. / Yǔ shí xià shí tíng.

雨一會下一會停。／雨時下時停。

ユィ イィフエイ シア イィフエイ ティン. / ユィ スー シア スー ティン.

It's raining on and off.

□ 台風が来ています.
Táifēng lái le.

颱風來了。

タイフォン ライ ロォ.

There is a typhoon coming.

□ 風が強いです.
Fēng hěn dà.

風很大。

フォン ヘン ダァ.

The wind is blowing hard.

□ 風が冷たいです.
Fēng hěn lěng.

風很冷。

フォン ヘン ロン.

The wind is cold.

□ 暑いです. ／ 暖かいです.
Hěn rè. / Nuǎnhuó.

很熱。／暖和。

ヘン ゾォ. / ヌアンフォ.

It's hot. / It's warm.

□ 蒸し暑いです.
Mēnrè.

悶熱。

メンゾォ.

It's so humid!

❏ 寒いです. / 涼しいです.

Hěn lěng. / Liángkuài.

很冷。/ 涼快。

ヘン ロン. / リアンクアイ.

It's cold. / It's cool.

❏ 朝晩は冷え込みます.

Zǎowǎn dōu hěn lěng.

早晚都很冷。

ヅァオウアン ドウ ヘン ロン.

It's been getting cold in the early mornings and evenings.

❏ 気温が低いです.

Qìwēn hěn dī.

氣溫很低。

チィウン ヘン ディ.

The temperature is low.

❏ 湿度が高いです.

Shīdù hěn gāo.

濕度很高。

スードゥウ ヘン ガウ.

The humidity is high.

❏ 昨夜は雨でした.

Zuótiān wǎnshàng xià yǔ le.

昨天晚上下雨了。

ヅオティエン ウアンサン シア ユィ ロォ.

It rained last night.

- 日本では梅雨に入りました．
  Rìběn 'jìnrù [dào] 'méiyǔjì [méiyǔqí] le.
  日本'進入[到]'梅雨季[梅雨期]了。
  ズーベン'ヂンズウ[ダウ]'メイユィヂィ[メイユィチィ]ロォ．
  The rainy season has started in Japan.

- もうすぐ春[夏，秋，冬]です．
  Kuài 'chūntiān [xiàtiān, qiūtiān, dōngtiān] le.
  快'春天[夏天，秋天，冬天]了。
  クアイ'ツンティエン[シアティエン，チオウティエン，ドゥオンティエン]ロォ．
  It won't be long before spring [summer, fall, winter] is here.

- もう秋ですね．／春が来ました．
  Yǐjīng qiūtiān le. / Chūntiān dào le.
  已經秋天了。／春天到了。
  イィヂン チオウティエン ロォ．／ツンティエン ダウ ロォ．
  Fall is here. / Spring has come.

- 花粉症の季節になりました．
  Dào le huāfěn (guòmǐn) zhèng de jìjié le.
  到了花粉(過敏)症的季節了。
  ダウ ロォ フアフェン(グオミン)ヅォン ドォ ディヂエ ロォ．
  Hay fever season has come.

- 今朝かなり強い地震がありました．
  Jīntiān zǎoshàng fāshēng le 'bùxiǎo [jiào dà] de dìzhèn.
  今天早上發生了'不小[較大]的地震。
  ヂンティエン ヅァオサン ファソン ロォ'ブウシアウ[ヂアウ ダァ]ドォ ディヅェン．
  There was a strong earthquake this morning.

第17章 入国審査・税関

入国審査・税関における表現
― これは課税対象となります. ―

☐ パスポートを見せてください.
Qǐng 'ràng [gěi] wǒ kànkàn nǐ de hùzhào.
請'讓[給]我看看你的護照。
チン ゙ザン [ゲイ] ウオ カンカン ニィ ドォ フウヅァオ.
Can I see your passport, please?

☐ 入国目的は何ですか.
Rùjìng de mùdì shì shénme?
入境的目的是什麼？
ズウヂン ドォ ムウディ スー センモ?
For what purpose do you want to enter the country?

☐ 観光[商用, 留学]です.
Lái 'guānguāng [gōngzuò, liúxué].
來'觀光[工作, 留學]。
ライ ゙グアングアン [グオンヅオ, リオウシュィエ].
For sightseeing [business, studying].

☐ 何日間の滞在ですか.
Dǎsuàn 'dāi [dòuliú] jǐ tiān?
打算'待[逗留]幾天？
ダアスアン ゙ダイ [ドウリオウ] ヂィ ティエン?
How long are you going to stay?

17 入国審査・税関

□ 5日間[1週間]です．
(Zhù) wǔ tiān [yí ge xīngqí / yí ge lǐbài].
(住)五天[一個星期 / 一個禮拜]。
(ヅゥ)ウゥ ティエン [イィ ゴォ シンチィ / イィ ゴォ リィバイ].
For five days [a week].

□ 帰りの航空券はお持ちですか．
Yǒu méiyǒu huíchéng jīpiào?
有沒有回程機票？
イオウ メイイオウ フエイツォン ヂィピアウ?
Do you have a return ticket?

□ はい，これです．
Yǒu, zhè jiùshì.
有，這就是。
イオウ, ヅォ ヂオウスー.
Here it is. / Here you are.

□ 何か申告するものはありますか．
Nǐ yǒu méiyǒu shēnbào de wùpǐn [dōngxī]?
你有沒有申報的物品[東西]？
ニィ イオウ メイイオウ センバウ ドォ ウゥピン [ドゥオンシィ] ?
Do you have anything to declare?

□ いいえ，ありません．
Méiyǒu.
沒有。
メイイオウ.
No, I don't have anything.

□ これは申告の必要がありますか．
Zhèjiàn dōngxī xūyào shēnbào ma?
這件東西須要申報嗎？
ヅォヂエン ドゥオンシィ シュィイアウ センバウ マァ?
Do I need to declare this?

❑ これは何ですか．
Zhè shì shénme dōngxī?

這是什麼東西？

ヅォ スー センモ ドゥオンシィ？

What is this?

❑ 心臓の薬です．
Shì xīnzàngyào.

是心臟藥。

スー シンヅァンイアウ．

It's my heart medicine.

❑ 医師の診断書を持っています．
Wǒ yǒu yīshēng zhěnduànshū.

我有醫生診斷書。

ウオ イオウ イィソン ヅェンドゥアンスウ．

I have a doctor's medical certificate.

❑ これは国外に持ち出せません．
Zhège 'bù zhǔn [bù yǔnxǔ] dàidào guówài.

這個不准[不允許]帶到國外。

ヅォゴォ ブウ ヅン [ブウ ユィンシュィ] ダイダウ グオウアイ．

You can't take this out of the country.

❑ 違反品ですのでここで没収します．
Zhè shì wéijìnpǐn. Bù néng dàizǒu.

這是違禁品。不能帶走。

ヅォ スー ウエイヂンピン．ブウ ノン ダイヅォウ．

We'll have to confiscate it here. These are prohibited goods.

❑ ワシントン条約に違反しています．
Wéifǎn Huáshèngdùn Tiáoyuē.

違反華盛頓條約。

ウエイファン フアションドゥン ティアウユィエ．

It violates the Washington Convention.

入国審査・税関

❑ 日本の税関では問題ありませんでした.
Zài Rìběn hǎiguān méiyǒu wèntí.
在日本海關沒有問題。
ヅァイ ズーベン ハイグアン メイイオウ ウンティ.
There were no problems at the Japanese customs.

❑ 酒・たばこ類をお持ちですか.
Nǐ dài(zhe) jiǔ huòzhě xiāngyān ma?
你帶(著)酒或者香菸嗎？
ニィ ダイ(ヅォ) ヂオウ フオヅォ シアンイエン マァ?
Do you carry any alcohol or tobacco?

❑ 身の回り品だけです.
Zhǐyǒu suíshēn wùpǐn.
只有隨身物品。
ヅーイオウ スエイセン ウッピン.
I have nothing but my personal belongings.

❑ これは課税されますか[免税ですか].
Zhège 'shàngshuì [miǎnshuì] ma?
這個上稅[免稅]嗎？
ヅォゴォ ˈサンスエイ [ミエンスエイ] マァ?
Is this taxed [tax-free]?

❑ これは課税対象[免税]となります.
Zhè shì 'shàngshuì [miǎnshuì] wùpǐn.
這是上稅[免稅]物品。
ヅォ スー ˈサンスエイ [ミエンスエイ] ウッピン.
This is taxed [tax-free].

❑ 課税額はいくらですか.
Shuìjīn yào duōshǎo? / Shuìjīn shì duōshǎo?
稅金要多少？／稅金是多少？
スエイヂン イアウ ドゥォサオ? / スエイヂン スー ドゥォサオ?
How much do I have to pay for the tax?

第18章 交通機関・空港

電車・MRT・バスに乗る
―このバスは高速バスですか?―

❏ 切符売り場はどこですか．
Shòupiàochù zài nǎlǐ?
售票處在哪裡？
ソウピアウツウ ヅァイ ナァリィ?
Where is the ticket office?

❏ 宜蘭まで２枚ください．
Dào Yílán liǎng zhāng.
到宜蘭兩張。
ダウ イィラン リアン ヅァン.
Two tickets to Yilan, please.

❏ 片道です．／往復です．
Dānchéngpiào. / Qùhuípiào.
單程票。／去回票。
ダンツォンピアウ.／チュィフエイピアウ.
One way, please. / Round-trip, please.

❏ このバスは玉井に行きますか．
Zhè liàng chē dào Yùjǐngzhàn ma?
這輛車到玉井站嗎？
ヅォ リアン ツォ ダウ ユィヂンヅァン マァ?
Does this bus stop at Yujing Station?

❏ 乗り換えが必要ですか.

Yào huàn chē ma?

要換車嗎？

イアウ フアン ツォ マ?

Do I need to transfer?

❏ どこで乗り換えるのですか.

Zài nǎlǐ huàn chē?

在哪裡換車？

ヅァイ ナァリィ フアン ツォ?

At which station should I transfer?

❏ どこで降りたらいいですか.

Zài nǎlǐ xià chē?

在哪裡下車？

ヅァイ ナァリィ シア ツォ?

Where should I get off?

❏ 動物園行きのバスに乗ってください.

Qǐng zuò kāiwǎng Dòngwùyuán de chē.

請坐開往動物園的車。

チン ヅオ カイウアン ドゥオンウゥユィエンド ツォ.

Take the bus that goes to the Zoo.

❏ 中距離バスに乗ってください.

Nǐ zuò kèyùn qù.

你坐客運去。

ニィ ヅオ コォユィン チュイ.

Take the middle-distance bus.

■ バス ■

市内バスは "**公車** /gōngchē/ グオンツォ"("**公共汽車** /gōnggòng qìchē/ グオンゴン チィツォ" の略), 中距離路線バスは "**長途客運** /chángtú kèyùn/ ツァントゥゥ コォユィン", 中長距離高速バスは "**國道客運** /guódào kèyùn/ グオダウ コォユィン" といいます. また, バ

ス会社の会社名は "**國光客運** /Guóguāng kèyùn/ グオグアン コォユィン", "**中興巴士** /Zhōngxīng bāshì/ ヅオンシン バァスー" のように呼ばれています.

❏ このバスは高速バス[市内バス]ですか.
Zhè liàng chē shì 'guódào kèyùn [gōngchē] ma?

這輛車是'國道客運[公車]嗎？
ヅォ リアン ツォ スー 'グオダウ コォユィン [グオンツォ] マァ?

Is this a fast [a city] bus?

❏ 大安森林公園で降りてください.
Zài Dà'ān Sēnlín Gōngyuán xià chē.

在大安森林公園下車。
ヅァイ ダアアン センリン グオンユィエン シア ツォ.

Get off at Daan Forest Park.

❏ 台北駅で310番バスに乗り換えてください.
Zài Táiběi chēzhàn huàn sān yī líng.

在台北車站換三一〇。
ヅァイ タイペイ ツォヅァン フアン サン イィ リン.

Switch to the No.310 bus at Taipei Station.

❏ 円山駅は2つ目の駅です.
Yuánshānzhàn shì dì'èr zhàn.

圓山站是第二站。
ユィエンサンヅァン スー ディオル ヅァン.

Yuanshan Station is the second stop.

❏ 急行は反対側のホームです.
Kuàichē zài duìmiàn de yuètái (shàng).

快車在對面的月台(上)。
クアイツォ ヅァイ ドゥエイミエン ドォ ユィエタイ (**サン**).

The express train leaves from the opposite platform.

18 交通機関・空港

18 交通機関・空港

☐ 苗栗行きは２番ホームです．
Dào Miáolì de huǒchē zài èr hào yuètái.
到苗栗的火車在二號月台。
ダウ ミアウリィ ドォ フオツォ ヅァイ オル ハウ ユィエタイ．
The train for Miaoli leaves from Platform No.2.

☐ 空港行きのバスはどこから出ますか．
Dào jīchǎng de kèyùn zài nǎlǐ zuò?
到機場的客運在哪裡坐？
ダウ ヂィツァンヅ ドォ コォユィン ヅァイ ナァリィ ヅオ？
Where can I get a bus for the airport?

☐ 駅でバス[タクシー]に乗ってください．
Zài huǒchēzhàn zuò 'gōngchē [jìchéngchē] qù.
在火車站坐公車[計程車]去。
ヅァイ フオツォツァン ヅオ 'グオンツォ [ヂィツォンツォ] チュィ．
Take a bus [a taxi] from the station.

☐ どうぞ，お掛けください．
Qǐng zuò.
請坐。
チン ヅオ．
Please take a seat.

☐ 荷物をお持ちしましょう．
Wǒ bāng nǐ ná xínglǐ ba.
我幫你拿行李吧。
ウオ バン ニィ ナァ シンリィ バァ．
Can I take your luggage?

☐ 席をお間違えですよ．
Nǐ de zuòwèi cuò le.
你的座位錯了。
ニィ ドォ ヅオウエイ ツオ ロォ．
This is the wrong seat.

- ❏ ここは私の席だと思います.
    Zhè shì wǒ de zuòwèi.

    這是我的座位。

    ヅォ スー ウオ ドォ ヅオウエイ.

    I think this is my seat.

- ❏ 切符を拝見します.
    Qǐng gěi wǒ kànkàn nín de piào.

    請給我看看您的票。

    チン ゲイ ウオ カンカン ニン ドォ ピアウ.

    I'll check your ticket.

- ❏ ここはどこですか.
    Zhè shì shénme dìfāng?

    這是什麼地方？

    ヅォ スー センモ ディファン?

    Where are we now? / Where is this?

- ❏ 桃園はもう過ぎてしまいましたか.
    Táoyuánzhàn yǐjīng guò le ma?

    桃園站已經過了嗎？

    タウユィエンヅァン イィヂン グオ ロォ マア?

    Have we already passed Taoyuan?

- ❏ 博物館に着いたら教えてください.
    Dào le bówùguǎn jiào wǒ yìshēng, hǎo bùhǎo? / Dào le bówùguǎn qǐng 'gàosù [tōngzhī] wǒ.

    到了博物館叫我一聲，好不好？／到了博物館請'告訴[通知]我。

    ダウ ロォ ボォウゥグァン ヂアウ ウオ イィソン, ハウ ブゥハウ? / ダウ ロォ ボォウゥグァン チン 'ガウスゥ [トゥオンヅー] ウオ.

    Let me know when the bus arrives at the museum.

- 博物館に着きましたよ.
  Bówùguǎn dào le.

  博物館到了。
  ボォウゥグアン ダウ ロォ.
  This is the stop for the museum.

- あなたの降りる駅ですよ.
  Dào nǐ yào xià de zhànle. / Zhè yízhàn jiù shì.

  到你要下的站了。／這一站就是。
  ダウ ニィ イアォ シア ドォ ヅァン ロォ. ／ヅォ イィヅァン ヂオウ スー.
  This is the station where you get off.

タクシーに乗る
―Aホテルまでお願いします．―

- タクシー乗り場はどこですか.
  Jìchéngchē chéngchēchù zài nǎlǐ?

  計程車乘車處在哪裡？
  ヂィツォンツォ ツォンツォツゥ ヅァイ ナァリィ?
  Where can I get a taxi?

- トランクに荷物を入れてください.
  Qǐng bǎ xínglǐ fàngzài xínglǐxiānglǐ.

  請把行李放在行李箱裡。
  チン バァ シンリィ ファンヅァイ シンリィシアンリィ.
  Could you put my luggage in the trunk?

- Aホテルまでお願いします.
  Dào A fàndiàn.

  到A飯店。
  ダウ A ファンディエン.
  To the A Hotel, please.

❑ 急いで行ってください.
Néng kuàidiǎn ma?

能快點嗎？
ノン クアイディエン マァ?

Could you hurry, please?

❑ 高速道路を使ってもいいですか.
Kěyǐ zǒu gāosù gōnglù ma?

可以走高速公路嗎？
コォイィ ヅォウ ガウスウ グォンルウ マァ?

Can we take the expressway?

❑ ええ，いいですよ.
Kěyǐ.

可以。
コォイィ.

Yes, that's fine.

❑ 一般道で行ってください.
Zǒu pǔtōng gōnglù ba.

走普通公路吧。
ヅォウ プウトゥオン グォンルウ バァ.

Please take regular roads.

❑ いくらですか.
Duōshǎo qián?

多少錢？
ドゥオ サオ チエン?

How much is the fare?

❑ おつりは取っておいてください.
Língqián búyòng zhǎo le.

零錢不用找了。
リンチエン プウユオン ヅァオ ロォ.

Keep the change.

18 交通機関・空港

❏ 2,000元に高速代82元を足して全部で2,082元です．
   Liǎngqiān jiāshàng gāosù gōnglù fèi bāshí'èr kuài, yígòng liǎngqiān líng bāshí'èr kuài.

   兩千加上高速公路費八十二塊，一共兩千零八十二塊。

   リアンチエン デアサン ガウスウ グオンルウ フェイ パァスーオル クアイ, イィグオン リアンチエン リン パァスーオル クアイ.

   2,000 NTD plus freeway fee, 2,082 in total.

飛行機に乗る
― エコノミーで2席お願いします．―

❏ 5月17日の東京行きの便はありますか．
   Yǒu méiyǒu wǔ yuè shíqī hào fēiwǎng Dōngjīng de bānjī?

   有沒有五月十七號飛往東京的班機？

   イオウ メイイオウ ウゥ ユィエ スーチィ ハウ フェイウアン ドゥオンデン ドォ バンディ?

   Are there any flights to Tokyo leaving on May 17th?

❏ 明日の10時ころの便はありますか．
   Yǒu méiyǒu míngtiān shídiǎn zuǒyòu de bānjī?

   有沒有明天十點左右的班機？

   イオウ メイイオウ ミンティエン スーディエン ヅオイオウ ドォ バンディ?

   Are there any flights leaving tomorrow around ten o'clock?

❏ 824便の予約をお願いします．
   Wǒ xiǎng dìng bā èr sì hào bānjī.

   我想訂八二四號班機。

   ウオ シアン ディン パァ オル スー ハウ バンディ.

   Can I reserve a seat on the No.824 flight?

- 満席です．キャンセル待ちなさいますか．
  Kèmǎn le. Nín yào bú yào děng hòubǔ?
  客滿了。您要不要等候補？
  コォマン ロォ．ニン イアウ ブウ イアウ ドン ホウブウ？
  It's full. Would you like to add your name to the waiting list?

- けっこうです．別の便に変更します．
  Bú yào le. Wǒ yào huàn ge bānjī.
  不要了。我要換個班機。
  ブウ イアウ ロォ．ウオ イアウ フアン ゴォ バンヂィ．
  No, thanks. I will change to another flight.

- エコノミーで2席お願いします．
  Wǒ yào liǎng zhāng jīngjìcāng de.
  我要兩張經濟艙的。
  ウオ イアウ リアン ヅァン ヂンヂィツァン ドォ．
  Can I reserve two seats in economy class?

- 搭乗手続きをしたいのですが．
  Wǒ yào bànlǐ dēngjī shǒuxù.
  我要辦理登機手續。
  ウオ イアウ バンリィ ドンヂィ ソウシュィ．
  I'd like to check in, please.

- パスポートと搭乗券を見せてください．
  Qǐng chūshì nín de hùzhào hàn [hé] dēngjīzhèng.
  請出示您的護照和登機證。
  チン ツウスー ニン ドォ フウヅァオ ハン [ホォ] ドンヂィヅォン．
  I need to see your passport and boarding card, please.

- 窓側[通路側]の席をお願いします．
  Yào kào 'chuāng [zǒudào] de zuòwèi.
  要靠'窗[走道]的座位。
  イアウ カウ 'ツアン [ヅォウダウ] ドォ ヅオウエイ．
  I'd like a window [an aisle] seat, please.

18 交通機関・空港

- ❏ 搭乗ゲートは何番ですか.
  Shì jǐ hào dēngjīmén?
  是幾號登機門？
  スー ディ ハウ ドンディメン?
  What's the boarding gate's number?

- ❏ 30番です．搭乗は2時45分からです．
  Sānshí hào. Liǎng diǎn sìshíwǔ fēn kāishǐ dēngjī.
  三十號。兩點四十五分開始登機。
  サンスー ハウ. リアン ディエン スースーウゥ フェン カイスー ドンディ.
  The number thirty. We will commence boarding at 2:45.

- ❏ まだ搭乗は間に合いますか．
  Hái gǎndeshàng ˈdēngjī [fēijī] ma?
  還趕得上ˈ登機[飛機]嗎？
  ハイ ガンドォサン ˈドンディ [フェイディ] マァ?
  Do we still have time to get on board?

- ❏ 預ける荷物はいくつですか．
  Nǐ yào jìcún jǐ jiàn xínglǐ?
  你要寄存幾件行李？
  ニィ イアウ ディツン ディ ヂエン シンリィ?
  How much luggage[buggage] do you have to check?

- ❏ 預ける荷物はありません．
  Wǒ méiyǒu jìcún de xínglǐ.
  我沒有寄存的行李。
  ウオ メイイオウ ディツン ドォ シンリィ.
  I don't have any bags needing checked.

- ❏ この荷物を2つ預けます．
  Wǒ jìcún zhè liǎng jiàn xínglǐ.
  我寄存這兩件行李。
  ウオ ディツン ヅォ リアン ヂエン シンリィ.
  I'd like to check these two bags.

空港で荷物を受け取る
— 荷物が出てきません. —

18 交通機関・空港

❏ 荷物が出てきません.
Xínglǐ hái méi dào.
行李還沒到。
シンリィ ハイ メイ ダウ.
My bags aren't here yet.

❏ 調べてください.
Qǐng 'chá [zhǎo] yíxià wǒ de xínglǐ.
請查[找]一下我的行李。
チン "ツァ [ツァオ] イィシア ウオ ドォ シンリィ.
Please find out where my luggage is.

❏ 高雄空港に行ってしまったようです.
Dào Gāoxióng jīchǎng qù le.
到高雄機場去了。
ダウ ガウシュオン ヂィツァン チュイ ロォ.
It might have gone to Gaoxiong airport.

❏ いつ戻りますか.
Shénme shíhòu néng nádào?
什麼時候能拿到？
センモ スーホウ ノン ナァダウ?
When will it come back?

❏ 明日 A ホテルに届けてください.
Qǐng míngtiān bǎ tā sòngdào A fàndiàn.
請明天把它送到 A 飯店。
チン ミンティエン パァ タァ スオンダウ A ファンディエン.
Please send it to A Hotel tomorrow.

シミュレーション 交通事情

車は右側通行

🔲 **台湾は車は右側通行なんですね．日本と逆だな．**
Zài Táiwān chēliàng shì kào yòucè xíngshǐ ba. Gēn Rìběn xiāngfǎn de.

在台灣車輛是靠右側行駛吧。跟日本相反的。
ヅァイ タイウアン ツォリアン スー カウ イオウツォ シンスー バァ. ゲン ズーベン シアンファン ドォ.

In Taiwan, cars keep to the right. In Japan, it is the opposite.

道を渡るとき，つい反対側を見てしまいます．
Guò mǎlù shí, měicì dōu xíguànxìngde kàn xiāngfǎn de fāngxiàng.

過馬路時，每次都習慣性的看相反的方向。
グオ マァルウ スー, メイツー ドウ シィグアンシンドォ カン シアンファン ドォ ファンシアン.

I often look at the opposite side when I cross the street.

🔲 **気をつけたほうがいいですよ．**
Nǐ yào xiǎoxīn.

你要小心。
ニィ イアウ シアウシン.

You should be careful.

🔲 **車は最近ますます増えているのでしょう？**
Zuìjìn chē yuè lái yuè duō le ba.

最近車越來越多了吧。
ヅエイヂン ツォ ユィエ ライ ユィエ ドゥオ ロォ バァ.

Recently, more and more cars are on the road, right?

張 主な原因は車を買う人が増えていることです．
Shì a, zhǔyào yuányīn shì zuìjìn mǎi chē de rén duō.
是啊，主要原因是最近買車的人多。
スー アァ, ヅウイアウ ユィエンイン スー ヅエイヂン マイ ツォ ドォ ゼン ドゥオ.
The main reason for this is that more and more people want to buy a car.

私も若いころはバイクで通勤していました．
Wǒ niánqīng de shíhòu, qí jīchē shàngbān.
我年輕的時候，騎機車上班。
ウオ ニエンチン ドォ スーホウ, チィ ヂィツォ サンバン.
I used to go to work by motorcycle.

田 テレビでよくその光景を見ます．
Wǒ zài diànshìshàng chángcháng kàndào nàge qíngjǐng.
我在電視上常常看到那個情景。
ウオ ヅァイ ディエンスーサン ツァンツァン カンダウ ナァゴォ チンヂン.
I often see that scene on the TV.

第19章 宿泊

ホテルを探す
―ツインをお願いします.―

❏ 1泊2,500元以下のホテルを紹介してください.
Qǐng gěi wǒ jièshào yíxià (zhù) yì tiān liǎngqiān wǔbǎi kuài yǐxià de fàndiàn.

請給我介紹一下(住)一天兩千五百塊以下的飯店。

チン ゲイ ウオ ヂエサオ イィシア (ヅウ) イィ ティエン リアンチエン ウゥバイ クアイ イィシア ドォ ファンディエン.

Could you recommend a hotel that's less than 2,500 NTD per night?

❏ 今夜は部屋はありますか.
Jīntiān wǎnshàng yǒu fángjiān ma?

今天晚上有房間嗎？

ヂンティエン ウアン**サン** イオウ ファンヂエン マァ?

Do you have a spare room for the night?

❏ 1泊です. / 2泊です.
Zhù 'yì wǎn [yì tiān]. / Zhù 'liǎng wǎn [liǎng tiān].

住一晚[一天]。/ 住兩晚[兩天]。

ヅウ ˋイィ ウアン [イィ ティエン]. / ヅウ ˋリアン ウアン [リアン ティエン].

One night. / Two nights.

- ☐ ツインをお願いします．
  Wǒ yào shuāngrénfáng.
  我要雙人房。
  ウオ イアウ **ス**アンゼンファン．
  A twin room, please.

- ☐ バス[シャワー]付きの部屋をお願いします．
  Wǒ yào dài 'yùshì [línyù] de fángjiān.
  我要帶'浴室[淋浴]的房間。
  ウオ イアウ ダイ **'ユ**ィスー [リンユィ] ドォ ファンヂエン．
  I'd like a room with a bath [shower].

- ☐ 部屋にトイレはありますか．
  Fángjiānlǐ yǒu méiyǒu wèishēngjiān?
  房間裡有沒有衛生間？
  ファンヂエンリィ イオウ メイイオウ ウエイソンヂエン？
  Does the room come with bathroom?

- ☐ 2階の部屋は空いていませんか．
  Èr lóu yǒu méiyǒu kōng fángjiān?
  二樓有沒有空房間？
  オル ロウ イオウ メイイオウ クオン ファンヂエン？
  Do you have any rooms on the second floor?

- ☐ 眺めのいい部屋をお願いします．
  Wǒ xiǎng zhù fēngjǐng hǎo de fángjiān.
  我想住風景好的房間。
  ウオ シアン ヅウ フォンヂン ハウ ドォ ファンヂエン．
  I'd like a room with a nice view.

- ☐ この部屋にします．
  Wǒ yào (zhù) zhège fángjiān.
  我要(住)這個房間。
  ウオ イアウ (ヅウ) ヅォゴォ ファンヂエン．
  I'll take this room.

19 宿泊

チェックインのときの表現
―チェックインをお願いします.―

❏ どうぞ先にチェックインをしてきてください.
Nǐ xiān qù bàn(lǐ) zhùfáng shǒuxù ba.

你先去辦(理)住房手續吧。

ニィ シエン チュイ バン(リィ) ヅゥファン ソウシュィ バァ.

You can check in now.

❏ チェックインをお願いします.
Wǒ yào bàn zhùfáng shǒuxù.

我要辦住房手續。

ウオ イアウ バン ヅゥファン ソウシュィ.

I'd like to check in.

❏ お名前のスペルをおっしゃってくださいますか.
Nín de xìng zěnme pīnxiě?

您的姓怎麼拼寫？

ニン ドォ シン ヅェンモ ピンシエ?

Could you tell me how to spell your name please?

❏ K, I, M, U, R, A です.
Shì K, I, M, U, R, A.

是K, I, M, U, R, A。

スー K, I, M, U, R, A.

It's K, I, M, U, R, A.

❏ 日本から[インターネットで]予約しました.
Wǒ 'zài Rìběn [zài wǎngshàng] dìng de fángjiān.

我'在日本[在網上]訂的房間。

ウオ 'ヅァイ ズーペン [ヅァイ ウアンサン] ディン ドォ ファンヂエン.

I made a reservation from Japan [on web].

❏ パスポートを見せてください．
Qǐng gěi wǒ kàn yíxià nín de hùzhào.
請給我看一下您的護照。
チン ゲイ ウオ カン イィシア ニン ドォ フウヅァオ．
Could you show me your passport, please?

❏ ここにサインをお願いします．
Qǐng zài zhèlǐ qiān (yíxià) míng.
請在這裡簽(一下)名。
チン ヅァイ ヅォリィ チエン (イィシア) ミン．
Please sign here.

❏ 505 号室です．
Shì wǔ líng wǔ fángjiān.
是五〇五房間。
スー ウゥ リン ウゥ ファンヂエン．
It's Room 505.

❏ キーをどうぞ．
Zhè shì nín de yàoshi.
這是您的鑰匙。
ヅォ スー ニン ドォ イアウス．
Here's your key.

❏ 私の部屋は何階ですか．
Wǒ de fángjiān zài jǐ lóu?
我的房間在幾樓？
ウオ ドォ ファンヂエン ヅァイ ヂィ ロウ？
What floor is my room on?

❏ 4 階です．
Zài sì lóu.
在四樓。
ヅァイ スー ロウ．
It's on the fourth floor.

19 宿泊

チェックインのトラブル
―ご予約がありません.―

☐ **木村様のご予約はありませんが.**
Méiyǒu Mùcūn xiānshēng de 'dìngdān [míngzi].
沒有木村先生的'訂單[名字]。
メイイオウ ムウツン シエンソン ドォ 'ディンダン [ミンヅ].
There's no reservation for a Mr. Kimura.

☐ **9月6日に確かに予約しました.**
Jiǔ yuè liù hào díquè yùdìng le fángjiān.
九月六號的確預定了房間。
ヂォウ ユィエ リオウ ハウ ディチュィエ ユィディン ロォ ファンヂエン.
I'm sure I made a reservation on September 6th.

☐ **もう一度確認いたします.**
Wǒ zài cháduì yíxià.
我再查對一下。
ウオ ヅァイ ツァドゥエイ イィシア.
I'll check again.

☐ **申し訳ございません. ご予約がありません.**
Zhēn bàoqiàn, méiyǒu nín de dìngdān.
真抱歉,沒有您的訂單。
ヅェン バウチエン, メイイオウ ニン ドォ ディンダン.
I'm sorry, but there's no reservation.

☐ **では,今夜部屋は空いていますか.**
Jīntiān wǎnshàng yǒu kōng fángjiān ma?
今天晚上有空房間嗎?
ヂンティエン ウアンサン イオウ クオン ファンヂエン マァ?
Well, are there any other rooms available tonight?

19 宿泊

- [ ] はい，ございます．
  Yǒu.
  有。
  イオウ．
  Yes, there is.

- [ ] 申し訳ございません．満室です．
  Zhēn bàoqiàn, kèmǎn le.
  真抱歉，客滿了。
  ヅェン パウチエン，コォマン ロォ．
  I'm sorry, but all the rooms are taken.

- [ ] ほかのホテルをご紹介しましょう．
  Wǒ gěi nín jièshào (yíge) biéde fàndiàn ba.
  我給您介紹(一個)別的飯店吧。
  ウオ ゲイ ニン ヂエサオ (イィゴォ) ビエドォ ファンディエン バァ．
  Shall I suggest you another hotel?

各種のサービス
―ルームサービスをお願いします．―

- [ ] 朝食はついていますか．
  Bāoguā[Bāokuò] 'zǎocān [zǎofàn] ma?
  包括'早餐[早飯]嗎？
  バウグア [バウクオ] 'ヅァオツァン [ヅァオファン] マァ？
  Is breakfast included?

- [ ] 朝食はどこでできますか．
  Zǎocān [Zǎofàn] zài nǎlǐ chī?
  早餐[早飯]在哪裡吃？
  ヅァオツァン [ヅァオファン] ヅァイ ナァリィ ツー？
  Where can I get some breakfast?

- ❏ チェックアウトは何時ですか．
  Jǐ diǎn tuìfáng? / Jǐ diǎn bàn tuìfáng shǒuxù?
  幾點退房？／幾點辦退房手續？
  ディ ディエン トゥエイファン？／ディ ディエン バン トゥエイファン ソウシュィ？
  What time do I have to check out by?

- ❏ ベビーベッドは有料ですか．
  Yòng yīng'érchuáng yào shōufèi ma?
  用嬰兒床要收費嗎？
  ユオン インオルツアン イアウ ソウフェイ マ？
  Is there a charge for a baby crib?

- ❏ エレベーターはありますか．
  Yǒu méiyǒu diàntī?
  有沒有電梯？
  イオウ メイイオウ ディエンティ？
  Is there an elevator here?

- ❏ もしもし，505号室です．
  Wéi, zhè shì wǔ líng wǔ fángjiān.
  喂，這是五〇五房間。
  ウエイ，ヅォ スー ウゥ リン ウゥ ファンヂエン．
  Hello, this is room 505.

- ❏ ルームサービスをお願いします．
  Wǒ yào fángjiān fúwù.
  我要房間服務。
  ウオ イアウ ファンヂエン フゥウゥ．
  Room service, please.

- ❏ キーを部屋に置き忘れました．
  Bǎ yàoshi wàngzài fángjiānlǐ le.
  把鑰匙忘在房間裡了。
  バァ イアウス ウアンヅァイ ファンヂエンリィ ロォ．
  I left my key in my room.

苦情を言う
— シャワーが出ません. —

□ エアコンの調節がききません.
Kōngtiáo méi (bàn)fǎ tiáojié.

空調沒(辦)法調節。

クオンティアウ メイ (バン) ファ ティアウヂエ.

The air conditioning controls aren't working.

□ 電球が切れています.
(Diàn)dēngpào huài le.

(電)燈泡壞了。

(ディエン) ドンパウ ファイ ロォ.

The light bulb has blown.

□ テレビが映りません.
Diànshì méiyǒu yǐngxiàng.

電視沒有影像。

ディエンスー メイイオウ インシアン.

There's something wrong with the TV set.

□ お湯が出ません.
Méiyǒu rèshuǐ.

沒有熱水。

メイイオウ ゾォスエイ.

There is no hot water.

□ シャワーが出ません.
Línyù bù néng yòng.

淋浴不能用。

リンユィ ブウ ノン ユオン.

The shower doesn't work.

19 宿泊

- ☐ トイレットペーパーがありません．
  Méiyǒu wèishēngzhǐ.
  沒有衛生紙。
  メイイオウ ウエイソンヅー．
  There's no toilet paper.

- ☐ この部屋はうるさいです．
  Zhège fángjiān tài chǎo.
  這個房間太吵。
  ヅォゴォ ファンヂエン タイ ツァオ．
  This room is too noisy.

- ☐ もっと静かな部屋はありますか．
  Yǒu méiyǒu ānjìng yìdiǎn de fángjiān?
  有沒有安靜一點的房間？
  イオウ メイイオウ アンヂン イィディエン ドォ ファンヂエン？
  Do you have any quieter rooms?

チェックアウトのときの表現
―チェックアウトをお願いします．―

- ☐ チェックアウトをお願いします．
  Wǒ xiǎng bàn tuìfáng shǒuxù.
  我想辦退房手續。
  ウオ シアン バン トゥエイファン ソウシュィ．
  Check out, please.

- ☐ クレジットカードは使えますか．
  Néng yòng xìnyòngkǎ (zhī)fù ma?
  能用信用卡(支)付嗎？
  ノン ユオン シンユオンカァ (ヅー) フゥウ マァ？
  Do you take a credit card?

❑ もう１泊したいのですが.

Wǒ xiǎng zài zhù yì wǎn. / Hái yào zhù 'yì wǎn [yì tiān].

我想再住一晚。/ 還要住'一晚[一天]。

ウオ シアン ヅァイ **ヅゥ** イィ ウアン. / ハイ イアウ **ヅゥ** 'イィ ウアン [イィ ティエン].

I'd like to stay for one more night.

❑ チェックアウト時間を延ばせますか.

Néng bù néng yáncháng tuìfáng shíjiān?

能不能延長退房時間？

ノン ブウ ノン イエン**ツァ**ン トゥエイファン **ス**ーヂエン?

Can I check out a little bit later, please?

❑ 荷物を預かっていただけますか.

Kěyǐ jìcún xínglǐ ma?

可以寄存行李嗎？

コォイィ ヂィツン シンリィ マァ?

Can you look after my luggage?

❑ タクシーを呼んでください.

Wǒ yào jiào jìchéngchē.

我要叫計程車。

ウオ イアウ ヂアウ ヂィチォン**ツ**ォ.

Please call a taxi for me.

❑ 荷物を取りに来てください.

Qǐng guòlái bāng wǒ 'tí [ná / bān] yíxià xínglǐ.

請過來幫我'提[拿／搬]一下行李。

チン グオライ バン ウオ 'ティ [ナァ／バン] イィシア シンリィ.

Can you come and take the baggage, please?

第20章 道をたずねる

道をたずねるときの表現
―MRTの駅はどこですか?―

「～はどこにありますか?」は"～在哪裡? / ~ zài nǎlǐ?/ ~ヅァイ ナァリィ?"とたずねます. 答えは"～在〔場所〕"もしくは"～在'這裡[那裡]"(ここ[そこ, あそこ]にあります)です. なお「どこ」は"哪裡 /nǎlǐ/ ナァリィ",「あそこ」は"那裡 /nàlǐ/ ナァリィ"とそれぞれ発音し, 声調の違いだけで区別されますので要注意.

❏ バス停はどこですか.
Gōngchēzhàn zài nǎlǐ?
公車站在哪裡？
グオンツォヅァン ヅァイ ナァリィ?
Where is the bus stop?

❏ MRTの駅はどこですか.
Jiéyùnzhàn zài nǎlǐ?
捷運站在哪裡？
ヂエユィンヅァン ヅァイ ナァリィ?
Where is the MRT station?

❏ 最寄りの MRT 駅[バス停]はどこですか.
Zuìjìn de 'jiéyùnzhàn [gōngchēzhàn / gōnggòng qìchē zhàn] zài nǎlǐ?

最近的'捷運站[公車站 / 公共汽車站]在哪裡？

ヅエイヂン ドォ 'ヂエユィンヅァン [グオンツォヅァン / グオングオン チィツォ ヅァン] ヅァイ ナァリィ?

Where is the nearest subway station [bus stop]?

❏ トイレはどこですか.
Xǐshǒujiān [Cèsuǒ] zài nǎlǐ?

洗手間[廁所]在哪裡？

シィソウヂエン [ツォスオ] ヅァイ ナァリィ?

Where is the restroom?

❏ 休める所はありますか.
Yǒu méiyǒu kěyǐ xiūxí de dìfāng?

有沒有可以休息的地方？

イオウ メイイオウ コォイィ シオウシィ ドォ ディファン?

Is there some place where I can rest?

❏ 飲み物の自動販売機はありますか.
Yǒu yǐnliào zìdòng fànmàijī ma?

有飲料自動販賣機嗎？

イオウ インリアウ ヅードゥオン ファンマイヂィ マァ?

Is there a drink vending machine?

❏ どこにあるのですか.
Zài nǎlǐ?

在哪裡？

ヅァイ ナァリィ?

Where is it?

20 道をたずねる

❑ 郵便局までどうやって行けばいいですか.
Dào yóujú zěnme zǒu?
到郵局怎麼走？
ダウ イオウヂュィ ヅェンモ ヅォウ?
Could you tell me the way to the post office?

❑ どうすれば大通りに出られますか.
Dào 'dàmǎlù [dàdào] zěnme zǒu?
到˙大馬路[大道]怎麼走？
ダウ ˙ダァマァルウ [ダァダウ] ヅェンモ ヅォウ?
How can I get to the main street from here?

❑ 書店へはこの道でいいですか.
Zhè tiáo lù néng dào shūdiàn ma?
這條路能到書店嗎？
ヅォ ティアウ ルウ ノン ダウ スウディエン マァ?
Is the book store on this street?

❑ 淡水の瑠璃工場に行きたいのですが.
Wǒ xiǎng qù Dànshuǐ de liúlí gōngchǎng.
我想去淡水的琉璃工廠。
ウオ シアン チュィ ダンスエイ ドォ リオウリィ グオンツァン.
I'd like to go to a glass factory in Tanshui.

❑ この道は市庁舎へ通じていますか.
Zhè tiáo lù dào shìzhèngfǔ ma?
這條路到市政府嗎？
ヅォ ティアウ ルウ ダウ スーヅォンフウ マァ?
Does this street lead to the City Hall?

❑ ここはどこでしょうか.
Zhè shì shénme dìfāng?
這是什麼地方？
ヅォ スー センモ ディファン?
Where am I now?

❏ 交差点をどちらに曲がるのですか.

Zài shízìlùkǒu wǎng nǎbiān 'wān [guǎi / guǎiwān]?

在十字路口往哪邊彎[拐 / 拐彎]？

ヅァイ スーヅールウコウ ウアン ナァビエン 'ウアン [グアイ / グアイウアン] ?

Which way will I go at the crossroads?

❏ 遠いですか.

Yuǎn bùyuǎn?

遠不遠？

ユィエン ブウユィエン?

Is it far from here?

❏ 近いですか.

Hěn jìn ma?

很近嗎？

ヘン ヂン マァ?

Is it nearby?

❏ 歩いて行けますか.

Kěyǐ zǒuzhe qù ma? / Kěyǐ yòng zǒu(lù) de ma?

可以走著去嗎？/ 可以用走(路)的嗎？

コォイィ ヅォウヅォ チュイ マァ? / コォイィ ユオン ヅォウ (ルウ) ドォ マァ?

Can I get there on foot?

❏ どのくらいかかりますか.

Yào duōcháng shíjiān? / Yào duōjiǔ?

要多長時間？/ 要多久？

イアウ ドゥオツァン スーヂエン? / イアウ ドゥオヂオウ?

How long does it take?

道案内する
―突き当たりを左に曲がってください．―

❏ すぐそこですよ．

Mǎshàng dào. / Hěn kuài jiù dào. / Jiù zài nàlǐ.

馬上到。/ 很快就到。/ 就在那裡。

マァサン ダウ．/ ヘン クアイ ヂオウ ダウ．/ ヂオウ ヅァイ ナァリィ．

It's right over there.

❏ ここからだとかなりありますよ．

Lí [Cóng] zhèlǐ bǐjiào yuǎn.

離[從]這裡比較遠。

リィ[ツオン] ヅォリィ ビィヂアウ ユィエン．

It's quite far from here.

❏ タクシーで行ったほうがいいですよ．

Zuìhǎo zuò jìchéngchē qù.

最好坐計程車去。

ヅエイハウ ヅォ ヂィツォンツォ チュィ．

You should take a taxi.

■ タクシー ■

タクシーは1991年から車体の色が黄色に統一されたため"小黃 /xiǎohuáng/ シアウアアン"という愛称で親しまれています．4人乗りが普通ですが，7人乗りと9人乗りもあります．料金は普通の車と同じなので，大勢で乗る時はちょっと得した気分になります．

❏ 200メートルほどです．

Yǒu liǎngbǎi gōngchǐ zuǒyòu.

有兩百公尺左右。

イオウ リアンバイ グオンツー ヅオイオウ．

It's about two hundred meters away.

❏ 歩いて 10 分ほどです．
　　Zǒu shí fēnzhōng zuǒyòu.

　走十分鐘左右。
　ヅォウ スー フェンヅォン ヅオイオウ．

　It takes about ten minutes to walk there.

❏ 車で 1 時間ほどです．
　　Kāi chē yào yí ge xiǎoshí.

　開車要一個小時。
　カイ ヅォ イアウ イィ ゴォ シアウスー．

　It takes about an hour by car.

❏ 駅の前にあります．
　　Zài huǒchēzhàn qiánmiàn.

　在火車站前面。
　ヅァイ フオヅォヅァン チエンミエン．

　It's right in front of the station.

20 道をたずねる

❏ (この道の)右手[左手]にあります．
　　Zài (zhè tiáo lù de) 'yòubiān [zuǒbiān].

　在(這條路的)'右邊[左邊]。
　ヅァイ (ヅォ ティアウ ルウ ドォ) 'イオウビエン [ヅオビエン]．

　It's on the right [left] side (of the road).

❏ 道の反対側です．
　　Zài mǎlù duìmiàn.

　在馬路對面。
　ヅァイ マァルウ ドゥエイミエン．

　It's on the other [opposite] side of the road.

❏ 角を曲がったところにあります．
　　Zài zhuǎnjiǎo de dìfāng.

　在轉角的地方。
　ヅァイ ヅアンヂアウ ドォ ディファン．

　Turn the corner then you will find it.

道をたずねる

□ **もう１本あちらの道です．**
Zài xià yì tiáo lù.

在下一條路。

ヅァイ シア イィ ティアウ ルゥ．

It's on the next street.

□ **このビルの裏手です．**
Zài zhè zuò dàlóu hòumiàn.

在這座大樓後面。

ヅァイ ヅォ ヅオ ダァロウ ホウミエン．

It's behind this building.

□ **あの青いビルです．**
Shì nàge lánsè dàlóu.

是那個藍色大樓。

スー ナァゴォ ランソォ ダァロウ．

It's that blue building.

□ **このビルの中にあります．**
Zài zhè zuò dàlóulǐ.

在這座大樓裡。

ヅァイ ヅォ ヅオ ダァロウリィ．

It's in this building.

□ **４階にあります．**
Zài sì lóu.

在四樓。

ヅァイ スー ロウ．

It's on the fourth floor.

□ **（この道を）まっすぐに行ってください．**
(Yánzhe zhè tiáo lù) yìzhí wǎng qián zǒu.

（沿著這條路）一直往前走。

（イエンヅォ ヅォ ティアウ ルゥ）イィヅー ウアン チエン ヅォウ．

Go straight down this road.

❏ 2つ目の交差点を右に曲がってください.

Zài dì'èr ge shízìlùkǒu wǎng yòu 'zhuǎn [wān / guǎiwān / guǎi].

在第二個十字路口往右'轉[彎 / 拐彎 / 拐]。

ヅァイ ディオル ゴォ スーヅールウコウ ウアン イオウ **'ヅ**アン [ウアン / グアイウアン / グアイ].

Turn right at the second intersection.

❏ 突き当たりを左に曲がってください.

Zǒu dàotóu wǎng zuǒ 'zhuǎn [wān / guǎiwān / guǎi].

走到頭往左'轉[彎 / 拐彎 / 拐]。

ヅォウ ダウトウ ウアン ヅォ **'ヅ**アン [ウアン / グアイウアン / グアイ].

Turn left at the end of the road.

❏ 右手[左手]にガラス張りのビルが見えてきます.

Zài 'yòubiān [zuǒbiān] kěyǐ kànjiàn bōlí zhuānghuáng de dàlóu.

在'右邊[左邊]可以看見玻璃裝潢的大樓。

ヅァイ **'**イオウビエン [ヅオビエン] コォイィ カンヂエン ボォリィ **ヅ**アンフアン ドォ ダァラウ.

You will see a glazed building on the right [left].

❏ 橋を渡ります.

Guò qiáo.

過橋。

グオ チアウ.

Go across the bridge.

❏ 橋の手前です.

Zài qiáo de qiánmiàn.

在橋的前面。

ヅァイ チアウ ドォ チエンミエン.

It is just before the bridge.

20 道をたずねる

- 線路の向こう側です.
  Tiělù duìmiàn.

  鐵路對面。

  ティエルウ ドゥエイミエン.

  You will find it on the other side of the railway.

- すみません，私もわからないんです.
  Duìbùqǐ, wǒ yě 'bù qīngchǔ [bù zhīdào].

  對不起，我也'不清楚[不知道]。

  ドゥエイブチィ, ウオ イエ 'ブウ チンツウ [ブウ ヅーダウ].

  Sorry, I don't know either of them.

- ほかの人に聞いてください.
  Nǐ wèn yíxià biérén ba. / Nǐ wèn qítārén kànkàn ba.

  你問一下別人吧。／你問其他人看看吧。

  ニィ ウン イィシア ビエゼン バァ. / ニィ ウン チィタァゼン カンカン バァ.

  Please ask someone else.

- この地図で教えてください.
  Qǐng yòng zhè zhāng dìtú gàosù wǒ zěnme zǒu.

  請用這張地圖告訴我怎麼走。

  チン ユオン ヅォ ヅァン ディトウ ガウスウ ウオ ヅェンモ ヅォウ.

  Please show me where it is on the map.

- ご案内しましょう.
  Wǒ dài nín qù ba.

  我帶您去吧。

  ウオ ダイ ニン チュィ バァ.

  I'll show you the way.

- ついて来てください.
  Qǐng gēn wǒ lái.

  請跟我來。

  チン ゲン ウオ ライ.

  Please follow me.

- 道に迷ってしまいました．
   Wǒ mílù le.

   我迷路了。

   ウオ ミィルウ ロォ．

   I've lost my way.

- 今ホテルの部屋にいます．
   Xiànzài wǒ zài fàndiàn de fángjiānlǐ.

   現在我在飯店的房間裡。

   シエンヅァイ ウオ ヅァイ ファンディエン ドォ ファンヂエンリィ．

   I'm in my room at the hotel.

- 今台北駅にいます．
   Xiànzài wǒ zài Táiběi chēzhàn.

   現在我在台北車站。

   シエンヅァイ ウオ ヅァイ タイベイ ツォツァン．

   I'm at Taibei Station right now.

20 道をたずねる

シミュレーション 故宮博物院

翠玉白菜？

慎 故宮博物院にはどのようなものがありますか．
Gùgōng bówùyuànlǐ yǒu shénme wénwù?
故宮博物院裡有什麼文物？
グウゴン ボォウゥユィエンリィ イオウ センモ ウンウゥ?
What can we see at the National Palace Museum?

男 いちばん有名なのは翠玉白菜と肉形石です．
Zuì chūmíng de shì cuìyù báicài hàn ròuxíngshí.
最出名的是翠玉白菜和肉形石。
ヅエイ ツウミン ドォ スー ツエイユィ バイツァイ ハン ゾウシンスー.
The most famous ones are the Jadeite Cabbage and the Meat-shaped stone.

慎 翠玉白菜と肉形石？
Cuìyù báicài hàn ròuxíngshí?
翠玉白菜和肉形石？
ツエイユィ バイツァイ ハン ゾウシンスー?
The Jadeite Cabbage and the Meat-shaped stone?

男 ヒスイでできた白菜の彫刻とメノウで豚の角煮を模した彫刻です．
Nà shì yòng cuìyù diāokèchéng de báicài jí yòng mǎnǎoshí diāokèchéng de dōngpōròu.
那是用翠玉雕刻成的白菜及用瑪瑙石雕刻成的東坡肉。
ナァ スー ユオン ツエイユィ ディアウコォツォン ドォ バイツァイ ディ ユオン マァナウスー ディアウコォツォン ドォ ドゥオンポォゾゥ.
They are a cabbage-shaped carving made of jade and a cubed-stewed-pork carving made of agate.

---

20 道をたずねる

慎吾 **慎**・ホテル従業員 **男**

慎 ぜひ行ってみたいな．
Wǒ zhēn xiǎng qù kànkàn.
我真想去看看。
ウオ ヅェン シアン チュイ カンカン．
I'd love to go there.

どうやって行けばいいですか．
Dào nàlǐ zěnme zǒu?
到那裡怎麼走？
ダウ ナァリィ ヅェンモ ヅォウ？
How can I get there?

男 市内バスが便利です．
Zuò gōngchē qù zuì fāngbiàn.
坐公車去最方便。
ヅオ グオンツォ チュイ ヅエイ ファンビエン．
It's convenient to take a city bus.

故宮博物院のバス停で降りたらすぐです．
Zài Gùgōng bówùyuàn zhàn xià chē jiù dào le.
在故宮博物院站下車就到了。
ヅァイ グウグオン ボォウウユィエン ヅァン シア ツォ ヂオウ ダウ ロォ．
When you get off at the National Palace Museum's bus stop, you will already be there.

上にはおるものを持って行ってください．博物館の中は冷房がきついことがよくあります．
Zuì hǎo duō dài yí jiàn yīfú. Yǒu shíhòu bówùguǎnlǐ lěngqì guò qiáng.
最好多帶一件衣服。有時候博物館裡冷氣過強。
ヅエイ ハウ ドゥオ ダイ イィ ヂエン イィフゥウ．イオウ スーホウ ボォウウグアンリィ ロンチィ グオ チアン．
Take a jacket. It is often too cold inside the museum.

20 道をたずねる

慎吾 慎・ホテル従業員 男

単語 夏期オリンピック競技・球技など

陸上競技 tiánjìng 田徑 /ティエンヂン/ (英 athletic sports)

マラソン mǎlāsōng 馬拉松 /マァラァスオン/ (英 marathon)

ハードル kuàlán bǐsài 跨欄比賽 /クアラン ビィサイ/ (英 hurdle race)

競歩 jìngzǒu 競走 /ヂンヅォウ/ (英 walking race)

リレー jiēlìsài 接力賽 /ヂエリィサイ/ (英 relay race)

走り高跳び tiàogāo 跳高 /ティアウガウ/ (英 running high jump)

棒高跳び chēnggān tiàogāo 撐竿跳高 /ツォンガン ティアウガウ/ (英 pole vault)

走り幅跳び tiàoyuǎn 跳遠 /ティアウユィエン/ (英 running broad jump)

三段跳び sānjí tiàoyuǎn 三級跳遠 /サンヂィ ティアウユィエン/ (英 triple jump)

砲丸投げ qiānqiú 鉛球 /チエンチオウ/ (英 shot-putting)

円盤投げ tiěbǐng 鐵餅 /ティエビン/ (英 discus throwing)

ハンマー投げ liànqiú 鏈球 /リエンチオウ/ (英 hammer throwing)

やり投げ biāoqiāng 標槍 /ビアウチアン/ (英 jave-lin throwing)

ウエイトリフティング jǔzhòng 舉重 /ヂュィヅオン/ (英 weight-lifting)

体操 (jìngjì) tǐcāo (競技)體操 /(ヂンヂィ) ティツァオ/ (英 gymnastics)

床(ゆか) dìbǎn yùndòng 地板運動 /ディバン ユィンドゥオン/ (英 floor exercises)

跳馬 tiàomǎ 跳馬 /ティアウマァ/ (英 long horse vault)

つり輪 diàohuán 吊環 /ディアウフアン/ (英 rings)

あん馬 ānmǎ 鞍馬 /アンマァ/ (英 pommel(ed) horse)

平行棒 shuānggàng 雙槓 /スアンガン/ (㉰ parallel bars)
鉄棒 dāngàng 單槓 /ダンガン/ (㉰ horizontal bar)
段違い平行棒 gāodīgàng 高低槓 /ガウディガン/ (㉰ uneven (parallel) bars)
平均台 pínghéngmù 平衡木 /ピンホンムウ/ (㉰ balance beam)
新体操 yìshù tǐcāo 藝術體操 /イィスウ ティツァオ/ (㉰ rhythmic gymnastics)
トランポリン tánfānchuáng 彈翻床 /タンファンツアン/ (㉰ trampoline)
レスリング shuāijiǎo 摔角 /スアイヂアウ/ (㉰ wrestling)
ボクシング quánjí 拳擊 /チュイエンヂィ/ (㉰ boxing)
柔道 róudào 柔道 /ゾウダウ/ (㉰ judo)
テコンドー táiquándào 跆拳道 /タイチュイエンダウ/ (㉰ taekwondo)
フェンシング jíjiàn 擊劍 /ヂィヂエン/ (㉰ fencing)
競泳 (jìngjì) yóuyǒng (競技)游泳 /ヂンヂィ イオウユオン/ (㉰ swim event)
自由形 zìyóushì 自由式 /ヅーイオウスー/ (㉰ freestyle)
背泳ぎ yǎngshì 仰式 /イアンスー/ (㉰ backstroke)
平泳ぎ wāshì 蛙式 /ウアスー/ (㉰ breaststroke)
バタフライ diéshì 蝶式 /ディエスー/ (㉰ butterfly stroke)
飛び込み tiàoshuǐ 跳水 /ティアウスエイ/ (㉰ diving)
アーティスティックスイミング huāshì yóuyǒng 花式游泳 /フアスー イオウユオン/, shuǐshàng bālěi 水上芭蕾 /スエイサン バァレイ/ (㉰ artistic swimming)
ボート sàitǐng 賽艇 /サイティン/ (㉰ boat racing)
カヌー qīngtǐng bǐsài 輕艇比賽 /チンティン ビィサイ/ (㉰ canoe racing)
セーリング fánchuán 帆船 /ファンツアン/ (㉰ sailing)
トライアスロン tiěrén sānxiàng 鐵人三項 /ティエゼン サンシア

ン/ (英 triathlon)
自転車 zìxíngchē jìngjì **自行车竞技** /ヅーシンツォ ヂンヂィ/ (英 cycle racing)
马术 mǎshù **马术** /マァスウ/ (英 equestrian event)
アーチェリー shèjiàn **射箭** /ソォヂエン/ (英 archery)
ライフル射撃 bùqiāng shèjí **步枪射击** /ブウチアン ソォヂィ/ (英 rifle shooting)
クレー射撃 fēibǎ shèjí **飞靶射击** /フェイバァ ソォヂィ/ (英 clay pigeon shooting)
近代五種 xiàndài wǔxiàng **现代五项** /シエンダイ ウゥシアン/ (英 modern pentathlon)
パラリンピック Pàlālínpǐkè Yùndònghuì **帕拉林匹克运动会** /パァラァリンピィコォ ユインドゥオンフエイ/, Pàyùn(huì) **帕运（会）** /パァユイン(フエイ)/ (英 Paralympics)
ホッケー qūgùnqiú **曲棍球** /チュイグンチオウ/ (英 hockey)
ハンドボール shǒuqiú **手球** /ソウチオウ/ (英 handball)
バレーボール páiqiú **排球** /パイチオウ/ (英 volleyball)
ビーチバレー shātān páiqiú **沙滩排球** /サァタン パイチオウ/ (英 beach volleyball)
バスケットボール lánqiú **篮球** /ランチオウ/ (英 basketball)
卓球 zhuōqiú **桌球** /ヅオチオウ/ (英 table tennis)
テニス wǎngqiú **网球** /ウアンチオウ/ (英 tennis)
バドミントン yǔqiú **羽球** /ユイチオウ/ (英 badminton)
シングルス dāndǎ **单打** /ダンダァ/ (英 singles)
ダブルス shuāngdǎ **双打** /スアンダァ/ (英 doubles)
サッカー zúqiú **足球** /ヅウチオウ/ (英 soccer)
野球 bàngqiú **棒球** /バンチオウ/ (英 baseball)
ソフトボール lěiqiú **垒球** /レイチオウ/ (英 softball)

第21章 観光・スポーツ観戦

観光地での表現
—入場料はいくらですか．—

☐ 案内所はどこですか．
Xúnwènchù zài nǎlǐ?
詢問處在哪裡？
シュィンウンツゥ ヅァイ ナァリィ?
Where is the information office [desk]?

☐ 観光バスの乗り場はどこですか．
Yóulǎnchē zài nǎlǐ zuò?
遊覽車在哪裡坐？
イオウランツォ ヅァイ ナァリィ ヅオ?
Where can I get a sightseeing bus?

☐ 観光地図[バスの路線図]はありますか．
Yǒu 'dǎolǎntú [lùwǎngtú] ma?
有'導覽圖[路網圖]嗎？
イオウ **ダ**ウラントゥウ [ルウアントゥウ] マァ?
Can I get a sightseeing [bus-route] map?

❏ 人気の観光スポットを教えてください.
Qǐng gàosù wǒ zuì 'shòu huānyíng [yǒu rénqì / hāng] de guānguāng jǐngdiǎn.

請告訴我最'受歡迎[有人氣 / 夯]的觀光景點。

チン ガウスウ ウオ ヅェイ **'**ソウ フアンイン [イオウ **ゼ**ンチィ / ハン] ドォ グアングアン ヂンディエン.

Can you tell me the popular tourist spots?

❏ ここでチケットが買えますか.
Zhèlǐ mài piào ma?

這裡賣票嗎？

ヅォリィ マイ ピアウ マァ?

Can I get a ticket here?

❏ 休館日はいつですか.
Xiūguǎnrì shì nǎtiān? / Nǎtiān shì xiūguǎnrì?

休館日是哪天？/ 哪天是休館日？

シオウグアンズー スー ナァティエン? / ナァティエン スー シオウグアンズー?

When is the exhibition hall [museum] going to close?

❏ 今日は開いていますか.
Jīntiān kāi(guǎn) ma?

今天開(館)嗎？

ヂンティエン カイ (グアン) マァ?

Is the museum open today?

❏ 入場料[入館料]はいくらですか.
Ménpiào duōshǎo qián?

門票多少錢？

メンピアウ ドゥオ**サ**オ チエン?

How much is the admission fee?

❑ 大人２枚，子供１枚ください．
Liǎng zhāng quánpiào, yì zhāng bànpiào.

兩張全票，一張半票。

リアン ヅァン チュイエンピアウ, イィ ヅァン バンピアウ．

I'd like three tickets, two for adults and one for a child.

❑ 写真を撮ってもいいですか．
Kěyǐ pāizhào ma?

可以拍照嗎？

コォイィ パイヅァオ マァ？

Am I allowed to take photographs here?

❑ 入り口[出口]はどこですか．
Rùkǒu [Chūkǒu] zài nǎlǐ?

入口[出口]在哪裡？

ヅウコウ [ツウコウ] ヅァイ ナァリィ？

Where is the entrance [exit]?

❑ おみやげ屋はどこですか．
Lǐpǐndiàn zài nǎlǐ?

禮品店在哪裡？

リィピンディエン ヅァイ ナァリィ？

Where is the souvenir shop?

❑ 電池はどこで買えますか．
Diànchí zài nǎlǐ mài?

電池在哪裡賣？

ディエンツー ヅァイ ナァリィ マイ？

Where can I get some batteries?

❑ すみません，シャッターを押していただけますか．
Máfán nín bāng wǒ zhào zhāng xiàng, hǎo ma?

麻煩您幫我照張相，好嗎？

マァファン ニン バン ウオ ヅァオ ヅァン シアン, ハウ マァ？

Excuse me, would you mind taking our picture, please?

21 観光・スポーツ観戦

観光ツアーを利用するときの表現
—日帰りツアーはありますか?—

❏ 観光ツアーのパンフレットはありますか.
Yǒu méiyǒu tuántǐ lǚyóu shǒucè?

有沒有團體旅遊手冊？
イオウ メイイオウ トゥアンティ リュイイオウ ソウツォ？

Can I get a pamphlet of the sightseeing tour?

❏ 日帰り[半日]ツアーはありますか.
Yǒu méiyǒu 'yírìyóu [bànrìyóu]?

有沒有'一日遊[半日遊]？
イオウ メイイオウ 'イィズーイオウ [バンズーイオウ] ？

Do you have any one-day [half-day] tour?

❏ ツアーに食事はついていますか.
Tuánfèi bāoguā[bāokuò] cānyǐn ma?

團費包括餐飲嗎？
トゥアンフェイ バウグア [バウクオ] ツァンイン マァ？

Does the tour include meals?

❏ ツアーに安平古堡の見学は含まれていますか.
Tuántǐ xíngchéng bāoguā[bāokuò] cānguān Ānpíng gǔbǎo ma?

團體行程包括參觀安平古堡嗎？
トゥアンティ シンツォン バウグア [バウクオ] ツァングアン アンピン グウバウ マァ？

Does the tour include a visit to Anping Fort?

❏ 日本語のガイドはついていますか.
Yǒu Rìyǔ dǎoyóu ma?

有日語導遊嗎？
イオウ ズーユィ ダウイオウ マァ？

Does the tour include any Japanese language guides?

---

21 観光・スポーツ観戦

- ☐ ツアーの料金はいくらですか．
  Tuántǐ lǚyóu fèiyòng duōshǎo qián?

  團體旅遊費用多少錢？

  トゥアンティ リュィヨウ フェイヨン ドゥオ**サ**オ チエン？

  How much is the tour?

- ☐ ホテルまで迎えに来てくれますか．
  Néng bù néng dào fàndiàn lái jiē wǒ?

  能不能到飯店來接我？

  ノン ブウ ノン ダウ ファンディエン ライ ヂエ ウオ？

  Could you pick me up at the hotel?

- ☐ ホテルまで送迎バスがありますか．
  Dào fàndiàn yǒu méiyǒu jiēbóchē?

  到飯店有沒有接駁車？

  ダウ ファンディエン イオウ メイイオウ ヂエボォ**ツ**ォ？

  Is there any courtesy vans available?

- ☐ ツアーはいつ出発しますか．
  Lǚxíngtuán jǐ diǎn chūfā?

  旅行團幾點出發？

  リュィシントゥアン ヂィ ディエン **ツ**ゥファ？

  What time does the tour start?

- ☐ ツアーはいつホテルに戻りますか．
  Lǚxíngtuán jǐ diǎn huídào fàndiàn?

  旅行團幾點回到飯店？

  リュィシントゥアン ヂィ ディエン フエイダウ ファンディエン？

  What time will the tour arrive back at the hotel?

21 観光・スポーツ観戦

スポーツ観戦
― 今, 何対何ですか. ―

❑ どのチーム[選手]を応援していますか.
Nǐ shēngyuán nǎge duì [xuǎnshǒu]?
你聲援哪個隊[選手]？
ニィ ソンユィエン ナァゴォ ドゥエイ[シュィエンソウ]？
What team [player] do you like the best?

❑ 私は中信ブラザーズのファンです.
Wǒ zhīchí Zhōngxìn-xiōngdìduì. / Wǒ shì Zhōngxìn-xiōngdìduì de qiúmí.
我支持中信兄弟隊。/ 我是中信兄弟隊的球迷。
ウオ ヅーツー ヅオンシン-シュオンディドゥエイ. / ウオ スー ヅオンシン-シュオンディドゥエイ ドォ チオウミィ.
I am a fan of the Chinatrust Brothers Baseball Club.

❑ 中信ブラザーズ対統一ライオンズの試合はどこでやるのですか.
Zài nǎlǐ jǔxíng Zhōngxìn-xiōngdì duì Tǒngyīshī de bǐsài?
在哪裡舉行中信兄弟對統一獅的比賽？
ヅァイ ナァリィ デュィシン ヅオンシン-シュオンディ ドゥエイ トゥオンイィスー ドォ ビィサイ？
Where will the match between Chinatrust Brothers and Uni-President Lions be held?

❑ 試合は何日にありますか.
Jǐ hào yǒu bǐsài?
幾號有比賽？
ディ ハウ イオウ ビィサイ？
What day is the match held?

❏ 試合開始は何時ですか.
Bǐsài jǐ diǎn kāishǐ?
比賽幾點開始？
ビィサイ ディ ディエン カイスー?
What time does the game start?

❏ 今，何対何ですか.
Xiànzài jǐ bǐ jǐ?
現在幾比幾？
シエンヅァイ ディ ビィ ディ?
What's the score now?

❏ 3対2で台湾がリードしています.
Táiwānduì yǐ sān bǐ èr lǐngxiān.
台灣隊以三比二領先。
タイウアンドゥエイ イィ サン ビィ オル リンシエン.
Taiwan has a three to two lead.

❏ 1対1の同点です.
Yī bǐ yī (píng).
一比一（平）。
イィ ビィ イィ (ピン).
It's a tie, one to one.

❏ どのチームが勝ちましたか.
Nǎge duì yíng le?
哪個隊贏了？
ナァゴォ ドゥエイ イン ロォ?
What team won?

❏ アメリカが勝ちました.
Měiguóduì yíng le.
美國隊贏了。
メイグオドゥエイ イン ロォ.
The U. S. team won.

21 観光・スポーツ観戦

引き分けました.

Dǎchéng píngjú. / Dǎ píng le.

打成平局。/ 打平了。

ダァツォン ピンヂュィ. / ダァ ピン ロォ.

The match ended in a tie.

日本が1点入れました.

Rìběnduì dé le yì fēn.

日本隊得了一分。

ズーベンドゥエイ ドォ ロォ イィ フェン.

The Japanese team has scored one point.

戴資穎が2点リードしています.

Dài Zīyǐng lǐngxiān liǎng fēn.

戴資穎領先兩分。

ダイ ヅーイン リンシエン リアン フェン.

Dai Ziying is in the lead by two points.

日本選手が世界新記録を出しました.

Rìběn xuǎnshǒu chuàng le shìjiè jìlù.

日本選手創了世界記録。

ズーベン シュィエンソウ ツアン ロォ スーヂエ ディルウ.

The Japanese athlete has just set a new world record.

がんばれ！

Jiā yóu!

加油！

ヂア イオウ!

Come on! / Hang in there!

スポーツをする
—泳げるビーチはありますか.—

☐ 泳げるビーチはありますか.
Yǒu méiyǒu hǎishuǐ yùchǎng?

有沒有海水浴場？

イオウ メイイオウ ハイスエイ ユィツァン？

Is there any beaches good for swimming?

☐ ハイキングにいいところはありますか.
Fùjìn yǒu méiyǒu qù jiāoyóu de hǎo dìfāng?

附近有沒有去郊遊的好地方？

フウヂン イオウ メイイオウ チュイ ヂアウイオウ ドォ ハウ ディファン？

Is there any good place for hiking?

☐ ここではスケートはできますか.
Zài zhèlǐ kěyǐ huábīng ma?

在這裡可以滑冰嗎？

ヅァイ ヅォリィ コォイィ フアビン マァ？

Can we skate here?

☐ このあたりは何が釣れますか.
Zhèlǐ néng diàodào shénme yú?

這裡能釣到什麼魚？

ヅォリィ ノン ディアウダウ センモ ユィ？

What kind of fish can you catch around here?

☐ ここは魚釣り禁止です.
Zhèlǐ jìnzhǐ diào yú.

這裡禁止釣魚。

ヅォリィ ヂンヅー ディアウ ユィ.

You cannot fish here.

21 観光・スポーツ観戦

□ ここは遊泳禁止です．
Zhèlǐ jìnzhǐ yóuyǒng.
這裡禁止游泳。
ヅォリィ ヂンヅー イオウユオン.
Swimming is prohibited here.

□ 何かスポーツをしますか．
Nǐ xǐhuān tǐyù yùndòng ma?
你喜歡體育運動嗎？
ニィ シィフアン ティユィ ユィンドゥオン マァ?
Do you play any sports?

□ ゴルフをします．
Wǒ (xǐhuān) dǎ gāo'ěrfū(qiú).
我（喜歡）打高爾夫（球）。
ウオ (シィフアン) ダァ ガウオルフゥ(チオウ).
I play golf.

□ スポーツジムに通っています．
Wǒ 'shàng [qù] jiànshēnfáng duànliàn shēntǐ.
我'上[去]健身房鍛鍊身體。
ウオ 'サン [チュイ] ヂエンセンファン ドゥアンリエン センティ.
I go to a gym.

□ 市民マラソンに参加します．
Wǒ cānjiā shìmín mǎlāsōng sàipǎo.
我參加市民馬拉松賽跑。
ウオ ツァンヂア スーミン マァラァスオン サイパウ.
I'm running in the city marathon.

□ 学生時代，テニスをやっていました．
Wǒ xuéshēngshí dǎguò wǎngqiú.
我學生時打過網球。
ウオ シュィエソンスー ダァグオ ウアンチオウ.
I played tennis when I was a student.

- ❏ 最近は(スポーツを)何もしていません．
  Zuìjìn wǒ méiyǒu zuò rènhé yùndòng.
  最近我沒有做任何運動。
  ヅエイヂン ウオ メイイオウ ヅオ ゼンホォ ユィンドゥオン．
  Lately, I haven't been playing any sports.

- ❏ (スポーツを)見るのは好きです．
  Wǒ xǐhuān kàn yùndòng.
  我喜歡看運動。
  ウオ シィフアン カン ユィンドゥオン．
  I like to watch sports.

- ❏ 卓球が好きです．
  Wǒ xǐhuān dǎ zhuōqiú.
  我喜歡打桌球。
  ウオ シィフアン ダァ ヅオチオウ．
  I like table tennis.

- ❏ 柔道には自信があります．
  Wǒ de róudào hěn xíng de.
  我的柔道很行的。
  ウオ ドォ ゾウダウ ヘン シン ドォ．
  I have confidence in my judo ability.

- ❏ サッカー選手にあこがれていました．
  Wǒ céng xiàngwǎng dāng zúqiú xuǎnshǒu.
  我曾嚮往當足球選手。
  ウオ ツォン シアンウアン ダン ヅウチオウ シュィエンソウ．
  I wanted to be a soccer player.

21 観光・スポーツ観戦

シミュレーション 台北101

台北のランドマークです．

張 これは台湾でいちばん高い高層ビルです．
Zhè shì Táiwān zuì gāo de mótiān dàlóu.
這是台灣最高的摩天大樓。
ヅォ スー タイウアン ヅエイ ガウ ドォ モォティエン ダァロウ．
This is the tallest building in Taiwan.

田 とても大胆で，印象的なデザインですね．
Wàiguān shèjì xīnyǐng dútè.
外觀設計新穎獨特。
ウアイグアン ソォディ シンイン ドゥウトォ．
The design is very bold and impressive.

張 台北のランドマークです．
Shì Táiběi de dìbiāo.
是台北的地標。
スー タイペイ ドォ ディビアウ．
It's a landmark of Taibei.

中には各国の有名ブランド店がたくさんあって
ショッピングが楽しめますよ．
Lǐmiàn yǒu shìjiè gèguó de míngpáidiàn, shì guàngjiē de hǎo qùchù.
裡面有世界各國的名牌店，是逛街的好去處。
リィミエン イオウ スーヂエ ゴォグオ ドォ ミンパイディエン，スー グアンヂエ ドォ ハウ チュイツゥ．
It has a lot of name-brand shops from all over the world, and you can enjoy shopping there.

田 展望できるところはありますか？
Yǒu kěyǐ tiàowàng de dìfāng ma?
有可以眺望的地方嗎？
イオウ コォイィ ティアウウアン ドォ ディファン マァ？
Is there a place to enjoy the view?

張 有料の展望台があります．上ってみましょう．
Yǒu fùfèi de guānjǐngtái. Wǒmen shàngqù ba.
有付費的觀景台。我們上去吧。
イオウ フゥウフェイ ドォ グアンヂンタイ．ウオメン サンチュイ バァ．
They have a fee-charging observatory. Let's go up it.

田 わあ，すばらしい景色ですね．
Wà, fēngjǐng zhēn 'měi [piàoliàng]!
哇，風景真'美[漂亮]！
ウア, フォンヂン ヅェン 'メイ [ピアウリアン]！
Wow, what a great view!

張 ほら，台北市立動物園はあの方向にあります．
Nǐ kàn, Táiběi shìlì dòngwùyuán jiù zài nàge wèizhìshàng.
你看，台北市立動物園就在那個位置上。
ニィ カン, タイベイ スーリィ ドゥオンウゥイエン ヂオウ ヅァイ ナァゴォ ウエイヅーサン．
Look, Taibei Zoo is in that direction.

田 昨日，あそこへ台湾クマを見に行きましたよ．
Zuótiān, wǒ qù nàlǐ kàn le Táiwān hēixióng ne.
昨天，我去那裡看了台灣黑熊呢。
ヅオティエン, ウオ チュイ ナァリィ カン ロォ タイウアン ヘイシュオン ノォ．
I went there and saw the Formosan black bears yesterday.

おや，台北ドームが近くに見えますよ．
Wā, Táiběi dàjùdàn kànqǐlái hěn jìn.
哇，台北大巨蛋看起來很近。
ウア, タイベイ ダァヂュイダン カンチィライ ヘン ヂン．
Hey, you can see Taibei Dome nearby.

21 観光・スポーツ観戦

ヅアン 張・田中 田

シミュレーション 台湾の古民家

迷子になったみたい．

鳳 近くに有名な古い屋敷があるのよ．
Zhè fùjìn yǒu yìjiā yǒumíng de gǔcuò.
這附近有一家有名的古厝。
ヅォ フゥヂン イオウ イィヂア イオウミン ドォ グウツオ．
There is a famous old house nearby.

民家を改造したものよ．
Shì yòng mínfáng xiūjiàn de.
是用民房修建的。
スー ユオン ミンファン シオウヂエン ドォ．
It was rebuilt from what used to be a house.

入ってみない？
Wǒmen jìnqù kànkàn ba.
我們進去看看吧。
ウオメン ヂンチュイ カンカン バァ．
Do you want to go inside?

恵 うん，四合院がぜひ見てみたいわ．
Hǎo, wǒ hěn xiǎng kànkàn sìhéyuàn.
好，我很想看看四合院。
ハウ，ウオ ヘン シアン カンカン スーホォユイエン．
Yeah, I'd like to take a look at a siheyuan (a type of Chinese house, composed of four units).

鳳 ええと，どう行くんだったかな．
Ái, zěnme qù ne?
哎，怎麼去呢？
アイ, ヅェンモ チュイ ノォ?
Well, which way are we supposed to go?

いやだわ．私たち，迷子になったみたい．
Aīyā, wǒmen hǎoxiàng mílù le.
哎呀，我們好像迷路了。
アイイア, ウオメン ハウシアン ミィルウ ロォ.
Oh, my gosh! It seems that we are lost.

恵 ここは本当に迷路みたいね．
Zhèlǐ zhēn xiàng mígōng sìde.
這裡真像迷宮似的。
ヅォリィ ヅェン シアン ミィグオン スードォ.
It looks like a maze.

21 観光・スポーツ観戦

フォンヂアウ 鳳・恵理 恵

シミュレーション 台湾オペラの予約

「陳三五娘」をやっています

小 ここで台湾オペラの予約ができるんですか.
Zài zhèlǐ kěyǐ dìng gēzǎixì piào ma?
在這裡可以訂歌仔戲票嗎？
ヅァイ ヅォリィ コォイィ ディン ゴォヅァイシィ ピアウ マァ?
Can I make a reservation for the classical Taiwanese opera here?

男 できますよ.
Kěyǐ.
可以。
コォイィ.
Yes, you can.

小 外国人が見ても理解できますか.
Wàiguórén kàndedǒng ma?
外國人看得懂嗎？
ウアイグオゼン カンドォドゥオン マァ?
Do you think foreigners can understand enough of it?

男 ご心配なく．ラブストーリーを選ぶといいですよ．
Méi wèntí. Nǐ xuǎn àiqíng gùshì ba.
沒問題。你選愛情故事吧。
メイ ウンティ. ニィ シュイエン アイチン グウスー バァ.
Don't worry. I recommend that you choose a love story.

役者の動作を見ているだけでも楽しめます.
Zhǐ kàn yǎnyuán de dòngzuò yě hěn yǒu yìsi.
只看演員的動作也很有意思。
ヅー カン イエンユィエン ドォ ドゥオンツオ イエ ヘン イオウ イィス.
You can have fun just watching the movements of the actors.

21 観光・スポーツ観戦

小谷 **小**・ホテル従業員 **男**

今は「陳三五娘」をやっています。『荔鏡縁』はご存知ですか.
Xiànzài shàngyǎn "Chén Sān Wǔ Niáng". Nǐ zhīdào 《Lìjìngyuán》 ma?

現在上演"陳三五娘"。你知道《荔鏡緣》嗎？
シエンツァイ サンイエン "ツェン サン ウゥ ニアン". ニィ ヅーダウ《リィヂンユィエン》マァ?

"Chen San and Wu Niang" is on now. Do you know "Tale of the Lychee mirror"?

小 知っています。陳三と五娘の恋愛物語ですよね？
Zhīdào. Shì Chén Sān hàn Wǔ Niáng de liàn'ài gùshì ba?

知道。 是陳三和五娘的戀愛故事吧？
ヅーダウ. スー ツェン サン ハン ウゥ ニアン ドォ リエンアイ グゥスー バァ?

I know it. It is a love story of Chen San and Wu Niang, isn't it?

明日の夜はやっていますか.
Míngtiān wǎnshàng shàngyǎn ma?

明天晚上上演嗎？
ミンティエン ウアンサン サンイエン マァ?

Is it on tomorrow night?

男 7時開演です.
Qī diǎn kāiyǎn.

七點開演。
チィディエン カイイエン.

The performance starts at 7 o'clock.

小 じゃあ，2人分の予約をお願いします.
Nà, wǒ dìng liǎng zhāng piào.

那，我訂兩張票。
ナァ, ウオ ディン リアン ヅァン ピアウ.

I'd like to make a reservation for two people.

21 観光・スポーツ観戦

小谷 小・ホテル従業員 男

シミュレーション 林家花園

絶妙ね！

恵 まあ，絵のようにきれい．
À, zhēn xiàng fēngjǐnghuà yíyàng měi.
啊，真像風景畫一樣美。
アァ, ヅェン シアン フォンヂンフア イィイアン メイ.
Wow, it is beautiful, just like a picture.

鳳 日本の庭園と違う？
Gēn Rìběn tíngyuán yǒu shénme bùtóng ma?
跟日本庭園有什麼不同嗎？
ゲン ズーベン ティンユィエン イオウ センモ ブウトゥオン マァ?
Is this different from gardens in Japan?

恵 あずまやの屋根がすごく反っているわ．
Tíngzi de wūjiǎo shì qiàoqǐlái de.
亭子的屋角是翹起來的。
ティンヅ ドォ ウゥヂアウ スー チアウチィライ ドォ.
The roof of the pavilion is very curved.

それにこの石は何？ 穴だらけねえ．
Zhè kuài shítou shì shénme? Zěnme mǎn shì kūlóng?
這塊石頭是什麼？怎麼滿是窟窿？
ヅォ クアイ スートウ スー センモ? ヅェンモ マン スー クウルオン?
Also, what kind of stone is this? There are lots of holes.

鳳 私も知らないわ．
Wǒ yě bù qīngchǔ.
我也不清楚。
ウオ イエ ブウ チンツゥ.
I don't know, either.

恵 おもしろいわ．
Zhēn yǒu yìsi ye.
真有意思吔。
ヅェン イオウ イィス イエ．
It is interesting.

あ，塀に大きな丸い穴がある．
Ái, yuànqiángshàng yǒu yíge dà yuándòng.
哎，院牆上有一個大圓洞。
アイ，ユィエンチアンサン イオウ イィゴォ ダァ ユィエンドゥオン．
Oh, there is a big round hole in the wall.

通っていいの？
Kěyǐ zǒuguòqù ma?
可以走過去嗎？
コォイィ ヅォウグオチュイ マァ？
Can I go through the hole?

鳳 いいのよ．穴から見てごらんなさい．
Kěyǐ, cóng dòngkǒu kànyíkàn nàbiān.
可以，從洞口看一看那邊。
コォイィ，ツオン ドゥオンコウ カンイィカン ナァビエン．
Yes, you can. Look out of the hole.

景色に奥行きが出るでしょう？
Jǐngwù de lìtǐgǎn gèng qiáng le ba?
景物的立體感更強了吧？
ヂンウゥ ドォ リィティガン ゴン チアン ロォ バァ？
The view became deeper, didn't it?

恵 絶妙ね．
Měimiào jí le!
美妙極了！
メイミアウ ヂィ ロォ！
Amazing!

21 観光・スポーツ観戦

恵理 恵・フォンヂアウ 鳳

シミュレーション 足のマッサージ

漢方薬の薬湯です．

女 こちらのお部屋へどうぞ．
Qǐng dào zhège fángjiān lái.
請到這個房間來。
チン ダウ ヅォゴォ ファンヂエン ライ.
Please come to this room.

さあ，ここにお掛けください．
Qǐng zuòzài zhèlǐ.
請坐在這裡。
チン ヅオヅァイ ヅォリィ.
Have a seat here.

小 いい感じのお部屋ね．
Zhèlǐ de qìfēn zhēn hǎo.
這裡的氣氛真好。
ヅォリィ ドォ チィフェン ヅェン ハウ.
This room is neat.

女 こちらに両足をお入れください．
Qǐng bǎ nín de jiǎo fàngzài zhèlǐ.
請把您的腳放在這裡。
チン バァ ニン ドォ ヂァウ ファンヅァイ ヅォリィ.
Put both your feet here.

漢方薬の薬湯です．
Zhè shì yòng zhōngyào pàozhì de xǐjiǎoshuǐ.
這是用中藥泡製的洗腳水。
ヅォ スー ユオン ヅォンイアウ パウヅー ドォ シィヂアウスエイ.
This hot water is Chinese herbal medicine.

21 観光・スポーツ観戦

マッサージ師 **女**・小谷 **小**

小 うわっ, あちっ!
Ā! Hǎo tàng a!
啊！好燙啊！
アァ! ハウ タン アァ!
Oh, it's hot!

女 足をこちらの台にお乗せください.
Qǐng bǎ nín de jiǎo fàngzài zhège táizishàng.
請把您的腳放在這個檯子上。
チン バァ ニン ドォ ヂアウ ファンヅァイ ヅォゴォ タイヅサン.
Put your feet on the table.

足の裏をマッサージします.
Wǒ gěi nín àn yíxià 'jiǎobǎn[jiǎozhǎng].
我給您按一下'腳板[腳掌]。
ウオ ゲイ ニン アン イィシア 'ヂアウバン [ヂアウヅァン].
I'm going to massage your soles.

小 とてもいい気持ち. …あ, いたた!
Hǎo shūfú ya. ... Téngsǐ wǒ le!
好舒服呀。…疼死我了！
ハウ **ス**ウフゥ イア. … トンスー ウオ ロォ!
It's very comfortable. Ouch!

21 観光・スポーツ観戦

マッサージ師 **女**・小谷 **小**

シミュレーション 台湾一周のクルーズ列車

一人でも利用できますか？

小 台湾にクルージング風の観光列車があるそうですね．
Tīngshuō Táiwān yǒu yóulúnshì lièchē.

聽說台灣有郵輪式列車．
ティンスオ タイウアン イオウ イオウルンスー リエツォ．
I heard there is a cruising train in Taiwan.

李 それは「環島之星（Formosa Express）」で，台湾島を一周する唯一の観光列車．外国人観光客にとって台湾を理解する最高の旅行手段ね．
Nà shì "Huándǎo zhī xīng", Táiwān wéiyī de huándǎo guānguāng lièchē. Shì wàiguó lǚkè liǎojiě Táiwān zuì jiā de lǚyóu fāngshì.

那是"環島之星"，台灣唯一的環島觀光列車．是外國旅客了解台灣最佳的旅遊方式．
ナァ スー "フアンダウ ヅー シン"，タイウアン ウエイイィ ドォ フアンダウ グアングアン リエツォ．スー ウアイグオ リュィコォ リアウヂエ タイウアン ヅエイ ヂア ドォ リュィイオウ ファンスー．
That's the "Formosa Express", it's an exclusive sightseeing train that runs all the way around Taiwan. I think it's the best way for foreign tourists to understand Taiwan.

小 一人でも利用できますか？
Yí ge rén yě kěyǐ dāchéng ma?

一個人也可以搭乘嗎？
イィ ゴォ ゼン イエ コォイィ ダァツォン マァ？
Can you ride it by yourself?

🔴李 もちろん．車内は快適で，KTV（カラオケ）の設備を備えた車両もあり，各種のイベントもあります．一人でも退屈しません．
Dāngrán kěyǐ. Huǒchē nèibù shūshì, yǒu KTV chēxiāng, yě yǒu gèzhǒng huódòng. Yí ge rén yě bú huì wúliáo.

當然可以．火車內部舒適，有 KTV 車廂，也有各種活動．一個人也不會無聊．

ダンザン コイィ．フオツォ ネイブウ スウスー，イオウ KTV ツォシアン，イエ イオウ ゴォヅオン フオドゥオン．イィ ゴォ ゼン イエ ブウ フエイ ウゥリアウ．

Of course you can. It's so comfortable inside the car, there is also a car with Karaoke, and you can enjoy a large variety of events through the trip. You wouldn't get bored even if you were alone.

🔴小 便数とルートは？
Bāncì shíjiān jí lùxiàn ne?

班次時間及路線呢？

バンツー スーヂエン ディ ルウシエン ノォ？

How many trains and routes do they have?

🔴李 そうですね，西廻りと東廻りの二つのルートがあります．ともに一日一便です．ネットをのぞいてみて．
Ò, tā yǒu xībù gànxiàn jí dōngbù gànxiàn liǎng tiáo. Měitiān gè yǒu yí ge bāncì. Shàngwǎng cháxún yíxià ba.

噢，它有西部幹線及東部幹線兩條．每天各有一個班次．上網查詢一下吧．

オー，ター イオウ シブウ ガンシエン ディ ドゥオンブウ ガンシエン リアン ティアウ．メイティエン ゴォ イオウ イィ ゴォ バンツー．サンウアン ツァシュィン イィシア バァ．

Well, there are two routes, westbound and eastbound. Each route has one train a day. Check it out on the website.

第22章 食事

本章はウェブで会話の音声が聞けます(http://d3lc.dual-d.net/)

食事に誘う
―食事に行きませんか?―

□ お腹がすきました.
Wǒ è le.
我餓了。
ウオ オォ ロォ.
I'm hungry.

□ のどが乾きました.
Wǒ kě le.
我渴了。
ウオ コォ ロォ.
I'm thirsty.

□ 喫茶店で休みましょう.
Zài kāfēidiàn xiūxí yíxià ba.
在咖啡店休息一下吧。
ヅァイ カァフェイディエン シオウシィ イィシア バァ.
Let's rest in a coffee shop.

□ お昼は何を食べようか.
Wǔfàn chī shénme?
午飯吃什麼?
ウゥファン ツー センモ?
What shall we eat for lunch?

- 食事に行きませんか.
  Wǒmen yìqǐ qù chī fàn ba!
  我們一起去吃飯吧!
  ウオメン イィチィ チュイ ツー ファン バァ!
  Shall we go and eat together?

- 台湾料理はどうですか.
  Táicài hǎo bùhǎo?
  台菜好不好?
  タイツァイ ハウ ブウハウ?
  How about Taiwan food?

- 何か食べたいものはありますか.
  Nǐ xiǎng chī shénme cài?
  你想吃什麼菜?
  ニィ シアン ツー センモ ツァイ?
  Is there anything you'd like to eat?

- 嫌いなものはありますか.
  Yǒu bù xǐhuān chī de ma?
  有不喜歡吃的嗎?
  イオウ ブウ シィフアン ツー ドォ マァ?
  Is there anything you don't like?

- 何でも大丈夫です.
  Shénme dōu kěyǐ.
  什麼都可以。
  センモ ドウ コォイィ.
  Anything's OK.

- あまりすっぱいものは苦手です.
  Wǒ bú tài xǐhuān suān de dōngxī.
  我不太喜歡酸的東西。
  ウオ ブウ タイ シィフアン スアン ドォ ドゥオンシィ.
  I can't eat anything that is too sour.

❏ いいレストランを教えてくれませんか．
Nǐ zhīdào nǎ jiā cāntīng hǎochī ma?
你知道哪家餐廳好吃嗎？
ニィ ヅーダウ ナァ ヂア ツァンティン ハウツー マァ?
Could you recommend a good restaurant?

❏ この店はおいしくて値段も手ごろです．
Zhè jiā cāntīng yòu piányí yòu hǎochī.
這家餐廳又便宜又好吃。
ヅォ ヂア ツァンティン イオウ ピエンイィ イオウ ハウツー．
The food in this restaurant is good, plus the prices aren't too bad.

❏ ごちそうしますよ．
Wǒ qǐng kè. / Wǒ qǐng nǐ chī fàn.
我請客。／我請你吃飯。
ウオ チン コォ．／ウオ チン ニィ ツー ファン．
I'll treat you.

レストランに入るときの表現
―どのくらい待ちますか?―

❏ 6時から3名で予約をお願いします．
Wǒ yào dìng liù diǎn de, sān ge rén.
我要訂六點的，三個人。
ウオ イアウ ディン リオウ ディエン ドォ, サン ゴォ ゼン．
Can I make a reservation for three people for six o'clock?

❏ 7時に予約をしました．
Dìngzài qī diǎn.
訂在七點。
ディンヅァイ チィ ディエン．
I made a reservation for seven o'clock.

❏ 何名様ですか．

Jǐ wèi? / Nǐmen jǐ wèi?

幾位？/ 你們幾位？

ヂィ ウエイ? / ニィメン ヂィ ウエイ?

How many people are in your party?

❏ 2人です．

Liǎng ge rén. / Liǎng wèi.

兩個人。/ 兩位。

リアン ゴォ ゼン. / リアン ウエイ.

There's two of us.

❏ 3人です．

Sān ge rén. / Sān wèi.

三個人。/ 三位。

サン ゴォ ゼン. / サン ウエイ.

There's three of us.

席の予約または申し込みをする時は "〜個人 /〜 ge rén/ 〜ゴォ ゼン" または "〜位 /〜 wèi/ 〜ウエイ" のように人数を言います．

❏ ここにお名前を書いてください．

Qǐng xiě dàmíng.

請寫大名。

チン シエ ダァミン.

Please sign your name here.

❏ どのくらい待ちますか．

Yào děng duōjiǔ?

要等多久？

イアウ ドン ドゥオヂオウ?

How long will we have to wait?

□ 禁煙席・喫煙席どちらがよろしいですか.
Nín yào xīyānxí, háishì jìnyānxí?

您要吸菸席,還是禁菸席?
ニン イアウ シィイエンシィ, ハイスー ヂンイエンシィ?
Would you prefer smoking or nonsmoking?

□ たばこをお吸いになりますか.
Nín chōu yān ma?

您抽菸嗎?
ニン ツォウ イエン マァ?
Would you like a smoking area?

□ 禁煙席をお願いします.
Wǒ yào jìnyānxí.

我要禁菸席。
ウオ イアウ ヂンイエンシィ.
Nonsmoking please.

□ どこでたばこが吸えますか.
Zài nǎlǐ kěyǐ chōu yān?

在哪裡可以抽菸?
ヅァイ ナァリィ コォイィ ツォウ イエン?
Where can I smoke?

□ こちらへどうぞ.
Qǐng nín dào zhèlǐ lái.

請您到這裡來。
チン ニン ダウ ヅォリィ ライ.
Right this way, please.

□ この席は空いていますか.
Zhège zuòwèi yǒu méiyǒu rén?

這個座位有沒有人?
ヅォゴォ ヅオウエイ イオウ メイイオウ ゼン?
Is this seat taken?

注文する
―本日のスープは何ですか?―

❏ メニューを見せてください.
　　Qǐng gěi wǒ kànkan càidān.
　請給我看看菜單。
　チン ゲイ ウオ カンカン ツァイダン.
　Can I have a menu, please?

❏ ご注文をどうぞ.
　　Qǐng diǎncài.
　請點菜。
　チン ディエンツァイ.
　May I take your order?

❏ お勧めはなんですか.
　　Yǒu méiyǒu tuījiàn de cài?
　有沒有推薦的菜？
　イオウ メイイオウ トゥエイヂエン ドォ ツァイ?
　What do you recommend?

❏ この店の自慢料理は何ですか.
　　Nǐmen cāntīng de zhāopáicài shì shénme?
　你們餐廳的招牌菜是什麼？
　ニィメン ツァンティン ドォ ヅァオパイツァイ スー センモ?
　What's your specialty?

❏ 本日のスープは何ですか.
　　Jīntiān yǒu shénme tāng?
　今天有什麼湯？
　ヂンティエン イオウ センモ タン?
　What's the soup of the day?

- ❏ 前菜の盛り合わせをください．
  Lái yí ge pīnpán.
  來一個拼盤。
  ライ イィ ゴォ ピンパン.
  Can I have a starter plate, please?

- ❏ 魚[肉]にします．
  Wǒ xiǎng chī 'yú [ròu].
  我想吃'魚[肉]。
  ウオ シアン ツー 'ユィ [ゾウ].
  I'd like the fish [the meat].

- ❏ ステーキの焼き具合はどのようにしましょうか．
  Niúpái yào jǐ fēn shóu?
  牛排要幾分熟？
  ニオウパイ イアウ ヂィ フェン ソウ?
  How do you like your steak done?

- ❏ ミディアムにしてください．
  Yào 'zhōngděng chéngdù [liù, qī fēn] shóu.
  要'中等程度[六, 七分]熟。
  イアウ 'ヅオンドン ツォンドゥウ [リオウ, チィ フェン] ソウ.
  Medium, please.

- ❏ レア[ウエルダン]にしてください．
  Yào kǎode 'bànshóu [hěn shóu] de.
  要烤得'半熟[很熟]的。
  イアウ カウドォ 'パンソウ [ヘン ソウ] ドォ.
  Rare [Well-done], please.

> "半熟"は，ミディアムではなくレアですので要注意です．

❏ 3人で半羽のダックで足りますか.
Sān ge rén chī bàn zhī yāzi, gòu búgòu?

三個人吃半隻鴨子，夠不夠？
サン ゴォ ゼン ツー バン ヅー イアヅ, ゴウ ブウゴウ?
Is half a duck enough for three people to eat?

❏ 骨のスープもください.
Hái yào yāgǔtāng.

還要鴨骨湯。
ハイ イアウ イアグウタン.
Can I also have bone soup, please?

❏ ごはんを少なめにしていただけますか.
Qǐng fàn shǎo yìdiǎn.

請飯少一點。
チン ファン サオ イィディエン.
Can I have a small portion of rice?

食事の途中で
— 小皿を持ってきてください. —

❏ 小皿を持ってきてください.
Gěi wǒ yí ge xiǎo pánzi.

給我一個小盤子。
ゲイ ウオ イィ ゴォ シアウ パンヅ.
Can I have a small plate?

❏ お水をいただけますか.
Qǐng gěi wǒ yì bēi (bīng)shuǐ.

請給我一杯(冰)水。
チン ゲイ ウオ イィ ベイ (ビン) スエイ.
I'd like a glass of water.

- ❏ 箸を1膳いただけますか.

    Qǐng gěi wǒ yì shuāng kuàizi.

    請給我一雙筷子。

    チン ゲイ ウオ イィ **ス**アン クアイヅ.

    Can I have a pair of chopsticks?

- ❏ これ(残した料理)を包んでいただけますか.

    Qǐng bǎ zhège cài dǎbāo yíxià.

    請把這個菜打包一下。

    チン バァ **ヅ**ォゴォ ツァイ ダァバウ イィシア.

    Can you wrap this up for me?

レストランでの苦情
―頼んだものがまだ来ません.―

- ❏ これは火が通っていません.

    Zhège méi shóu.

    這個沒熟。

    ヅォゴォ メイ ソウ.

    This isn't cooked properly.

- ❏ スープが冷めています.

    Tāng yǐjīng dōu liáng le.

    湯已經都涼了。

    タン イィヂン ドウ リアン ロォ.

    The soup is cold.

- ❏ 私が頼んだのは台湾ビールです.

    Wǒ diǎn de shì Táiwān píjiǔ.

    我點的是台灣啤酒。

    ウオ ディエン ドォ **ス**ー タイウアン ピィヂオウ.

    I ordered a [some] Taiwan beer.

❏ これは注文していません.
Wǒ méi diǎn zhège.

我沒點這個。

ウオ メイ ディエン ヅォゴォ.

I didn't order this.

❏ 頼んだものがまだ来ません.
Wǒmen diǎn de cài hái méi lái.

我們點的菜還沒來。

ウオメン ディエン ドォ ツァイ ハイ メイ ライ.

Our order isn't here yet.

❏ 確認してまいります.
Wǒ qù wèn yíxià.

我去問一下。

ウオ チュィ ウン イィシア.

I'll go and check.

❏ 申し訳ありません.
Tài bàoqiàn le. / Zhēn bù hǎoyìsi. / Zhēn duìbùqǐ.

太抱歉了。／真不好意思。／真對不起。

タイ バウチエン ロォ. ／ ヅェン ブウ ハウイィス. ／ ヅェン ドゥエイブウチィ.

I'm very sorry.

❏ もうしばらくお待ちください.
Qǐng zài shāo děng yíxià.

請再稍等一下。

チン ヅァイ サオ ドン イィシア.

Please wait a moment.

お酒を飲む
— 乾杯! —

❏ 飲み物は何がいいですか．
Nín xiǎng hē diǎn shénme?

您想喝點什麼？

ニン シアン ホォ ディエン センモ?

What would you like to drink?

> "飲料 /yǐnliào/ インリアウ" には，ミネラルウォーター，お茶，コーヒー，ジュースなどのほかに，酒類も含まれます．

❏ ビール[ワイン，紹興酒]が飲みたいです．
Wǒ xiǎng hē 'píjiǔ [pútáojiǔ, Shàoxīngjiǔ].

我想喝'啤酒[葡萄酒，紹興酒]。

ウオ シアン ホォ 'ピィヂオウ [プウタウヂオウ, サオシンヂオウ].

I would like beer [wine, Shao-xing wine].

❏ 温めた紹興酒を1本[杯]ください．
Lái 'píng [bēi] tàngrè de Shàoxīngjiǔ.

來'瓶[杯]燙熱的紹興酒。

ライ 'ピン [ベイ] タンゾォ ドォ サオシンヂオウ.

Can I have a bottle [glass] of hot Shao-xing wine, please?

❏ アルコールはだめなんです．
Wǒ bú huì hē jiǔ. / Wǒ bù néng hē jiǔ.

我不會喝酒。／我不能喝酒。

ウオ ブウ フエイ ホォ ヂオウ. / ウオ ブウ ノン ホォ ヂオウ.

I don't drink. / I can't drink.

> "不會喝酒" は「お酒は飲みつけない」，「(ふだん飲まないので)ほとんど飲めない」の意です．それに対して "不能喝酒" は医者から止められている，運転してきたなどの「理由があって飲めない」の意です．

☐ 一口ならいただきます．

Wǒ zhǐ hē yìdiǎn.

我只喝一點。

ウオ ヅー ホォ イィディエン．

I'll just have a sip.

> 形式的に乾杯の意思を示したいなら，"隨意, 隨意！/Suíyì, suíyì!/ スエイィ, スエイィ！" と言います．飲み干さず酒杯に口をつけるだけ，あるいは乾杯のしぐさをするだけでかまいません．

☐ 乾杯！

Gān bēi!

乾杯！

ガン ベイ！

Cheers!

■ 乾杯 ■

宴会では乾杯がつきものですが，なるべく目上の人より低い位置でグラスを合わせ，敬意を表します．そして "乾杯"（酒杯を干す）または "隨意"（酒杯は干さない）をします．

☐ お勘定をお願いします．

Qǐng jiézhàng. / Mǎidān.

請結賬。／買單。

チン ヂエヅァン．／マイダン．

Can I have the check, please?

- □ 割り勘にしましょう．
  Jīntiān gè fù gè de. / Jīntiān gèzì fù.
  今天各付各的。/ 今天各自付。
  ヂンティエン ゴォ フゥ ゴォ ドォ． / ヂンティエン ゴォツー フゥ．
  Let's split the bill.

ファストフードを注文するときの表現
—ここで食べます．—

- □ テイクアウトでハンバーガー 2 個お願いします．
  Wǒ yào liǎng ge hànbǎobāo, wàidài.
  我要兩個漢堡包，外帶。
  ウオ イアウ リアン ゴォ ハンバウバウ，ウアイダイ．
  Two hamburgers to go, please.

- □ マスタード抜きにしてください．
  Búyào fàng jièmò.
  不要放芥末。
  ブウイアウ ファン ヂエモォ．
  No mustard, please.

- □ ホットドッグとオレンジジュースをください．
  Gěi wǒ yí ge règǒu hàn yì bēi liǔchéngzhī.
  給我一個熱狗和一杯柳橙汁。
  ゲイ ウオ イィ ゴォ ゾォゴウ ハン イィ ベイ リオウツォンヅー．
  A hot dog and an orange juice, please.

- □ スモール[ミディアム，ラージ]をお願いします．
  Wǒ yào 'xiǎo[zhōng, dà] de.
  我要'小[中，大]的。
  ウオ イアウ 'シアウ[ヅォン，ダァ] ドォ．
  A small[medium, large], please.

22 食事

- 氷は入れないでください.

    Búyào fàng bīngkuài.

    不要放冰塊。

    プウイアウ ファン ビンクアイ.

    No ice, please.

- デザートには何がありますか.

    Yǒu shénme tiándiǎn?

    有什麼甜點？

    イオウ センモ ティエンディエン?

    What do you have for dessert?

- 私はマンゴープリンにします.

    Wǒ yào mángguǒ bùdīng.

    我要芒果布丁。

    ウオ イアウ マングオ プウディン.

    I'd like some mango pudding.

- デザートはいりません.

    Wǒ bù chī tiándiǎn.

    我不吃甜點。

    ウオ プウ ツー ティエンディエン.

    I don't need dessert.

- コーヒーはブラックがいいです.

    Kāfēilǐ bú yòng fàng táng hàn nǎijīng. / Kāfēilǐ shénme dōu bú fàng. / Jiù kāfēi éryǐ.

    咖啡裡不用放糖和奶精。／ 咖啡裡什麼都不放。／ 就咖啡而已。

    カァフェイリィ プウ ユオン ファン タン ハン ナイヂン. / カァフェイリィ センモ ドウ プウ ファン. / ヂオウ カァフェイ オルイィ.

    I'd like my coffee black.

❏ 砂糖[ミルク]は入れないでください.
Búyào fàng 'táng [nǎijīng].
不要放糖[奶精]。
プウイアウ ファン 'タン [ナイヂン].
No sugar [milk], please.

❏ ここで食べます.
Zài zhèlǐ chī. / Zài zhèlǐ yòng.
在這裡吃。/ 在這裡用。
ヅァイ ヅォリィ ツー. / ヅァイ ヅォリィ ユオン.
I'll eat it here.

❏ 持ち帰ります.
Wàidài.
外帶。
ウアイダイ.
I'd like this to go.

> "**外帶**"は店内で食べずに持ち帰るという意味です. 食べ切れなかった料理などを包んで持ち帰るという意味では, "**打包/dǎbāo/ ダァバウ**" と言います.

食事の途中の会話
―どうやって食べるんですか?―

❏ 冷めないうちに召し上がれ.
Chèn rè chī.
趁熱吃。
ツェン ヅォ ツー.
Eat it before it gets cold.

❏ たくさん召し上がってください.

Qǐng duō chī yìdiǎn ba.

請多吃一點吧。

チン ドゥオ ツー イィディエン バァ.

Please have as much as you like.

❏ お口に合えばいいのですが.

Hé nǐ de kǒuwèi ma?

合你的口味嗎？

ホォ ニィ ドォ コウウエイ マァ?

I don't know whether you'll like it, but...

■ **いただきます** ■

台湾華語では食事開始のあいさつである「いただきます」にぴったり当たる表現はありませんが, 食事に招かれて "**請用！**/Qǐng yòng!/ チン ユオン！"「召し上がれ」とか "**来，用吧！**/Lái, yòng ba!/ ライ, ユオン バァ！"「さあ, いただきましょう」などと勧められたときは, "**那我不客氣了**/Nà wǒ bú kèqì le/ ナァ ウオ ブウ コォチィ ロォ"「では遠慮なく」と応じて, いただきます.

❏ すごいごちそうですね.

Zhème fēngshèng de cài! / Hǎo fēngshèng de cài!

這麼豐盛的菜！/ 好豐盛的菜！

ヅォモ フォンソン ドォ ツァイ! / ハウ フォンソン ドォ ツァイ!

Wow! What a treat this is!

❏ わあ, いい香り.

Hǎo xiāng a!

好香啊！

ハウ シアン アァ!

Wow! What a nice smell!

22 食事

□ おいしい！
Hěn hǎochī!
很好吃！
ヘン ハウツー!
It's delicious!

□ これ，大好物なんです．
Zhè shì wǒ zuì xǐhuān chī de.
這是我最喜歡吃的。
ヅォ スー ウオ ヅエイ シィフアン ツー ドォ.
This is my favorite.

□ 点心，手を出してください．
Nǐ chī diǎn diǎnxīn ba.
你吃點點心吧。
ニィ ツー ディエン ディエンシン バァ.
Help yourself to some dimsums.

□ 小籠包はとても熱いから気をつけてね．
Xiǎoxīn, xiǎolóngbāo hěn tàng.
小心，小籠包很燙。
シアウシン, シアウルオンバウ ヘン タン.
These small steamed buns are very hot.

□ やけどしないようにね．
Xiǎoxīn tàngdào.
小心燙到。
シアウシン タンダウ.
Try not to burn yourself.

□ スープの味はいかがですか．
Zhège tāng wèidào zěnmeyàng?
這個湯味道怎麼樣？
ヅォゴォ タン ウエイダウ ヅェンモイアン?
What do you think of the soup?

❏ これは何ですか.
Zhè shì shénme?

這是什麼？

ヅォ スー センモ?

What is this?

❏ どうやって食べるんですか.
Zhège zěnme chī ne?

這個怎麼吃呢？

ヅォゴォ ヅェンモ ツー ノォ?

How can I eat this?

❏ 手を使ってもいいんですか.
Kěyǐ yòng shǒu chī ma?

可以用手吃嗎？

コォイィ ユオン ソウ ツー マァ?

Can I use my hands?

❏ こうやって食べるんです.
Zhèyàng chī.

這樣吃。

ヅォイアン ツー.

You eat it like this.

❏ これも食べられますか.
Zhège yě kěyǐ chī ma?

這個也可以吃嗎？

ヅォゴォ イエ コォイィ ツー マァ?

Can you eat this too?

❏ それは飾りです.
Nà shì zhuāngshì. / Nà shì bǎi hǎokàn de.

那是裝飾。／那是擺好看的。

ナァ スー ヅアンスー. / ナァ スー バイ ハウカン ドォ.

That's a decoration.

❏ それは食べられません．
Nàge bù néng chī.

那個不能吃。

ナァゴォ ブウ ノン ツー.

We don't eat that.

❏ 食べるのは初めてです．
Wǒ dìyī cì chī zhège.

我第一次吃這個。

ウオ ディイィ ツー ツー ヅォゴォ.

This is the first time for me to eat this.

❏ ごめんなさい，これはちょっと食べられません．
Duìbùqǐ, zhège wǒ bú tài gǎn chī.

對不起，這個我不太敢吃。

ドゥエイブウチィ, ヅォゴォ ウオ ブウ タイ ガン ツー.

I'm sorry, but I can't eat this.

❏ アレルギーが出るんです．
Wǒ yì chī jiù guòmǐn.

我一吃就過敏。

ウオ イィ ツー ヂオウ グオミン.

I'll have an allergic reaction.

❏ おかわりはいかがですか．
Zài lái ˈyí ge [yì bēi], hǎo bùhǎo?

再來一個[一杯]，好不好？

ヅァイ ライ ˈイィ ゴォ [イィ ベイ], ハウ ブウハウ?

How about another helping [refill]?

❏ もう十分いただきました．
Wǒ hěn bǎo le. / Wǒ chī hěn duō le.

我很飽了。／我吃很多了。

ウオ ヘン バウ ロォ. / ウオ ツー ヘン ドゥオ ロォ.

I've already had enough.

❏ お腹が一杯です．
Wǒ chībǎo le.
我吃飽了。
ウオ ツーバウ ロォ．
I'm full.

❏ たいへんおいしかったです，ごちそうさま．
Tài hǎochī le, wǒ chībǎo le.
太好吃了，我吃飽了。
タイ ハウツー ロォ，ウオ ツーバウ ロォ．
The meal was delicious, thank you.

❏ 気に入ってもらえてうれしいです．
Nǐ mǎnyì, wǒ hěn gāoxìng.
你滿意，我很高興。
ニィ マンイィ，ウオ ヘン ガウシン．
I'm glad you liked it.

シミュレーション 知人の家での食事

熱いうちにどうぞ！

張 食事にしましょう．
Chī fàn ba.
吃飯吧。
ツー ファン バァ.
Let's have dinner.

田 すごいごちそうですね．
Zhème fēngshèng yòu kěkǒu de cài!
這麼豐盛又可口的菜！
ヅォモ フォンソン イオウ コォコウ ドォ ツァイ!
It looks delicious.

張 娘が手伝ってくれました．
Shì nǚ'ér bāng wǒ zuò de.
是女兒幫我做的。
スー ニュイオル バン ウオ ヅオ ドォ.
My daughter helped me out.

娘 父は料理が得意なんです．
Wǒ bàba hěn huì zuò cài. / Wǒ bà zuò cài hěn náshǒu.
我爸爸很會做菜。/ 我爸做菜很拿手。
ウオ バァバァ ヘン フエイ ヅオ ツァイ. / ウオ バァ ヅオ ツァイ ヘン ナァショウ.
My dad is a good cook.

どうぞ召し上がってみてください．
Chángyìcháng ba! / Qǐng chīchīkàn ba!
嚐一嚐吧！/ 請吃吃看吧！
ツァンイィツァン バァ! / チン ツーツーカン バァ!
Please try some of his dishes.

🅃 さあ、再会を祝して、カンパイ！
Lái, wèi wǒmen de chóngféng gānbēi!

來，為我們的重逢乾杯！
ライ, ウエイ ウオメン ドォ ツオンフォン ガンペイ!

Let's toast to our reunion.

🅣 この魚は何ですか？ どう料理したのでしょう？
Zhè shì shénme yú? Zěnme zuò de?

這是什麼魚？怎麼做的？
ヅォ スー センモ ユィ? ヅェンモ ヅオ ドォ?

What kind of fish is this? How did you cook it?

🅃 これはスズキを蒸したものです．食べたことがありますか？
Zhè shì Qīngzhēng lúyú. Nǐ chīguò ma?

這是清蒸鱸魚。你吃過嗎？
ヅォ スー チンヅォン ルウユィ. ニィ ツーグオ マァ?

This is steamed sea perch. Have you ever eaten this before?

🅣 食べたことはありません．うわっ、おいしい．
Méi chīguò. Ēn, zhēn hǎochī!

沒吃過。嗯，真好吃！
メイ ツーグオ. エン, ヅェン ハウツー!

No, I have never eaten this before. Oh, that is so good.

料理が本当におじょうずですね．
Nín zuò cài zuòde zhēn hǎo.

您做菜做得真好。
ニン ヅオ ツァイ ヅオドォ ヅェン ハウ.

You are a good cook.

🅝 焼きビーフンができあがりました．熱いうちにどうぞ！
Mǐfěn chǎohǎo le, chèn rè chī!

米粉炒好了，趁熱吃！
ミィフェン ツァオハウ ロォ, ヅェン ヅォ ツー!

The fried rice noodles are ready. Eat them before they get cold.

シミュレーション 朝食を食べに行く

「早点」と言います．

小 こんなに早朝からお店が開いているんですね．
Zhème zǎo xiǎochīdiàn jiù kāi mén le.
這麼早小吃店就開門了。
ヅォモ ヅァオ シアウツーディエン ヂオウ カイ メン ロォ．
I didn't know that the diner was open this early.

李 台湾では出勤途中に外食する人も多いんです．
Zài Táiwān hěn duō rén zài shàngbān de lùshàng chī zǎofàn.
在台灣很多人在上班的路上吃早飯。
ヅァイ タイウアン ヘン ドゥオ ゼン ヅァイ サンバン ドォ ルウサン ツー ヅァオファン．
Many people eat breakfast on their way to work.

軽い朝食を「早点」と言います．
Jiǎnbiàn de zǎocān jiào zǎodiǎn.
簡便的早餐叫早點。
ヂエンビエン ドォ ヅァオツァン ヂアウ ヅァオディエン．
A light breakfast is called "zaodian".

近頃は台湾式のお粥を商う店が少なくなりました．
Zuìjìn yǐjīng kànbúdào chuántǒng de xīfàndiàn le.
最近已經看不到傳統的稀飯店了。
ヅエイヂン イィヂン カンブウダウ ツアントゥオン ドォ シィファンディエン ロォ．
You hardly ever find shops that sell Taiwan-style porridge these days.

店 あの店のサバヒーのお粥はなかなかの味ですよ．
Nà jiā diàn de shīmùyú zhōu hěn hǎochī.
那家店的虱目魚粥很好吃。
ナァ ヂア ディエン ドォ スームウユィ ヅォウ ヘン ハウツー．
The milkfish porridge in that store is pretty good.

[小] それなら食べなくちゃ．
Nà jiù yào 'chīchīkàn [chángcháng] le.
那就要'吃吃看[嚐嚐]了。
ナァ ヂオウ イアウ 'ツーツーカン [ツァンツァン] ロォ．
Then, I must try it.

[李] おばちゃん，お粥2杯！油条も2本ね．
Lǎobǎnniáng, lái liǎng wǎn zhōu, liǎng gēn yóutiáo.
老闆娘，來兩碗粥，兩根油條。
ラウバンニアン, ライ リアン ウアン ヅォウ, リアン ゲン イオウティアウ.
Ma'am, two bowls of the porridge and also two pieces of youtiao, please.

油条は，中華風の揚げパンです．
Yóutiáo shì Táishì de zhàmiànbāo.
油條是台式的炸麵包。
イオウティアウ スー タイスー ドォ ヅァミエンバウ.
Youtiao is Taiwan-style fried bread.

[小] あ，香菜は入れないで！あの香りは苦手なんです．
À, búyào fàng xiāngcài, wǒ chībúguàn.
啊，不要放香菜，我吃不慣。
アァ, ブウイアウ ファン シアンツァイ, ウオ ツーブウグアン.
No coriander please. I don't like the flavor.

[店] 熱いから気をつけて！
Xiǎoxīn búyào tàngdào. / Xiǎoxīn hěn tàng.
小心不要燙到。／小心很燙。
シアウシン ブウイアウ タンダウ. ／ シアウシン ヘン タン.
Be careful, because it is hot.

22 食事

小谷 [小]・リィ [李]・店員 [店]

単語 味

美味しい hǎochī 好吃 /ハウツー/ (英 nice, delicious)
まずい bù hǎochī 不好吃 /ブウ ハウツー/, nánchī 難吃 /ナンツー/ (英 not good)
甘い tián 甜 /ティエン/ (英 sweet)
辛い là 辣 /ラァ/ (英 hot, pungent)
苦い kǔ 苦 /クウ/ (英 bitter)
渋い sè 澀 /ソォ/ (英 astringent)
酸っぱい suān 酸 /スアン/ (英 sour, acid)
塩辛い xián 鹹 /シエン/ (英 salty)
甘酸っぱい suāntián 酸甜 /スアンティエン/ (英 sweet and sour)
濃い nóng 濃 /ヌオン/, chóu 稠 /ツォウ/ (英 thick, strong)
薄い dàn 淡 /ダン/ (英 weak)
あっさりした qīngdàn 清淡 /チンダン/ (英 light)
しつこい (yóu)nì (油)膩 /(イオウ)ニィ/, nán xiāohuà 難消化 /ナン シアウフア/ (英 heavy)

22 食事

単語 **食材**

豚肉 zhūròu 豬肉 /ヅウゾウ/ (英 pork)
羊肉 yángròu 羊肉 /イアンゾウ/ (英 ram)
牛肉 niúròu 牛肉 /ニオウゾウ/ (英 beef)
鶏肉 jīròu 雞肉 /ヂィゾウ/ (英 chicken)
ハム huǒtuǐ 火腿 /フオトゥエイ/ (英 ham)
ソーセージ làcháng 臘腸 /ラァツァン/, xiāngcháng 香腸 /シアンツァン/ (英 sausage)
キュウリ huángguā 黃瓜 /フアングア/ (英 cucumber)
ナス qiézi 茄子 /チエヅ/ (英 eggplant, aubergine)
ニンジン hóngluóbō 紅蘿蔔 /フオンルオボォ/ (英 carrot)
ジャガイモ mǎlíngshǔ 馬鈴薯 /マァリンスゥ/ (英 potato)
ホウレンソウ bōcài 菠菜 /ボォツァイ/ (英 spinach)
ネギ (dà)cōng (大)蔥 /(ダァ)ツオン/ (英 leek)
タマネギ yángcōng 洋蔥 /イアンツオン/ (英 onion)
ピーマン qīngjiāo 青椒 /チンヂアウ/ (英 green pepper)
キャベツ gāolícài 高麗菜 /ガウリィツァイ/ (英 cabbage)
レタス wōjù 萵苣 /ウオヂュイ/, shēngcài 生菜 /ソンツァイ/ (英 lettuce)
ハクサイ báicài 白菜 /バイツァイ/ (英 Chinese cabbage)
トマト fānqié 蕃茄 /ファンチエ/ (英 tomato)
アスパラガス lúsǔn 蘆筍 /ルウスン/ (英 asparagus)
カリフラワー huāyécài 花椰菜 /フアイエツァイ/ (英 cauliflower)
チンゲンサイ qīngjiāngcài 青江菜 /チンヂアンツァイ/ (英 bok choy)
ニンニク dàsuàn 大蒜 /ダァスアン/ (英 garlic)
キノコ mógū 蘑菇 /モォグウ/ (英 mushroom)
果物 shuǐguǒ 水果 /スエイグオ/ (英 fruit)

22 食事

単語 料理1

●前菜
拼盤 pīnpán /ピンパン/ 前菜の盛合せ
海蜇雞絲 hǎizhé jīsī /ハイヅォ ヂィスー/ クラゲと細切り鶏肉のあえ物
五香牛肉 wǔxiāng niúròu /ウゥシアン ニオウゾウ/ 牛すじスパイス風味
滷大腸 lǔdàcháng /ルダァツァン/ 豚モツの醤油煮込み
麻辣豬耳朵 málà zhū'ěrduo /マァラァ ヅウオルドゥオ/ 豚の耳のピリカラ味
涼拌小黃瓜 liángbàn xiǎohuángguā /リアンバン シアウフアングア/ キュウリのニンニクあえ
皮蛋[松花蛋] pídàn[sōnghuādàn] /ピィダン[スオンフアダン]/ ピータン

●スープ
青菜豆腐湯 qīngcài dòufǔ tāng /チンツァイ ドウフゥウ タン/ 青菜と豆腐のスープ
蛋花湯 dànhuā tāng /ダンフア タン/ 卵のスープ
玉米湯 yùmǐ tāng /ユィミィ タン/ コーンスープ
酸辣湯 suānlà tāng /スアンラァ タン/ 酢と胡椒味のスープ

●魚介
清蒸魚 qīngzhēng yú /チンヅォン ユィ/ 蒸し魚
糖醋魚 tángcù yú /タンツウ ユィ/ 揚げ魚の甘酢あんかけ
清炒蝦仁 qīngchǎo xiārén /チンツァオ シアゼン/ むき海老の炒めもの
乾燒蝦仁 gānshāo xiārén /ガンサオ シアゼン/ 海老のチリソース炒め
軟炸蝦仁 ruǎnzhà xiārén /ズアンヅァ シアゼン/ むき海老の軟らか揚げ

魚香花枝 yúxiāng huāzhī /ユィシアン ファヅー/　イカのニンニクソース辛み炒め

● 牛肉料理
青椒牛肉絲 qīngjiāo niúròusī /チンヂアウ ニオウゾウスー/　牛肉とピーマンの細切り炒め
蠔油牛肉 háoyóu niúròu /ハウイオウ ニオウゾウ/　牛肉のカキ油炒め
芹菜牛肉 qíncài niúròu /チンツァイ ニオウゾウ/　牛肉とセロリの炒めもの
鐵板牛肉 tiěbǎn niúròu /ティエバン ニオウゾウ/　牛肉の鉄板焼き

● 豚肉料理
干絲肉絲 gānsī ròusī /ガンスー ゾウスー/　細切り豚肉と干し豆腐の炒めもの
京醬肉絲 jīngjiàng ròusī /ヂンヂアン ゾウスー/　細切り豚肉の味噌炒め
魚香肉絲 yúxiāng ròusī /ユィシアン ゾウスー/　細切り豚肉のニンニクソース辛み炒め
青椒肉絲 qīngjiāo ròusī /チンヂアウ ゾウスー/　豚肉とピーマンの細切り炒め
糖醋排骨 tángcù páigǔ /タンツウ パイグウ/　揚げたスペアリブの甘酢煮込み
椒鹽排骨 jiāoyán páigǔ /ヂアウイエン パイグウ/　スペアリブの香り揚げ
梅菜扣肉 méicài kòuròu /メイツァイ コウゾウ/　薄切り豚肉の高菜蒸し　＊梅菜はカラシ菜の漬け物を乾燥させたもの
回鍋肉 huíguōròu /フエイグオゾウ/　豚バラ肉の辛味炒め
木須肉 mùxūròu /ムウシュィゾウ/　豚肉とキクラゲと卵の炒めもの
滷肉 lǔròu /ルウゾウ/　角切り豚の軟らか煮込み

単語 料理 2

● 鶏肉料理

辣子雞丁 làzǐ jīdīng /ラァヅー ヂィディン/ 鶏肉の唐辛子炒め

腰果雞丁 yāoguǒ jīdīng /イアウグオ ヂィディン/ 鶏肉とカシューナッツの炒めもの

醬爆雞丁 jiàngbào jīdīng /ヂアンバウ ヂィディン/ 鶏肉の味噌炒め

香酥雞 xiāngsūjī /シアンスウヂィ/ 鶏のサクサク香り揚げ

炸子雞 zhàzǐjī /ヅァヅーヂィ/ 若鶏の唐揚げ

油淋雞 yóulínjī /イオウリンヂィ/ 油をかけながら揚げたぶつ切り鶏の醤油味

● 羊肉料理

蔥爆羊肉 cōngbào yángròu /ツオンバウ イアンゾウ/ ネギと羊肉の炒めもの

孜然羊肉 zīrán yángròu /ヅーザン イアンゾウ/ 香料たっぷりの煎り羊肉

涮羊肉 shuàn yángròu /スアン イアンゾウ/ 羊肉のしゃぶしゃぶ

● 豆腐料理

紅燒豆腐 hóngshāo dòufǔ /フオンサオ ドウフゥウ/ 豆腐の甘辛煮込み

椒鹽豆腐 jiāoyán dòufǔ /ヂアウイエン ドウフゥウ/ 豆腐の香り揚げ

家常豆腐 jiācháng dòufǔ /ヂアツァン ドウフゥウ/ 揚げ豆腐の炒め煮

麻婆豆腐 mápó dòufǔ /マァポォ ドウフゥウ/ マーボー豆腐

● 野菜料理

清炒什菜 qīngchǎo shícài /チンツァオ スーツァイ/ 野菜炒め

乾煸四季豆 gānbiān[gānbiǎn] sìjìdòu /ガンビエン[ガンビエン] スーヂィドウ/ インゲンとひき肉の香味炒め

醬爆茄子 jiàngbào qiézi /ヂアンバウ チエヅ/ ナスの味噌炒め

開洋白菜 kāiyáng báicài /カイイアン バイツァイ/ 白菜の干しエビ炒め

螞蟻上樹 mǎyǐ shàngshù /マァイィ サンスウ/ 春雨とひき肉の炒めもの

番茄炒蛋 fānqié chǎodàn /ファンチエ ツァオダン/ 卵とトマトの炒めもの

● 点心

大餅牛肉捲 dàbǐng niúròujuǎn /ダァピン ニオウゾウデュィエン/ 牛肉の中華風パイ巻き

水餃 shuǐjiǎo /スエイヂアウ/ ゆでギョーザ

三鮮蒸餃 sānxiān zhēngjiǎo /サンシエン ヅォンヂアウ/ ネギ風味の豚と海老入り蒸しギョーザ

小籠包 xiǎolóngbāo /シアウルオンバウ/ ショウロンポー

鍋貼 guōtiē /グオティエ/ 焼きギョーザ

蔥油餅 cōngyóubǐng /ツオンイオウビン/ ネギ入り中華風チヂミ

花捲 huājuǎn /フアヂュィエン/ 中華蒸しパン

紅油抄手 hóngyóu chāoshǒu /フオンイオウ ツァオソウ/ ワンタンの辛みソース添え

● 麺類・ご飯類

什錦炒麵 shíjǐn chǎomiàn /スーヂン ツァオミエン/ あんかけ五目焼きそば

炸醬麵 zhájiàngmiàn /ツァヂアンミエン/ ジャージャーメン

牛肉炒麵 niúròu chǎomiàn /ニオウゾウ ツァオミエン/ 牛肉焼きそば

雪菜肉絲麵 xuěcài ròusīmiàn /シュィエツァイ ゾウスーミエン/ 高菜と細切り豚肉そば

排骨麵 páigǔmiàn /パイグウミエン/ スペアリブそば

擔擔麵 dàndànmiàn /ダンダンミエン/ 四川風辛味うどん

白飯 báifàn /バイファン/ ごはん

蝦仁炒飯 xiārén chǎofàn /シアゼン ツァオファン/ 海老チャーハン

肉絲炒飯 ròusī chǎofàn /ゾウスー ツァオファン/ 細切り豚肉チャーハン

什錦炒飯 shíjǐn chǎofàn /スーヂン ツァオファン/ 五目チャーハン

海鮮燴飯 hǎixiān huìfàn /ハイシエン フエイファン/ 海鮮あんかけチャーハン

単語 調理法

炒 chǎo /ツァオ/　強火で炒める
爆 bào /パウ/　強火でさっと炒める
煎 jiān /チエン/　少量の油で焼き目をつける
烤 kǎo /カウ/　直火で焼く
炸 zhà /ヅァ/　揚げる
煮 zhǔ /ヅウ/　煮込む
燒 shāo /サオ/　水分をとばしながら煮込む
蒸 zhēng /ヅォン/　蒸す
燉 dūn[dùn] /ドゥン[ドゥン]/　じっくり煮込む
煨 wēi /ウエイ/　とろ火で煮込む
燜 mèn /メン/　ぴったりふたをして煮込む
燴 huì /フエイ/　煮込みあんかけ
清炒 qīngchǎo /チンツァオ/　塩味で炒める
乾燒 gānshāo /ガンサオ/　汁気が少なくなるまで煮込む
紅燒 hóngshāo /フォンサオ/　醤油味で煮込む
拔絲 básī /パスー/　揚げてあめをからめる
宮保 gōngbǎo /グオンバウ/　揚げて辛味をからめる
油爆 yóubào /イオウバウ/　揚げてから炒める
油淋 yóulín /イオウリン/　油をかけながら揚げる
乾炸 gānzhà /ガンヅァ/　小麦粉をまぶして揚げる
軟炸 ruǎnzhà /ズアンヅァ/　卵をからめて揚げる
清蒸 qīngzhēng /チンヅォン/　塩味／醤油味で蒸す
凍 dòng /ドゥオン/　ゼラチンで固める
醉 zuì /ヅエイ/　紹興酒に漬け込む
片 piàn /ピエン/　薄切り
絲 sī /スー/　千切り
條 tiáo /ティアウ/　拍子木切り

- 段 duàn /ドゥアン/　輪切り
- 塊 kuài /クアイ/　ぶつ切り
- 末 mò /モォ/　みじん切り
- 丁 dīng /ディン/　さいの目切り
- 龍 lóng /ルオン/　蛇腹切り
- 花 huā /フア/　飾り切り
- 泥 ní /ニィ/　おろし
- 丸 wán /ウアン/　団子状
- 全 quán /チュイエン/　丸ごと

単語 飲み物

水 shuǐ 水 /スエイ/ (㊥ water)
ミネラルウォーター kuàngquánshuǐ 礦泉水 /クアンチュィエンスイ/ (㊥ mineral water)
炭酸水 qìshuǐ 汽水 /チィスエイ/，sūdǎ 蘇打 /スウダァ/ (㊥ soda water)
ワイン pútáojiǔ 葡萄酒 /プウタウヂオウ/ (㊥ wine)
ビール píjiǔ 啤酒 /ピィヂオウ/ (㊥ beer)
生ビール shēngpíjiǔ 生啤酒 /ソンピィヂオウ/ (㊥ draft beer)
ウィスキー wēishìjì 威士忌 /ウエイスーヂィ/ (㊥ whiskey)
紹興酒 shàoxīngjiǔ 紹興酒 /サオシンヂオウ/ (㊥ shao-xing wine)
茅台酒 máotáijiǔ 茅台酒 /マウタイヂオウ/ (㊥ maotai wine)
カクテル jīwěijiǔ 雞尾酒 /ヂィウエイヂオウ/ (㊥ cocktail)
ミルク niúnǎi 牛奶 /ニオウナイ/ (㊥ milk)
コーヒー kāfēi 咖啡 /カァフェイ/ (㊥ coffee)
紅茶 hóngchá 紅茶 /フオンツァ/ (㊥ tea)
緑茶 lǜchá 綠茶 /リュィツァ/ (㊥ green tea)
烏龍茶 wūlóngchá 烏龍茶 /ウウロンツァ/ (㊥ oolong tea)
ジュース guǒzhī 果汁 /グオヅー/ (㊥ juice)
オレンジジュース liǔchéngzhī 柳橙汁 /リオウツォンヅー/ (㊥ orange juice)
スターフルーツジュース yángtáozhī 楊桃汁 /イアンタウヅー/ (㊥ star fruit juice)
仙草ジュース xiāncǎomì 仙草蜜 /シエンツァオミィ/ (㊥ honey jello drink)
リンゴソーダ píngguǒxīdǎ 蘋果西打 /ピングオシィダァ/ (㊥ apple cider)
コーラ kělè 可樂 /コォロォ/ (㊥ Coke)
スプライト xuěbì 雪碧 /シュィエピィ/ (㊥ sprite)

第23章 買い物

本章はウェブで会話の音声が聞けます(http://d3lc.dual-d.net/)

売り場を探す
―スニーカーを探しています.―

□ いらっしゃいませ.
Huānyíng guānglín.
歡迎光臨。
ファンイン グアンリン.
May I help you?

□ ちょっと見ているだけです.
Wǒ zhǐshì kànyíkàn.
我只是看一看。
ウオ ヅースー カンイィカン.
I'm just looking, thank you.

□ 文房具はどこで売っていますか.
Wénjù zài nǎlǐ mài?
文具在哪裡賣?
ウンデュィ ヅァイ ナァリィ マイ?
Where do you sell the stationery?

□ 台北遊覧地図を探しています.
Wǒ zài zhǎo Táiběi yóulǎntú.
我在找台北遊覽圖。
ウオ ヅァイ ヅァオ タイベイ イオウラントゥウ.
I'm looking for a guide map of Taipei.

- ❏ スニーカーを探しています.

    Wǒ xiǎng mǎi shuāng yùndòngxié.

    ### 我想買雙運動鞋。

    ウオ シアン マイ **ス**アン ユィンドゥオンシエ.

    I'm looking for the sneakers.

- ❏ 婦人服売り場はどこですか.

    Nǚzhuāng zài nǎlǐ mài?

    ### 女裝在哪裡賣？

    ニュィ**ヅ**アン ヅァイ ナァリィ マイ？

    Where can I find the women's clothes?

- ❏ 紳士服売場は何階ですか.

    Nánzhuāng zài jǐ lóu?

    ### 男裝在幾樓？

    ナン**ヅ**アン ヅァイ ヂィ ロウ？

    What floor is the men's clothes on?

- ❏ こちらにございます.

    Zài zhèlǐ.

    ### 在這裡。

    ヅァイ **ヅ**ォリィ.

    It's over here.

- ❏ 子供服売場の奥にございます.

    Zài tóngzhuāng de hòumiàn.

    ### 在童裝的後面。

    ヅァイ トゥオン**ヅ**アン ドォ ホウミエン.

    It's at the back of the Children's section.

- ❏ 3階にあります.

    Zài sān lóu.

    ### 在三樓。

    ヅァイ サン ロウ.

    That's on the 3rd floor.

- 地下2階にあります.
  Zài dìxià èr lóu.
  在地下二樓。
  ヅァイ ディシア オル ロウ.
  That's on the 2nd floor, below here.

- エレベーターで5階に行ってください.
  Qǐng zuò diàntī dào wǔ lóu.
  請坐電梯到五樓。
  チン ヅオ ディエンティ ダウ ウゥ ロウ.
  Please take the elevator to the 5th floor.

- あちらの階段で上がってください.
  Qǐng shàng nàge lóutī.
  請上那個樓梯。
  チン サン ナァゴォ ロウティ.
  Please go up by using the stairway over there.

- あちらの階段で下りてください.
  Qǐng xià nàge lóutī.
  請下那個樓梯。
  チン シア ナァゴォ ロウティ.
  Please go down by using the stairway over there.

- 申し訳ございません, こちらでは扱っておりません.
  Shízài bàoqiàn, wǒmen zhèlǐ méiyǒu.
  實在抱歉，我們這裡沒有。
  スーヅァイ バウチエン, ウオメン ヅォリィ メイイオウ.
  I'm sorry, we don't have any of those here.

品物を見せてもらう・品物について聞く
―色違いのものはありますか?―

☐ あれを見せてくださいますか.
Qǐng bǎ nàge nágěi wǒ kànkan.

請把那個拿給我看看。
チン バァ ナァゴォ ナァゲイ ウオ カンカン.
Can you show me that one, please?

☐ このイヤリングを見せてください.
Zhège ěrhuán qǐng gěi wǒ kàn yíxià.

這個耳環請給我看一下。
ヅォゴォ オルフアン チン ゲイ ウオ カン イイシア.
Please show me these earrings.

☐ 右端[左端]のものを見せてください.
Qǐng gěi wǒ kànkan zuì 'yòubiān [zuǒbiān] de.

請給我看看最'右邊[左邊]的。
チン ゲイ ウオ カンカン ヅエイ 'イオウビエン [ヅオビエン] ドォ.
Please show me the one at the right [left] end.

☐ 右から2つ目[左から3つ目]のものを見せてください.
Qǐng gěi wǒ kànkan 'cóng yòu shǔ dì'èr ge [cóng zuǒ shǔ dìsān ge].

請給我看看'從右數第二個[從左數第三個]。
チン ゲイ ウオ カンカン 'ツオン イオウ スウ ディオル ゴォ [ツオン ヅオ スウ ディ サン ゴォ].
Please show me the second one from the right [the third one from the left].

23 買い物

❏ ほかのを見せてくださいますか.

Qǐng gěi wǒ kànkàn bié de, hǎo ma?

請給我看看別的，好嗎？

チン ゲイ ウオ カンカン ピエ ドォ, ハウ マァ?

Could you show me another one, please?

❏ 素材はなんですか.

Cáiliào shì shénme? / Yòng shénme cáiliào zuò de?

材料是什麼？／用什麼材料做的？

ツァイリアウ スー センモ? / ユオン センモ ツァイリアウ ヅォ ドォ?

What kind of fabric is this?

❏ (あなたの)サイズはいくつですか.

Chǐcùn shì jǐ hào de? / Chǐcùn duōshǎo?

尺寸是幾號的？／尺寸多少？

ツーツン スー ヂィ ハウ ドォ? / ツーツン ドゥオ サオ?

What size do you take? / What size do you want?

❏ (私の)サイズはS[M，L]です.

Wǒ yào 'xiǎo [zhōng, dà] hào de.

我要'小[中，大]號的。

ウオ イアウ 'シアウ [ヅオン, ダァ] ハウ ドォ.

I am a small [medium, large].

❏ サイズがわかりません.

Wǒ bù zhīdào chǐcùn.

我不知道尺寸。

ウオ ブウ ヅーダウ ツーツン.

I don't know what size I am.

❏ 大きすぎ[小さすぎ]ます.

Yǒudiǎn 'dà[xiǎo]. / Tài 'dà[xiǎo] le.

有點'大[小]。／太'大[小]了。

イオウディエン 'ダァ [シアウ]. / タイ 'ダァ [シアウ] ロォ.

This is too large[small].

❏ 長すぎ[短すぎ]ます.

Yǒudiǎn ˇcháng[duǎn]. / Tài ˇcháng[duǎn] le.

有點ˇ長[短]。/ 太ˇ長[短]了。

イオウディエン ˇツァン[ドゥアン]. / タイ ˇツァン[ドゥアン] ロォ.

This is too long[short].

❏ ちょうどいいです.

Bú dà bù xiǎo. / Dàxiǎo gāng hǎo.

不大不小。/ 大小剛好。

ブゥ ダァ ブゥ シアウ. / ダァシアウ ガン ハウ.

This is my size.

❏ 違うデザインはありますか.

Yǒu bié de yàngshì de ma?

有別的樣式的嗎？

イオウ ビエ ドォ イアンスー ドォ マァ?

Do you have any other styles?

❏ これより大きい[小さい]サイズはありますか.

Yǒu méiyǒu bǐ zhège ˇdà [xiǎo] yìdiǎn de?

有沒有比這個ˇ大[小]一點的？

イオウ メイイオウ ビィ ヅォゴォ ˇダァ [シアウ] イィディエン ドォ?

Do you have this in a larger [smaller] size?

❏ 色違いのものはありますか.

Yǒu méiyǒu bié de yánsè?

有沒有別的顏色？

イオウ メイイオウ ビエ ドォ イエンソォ?

Do you have any another colors?

❏ これで黒のものはありますか.

Zhège yàngshì yǒu méiyǒu hēisè de?

這個樣式有沒有黑色的？

ヅォゴォ イアンスー イオウ メイイオウ ヘイソォ ドォ?

Do you have this one in black?

試着する
—試着してもいいですか?—

☐ 試着してもいいですか.
Wǒ kěyǐ shìchuān ma?

我可以試穿嗎？

ウオ コォイィ スーツアン マァ?

Can I try this on?

☐ 鏡はありますか.
Yǒu méiyǒu jìngzi?

有沒有鏡子？

イオウ メイイオウ ヂンヅ?

Is there a mirror?

☐ ぴったりです.
Zhèng héshì. / Gāng hǎo.

正合適。/ 剛好。

ヅォン ホォスー. / ガン ハウ.

It fits me perfectly.

☐ ちょっとゆるい[きつい]です.
Yǒudiǎn 'dà [xiǎo]. / Yǒudiǎn 'sōng [jǐn].

有點'大[小]。/ 有點'鬆[緊]。

イオウディエン 'ダァ [シアウ]. / イオウディエン 'スオン [ヂン].

It's a bit loose [tight].

☐ 似合うかなぁ.
Hé bù héshì? / Hǎokàn ma?

合不合適？/ 好看嗎？

ホォ ブウ ホォスー? / ハウカン マァ?

I wonder if this will look good.

❑ (私には)似合わないみたい.
Hǎoxiàng bú tài héshì.

好像不太合適。

ハウシアン プウ タイ ホォスー.

I don't think this looks good on me.

❑ お似合いですよ.
Hěn héshì.

很合適。

ヘン ホォスー.

It suits you. / It looks good on you.

❑ こちらのほうがお似合いです.
Zhège bǐjiào héshì.

這個比較合適。

ヅォゴォ ビィヂアウ ホォスー.

This one looks better on you.

品物を買う
―全部でいくらですか?―

❑ これをください. / これを買います.
Gěi wǒ zhège. / Wǒ mǎi zhège.

給我這個。/ 我買這個。

ゲイ ウオ ヅォゴォ. / ウオ マイ ヅォゴォ.

I'll take this, please.

「これ」「あれ」と指し示す場合には "**這/那**" +量詞のように, 名詞にあった数え方を組み合わせなくてはなりません. たとえば, 辞典をさして「これ」と言うときには "**這本** /zhè běn/ ヅォペン" ですが, 鉛筆をさして「あれ」と言うときには "**那枝** /nà zhī/ ナァ ヅー" のように言います. 個別に数えられるものについ

> ての汎用の量詞は "**個** /ge/ ゴォ" です．

❏ これを3つください．
Qǐng gěi wǒ sān ge.

請給我三個。

チン ゲイ ウォ サン ゴォ．

I'll take three of these.

> 数量をいう場合には，個別に数えられるものなら "**個** /ge/ ゴォ" を使って "**兩個** /liǎng ge/ リアン ゴォ"「ふたつ」のように言いますが，数える物によって "**一張** /yì zhāng/ イィ ヅァン"「一枚」"**五隻** /wǔ zhī/ ウゥ ヅー"「五匹」のように適切な量詞を組みあわせます．

❏ いくらですか．
Duōshǎo qián?

多少錢？

ドゥオ サオ チエン？

How much? / How much is it?

❏ 全部でいくらですか．
Yígòng duōshǎo qián?

一共多少錢？

イィゴン ドゥオ サオ チエン？

How much is it all together?

❏ 値段がちょっと高すぎます．
Yǒudiǎn guì.

有點貴。

イオウ ディエン グエイ．

The price is a bit too high.

23 買い物

❏ まけてもらえますか．
Néng suàn piányí diǎn ma?
能算便宜點嗎？
ノン スアン ピエンイィ ディエン マァ?
Can you give me any discount?

❏ クレジットカードは使えますか．
Kěyǐ shuākǎ ma?
可以刷卡嗎？
コォイィ スアカァ マァ?
Do you take credit cards ?

❏ 現金でお支払い願います．
Qǐng fù xiànjīn.
請付現金。
チン フゥウ シエンヂン.
Could you please pay in cash?

❏ 別々に包んでいただけますか．
Qǐng fēnbié bāozhuāng.
請分別包裝。
チン フェンビエ バウヅアン.
Will you wrap them separately?

❏ 計算が間違っています．
Nǐ suàncuò le.
你算錯了。
ニィ スアンツオ ロォ.
This was added up wrong.

❏ おつりが足りません．
Zhǎocuò le.
找錯了。
ヅァオツオ ロォ.
This is not the correct change.

❏ 千元札を渡しました.

Wǒ bǎ yìqiān kuài chāopiào jiāogěi nǐ le. / Wǒ gěi le yìqiān kuài chāopiào.

我把一千塊鈔票交給你了。/ 我給了一千塊鈔票。

ウオ バァ イィチエン クアイ ツァオピアウ ヂアウゲイ ニィ ロォ. / ウオ ゲイ ロォ イィチエン クアイ ツァオピアウ.

I gave you a 1,000 New Taiwan Dollar note.

❏ これを別の[新しいの]と取り替えてほしいのですが.

Wǒ yào huàn ˈbié de [xīn de].

我要換ˈ別的[新的]。

ウオ イアウ フアン ˈビエ ドォ [シン ドォ].

I'd like to exchange this for another [new] one.

❏ これがレシートです.

Zhè shì shōujù.

這是收據。

ヅォ スー ソウヂュィ.

Here's the receipt.

シミュレーション 買い物（１）

ちょうどいいわ．

小 バッグの売場はどちらですか．
Zài nǎlǐ mài píbāo ne?
在哪裡賣皮包呢？
ヅァイ ナァリィ マイ ピィパウ ノォ？
Where is the bag corner?

店 こちらです．
Zài zhèlǐ.
在這裡。
ヅァイ ヅォリィ．
Here it is.

小 これ，すてきですね．
Zhège hěn hǎokàn.
這個很好看。
ヅォゴォ ヘン ハウカン．
That looks good.

でも，少し大きすぎます．
Búguò, yǒudiǎn dà.
不過，有點大。
ブウグオ，イオウディエン ダァ．
But it's a little bit too big.

店 これはいかがですか．
Zhège zěnmeyàng?
這個怎麼樣？
ヅォゴォ ヅェンモイアン？
How about this one?

23 買い物

小谷 **小**・店員 **店**

小 ちょうどいいわ.
Zhèng hǎo! / Gāng hǎo!
正好！/ 剛好！
ヅォン ハウ！/ ガン ハウ！
It's just right.

色違いはありますか.
Yǒu méiyǒu bié de yánsè de?
有沒有別的顏色的？
イオウ メイイオウ ピエ ドォ イエンソォ ドォ？
Do you have the same product in a different color?

店 ベージュがあります.
Yǒu mǐhuángsè de.
有米黃色的。
イオウ ミィフアンソォ ドォ.
We have a beige one.

小 ではそれにします. 税金の還付は受けられますか.
Nà wǒ yào nàge. Kěyǐ tuìshuì ma?
那我要那個。可以退稅嗎？
ナァ ウオ イアウ ナァゴォ. コオイィ トゥエイスエイ マァ？
Then I'll take it. Can I get it tax-free?

店 はい, できます. ３階の免税カウンターでお手続きください.
Kěyǐ, qǐng dào sān lóu de tuìshuì fúwùchù bànlǐ.
可以，請到三樓的退稅服務處辦理。
コオイィ, チン ダウ サン ロウ ドォ トゥエイスエイ フウウゥツウ バンリィ.
Yes, the tax exemption procedure can be done at the counter on the 3rd floor.

シミュレーション 買い物（2）

派手じゃない？

鳳 この店は若い人に人気があるのよ．
Zhège shāngdiàn hěn shòu niánqīngrén huānyíng.
這個商店很受年輕人歡迎。
ヅォゴォ サンディエン ヘン ソウ ニエンチンゼン フアンイン．
This store is popular among the young people.

恵 入ってみましょう．
Wǒmen jìnqù kàn yíxià ba.
我們進去看一下吧。
ウオメン ヂンチュィ カン イィシア バァ．
Let's go inside.

鳳 あのジャケット，あなたに似合いそう．
Nà jiàn jiákè, wǒ juéde nǐ chuānqǐlái hěn héshì.
那件夾克，我覺得你穿起來很合適。
ナァ ヂエン ヂアコォ，ウオ ヂュィエドォ ニィ ツアンチィライ ヘン ホォスー．
I think that jacket would go well on you.

恵 ちょっと派手じゃない？
Yǒudiǎn tài xiānyàn le ba.
有點太鮮豔了吧。
イオウディエン タイ シエンイエン ロォ バァ．
Isn't it a little bit showy?

鳳 では，これは？
Nàme, zhè jiàn zěnmeyàng?
那麼，這件怎麼樣？
ナァモ，ヅェエン ヅェンモイアン？
Well, how about this one?

恵 いいわね.
Zhè jiàn hěn hǎo.
這件很好。
ヅォ ヂエン ヘン ハウ.
That is good.

すみません，試着室はどこですか.
Qǐng wèn, shìyījiān zài nǎli?
請問，試衣間在哪裡？
チン ウン, スーイィヂエン ヅァイ ナァリィ?
Excuse me, where is the fitting room?

店 こちらへどうぞ.
Qǐng dào zhèbiān lái.
請到這邊來。
チン ダウ ヅォビエン ライ.
Please come this way.

恵 Mサイズを持ってきていただけますか.
Máfán gěi wǒ kànkàn 'zhōng de [zhōnghào].
麻煩給我看看'中的[中號]。
マァファン ゲイ ウオ カンカン 'ヅォン ドォ [ヅォンハウ].
Can you bring me a medium size?

ありがとう.
Xièxiè.
謝謝。
シエシエ.
Thank you.

これをやめて，これにします.
Bú yào zhè jiàn, yào zhè jiàn ba.
不要這件，要這件吧。
ブウ イアウ ヅォ ヂエン, イアウ ヅォ ヂエン バァ.
I won't take this. I will take this one.

23 買い物

フォンヂアウ 鳳・恵理 恵・店員 店

シミュレーション 買い物（3）

ぴったりです．

店 いらっしゃいませ．
Huānyíng guānglín.
歡迎光臨。
フアンイン グアンリン．
Can I help you?

ご自由にご覧ください．何かお探しですか．
Qǐng suíbiàn kàn, nín yào shénme, wǒ bāng nín zhǎo.
請隨便看，您要什麼，我幫您找。
チン スエイビエン カン，ニン イアウ センモ，ウオ バン ニン ヅァオ．
Please take a look at anything you want. Are you looking for something in particular?

慎 運動靴[皮靴]がほしいんです．
Wǒ xiǎng yào shuāng 'yùndòngxié [píxié].
我想要雙'運動鞋[皮鞋]。
ウオ シアン イアウ スアン 'ユィンドゥオンシエ [ピィシエ]．
I'm looking for sneakers [leather shoes].

店 これはいかがですか．
Zhè shuāng zěnmeyàng?
這雙怎麼樣？
ヅォ スアン ヅェンモイアン？
How about these?

慎 はいてみてもいいですか．
Kěyǐ shì yíxià ma?
可以試一下嗎？
コォイィ スー イィシア マァ？
Can I try them on?

店 はい，どうぞ．
Kěyǐ. Qǐng.
可以。請。
コォイィ. チン.
Of course.

慎 ちょっと小さいな．
Yǒudiǎn xiǎo.
有點小。
イオウディエン シアウ.
They are a little bit too small.

もう１つ上のサイズはありませんか？
Yǒu méiyǒu dà yí hào de?
有沒有大一號的？
イオウ メイイオウ ダァ イィ ハウ ドォ?
Do you have anything in a bigger size?

店 この形でしたらゆったりしています．
Zhè shuāng bǐjiào kuānsōng.
這雙比較寬鬆。
ヅォ スアン ビィデアウ クアンスオン.
Ones like these will be more comfortable.

慎 これならぴったりです．
Bú dà bù xiǎo, zhèng héshì.
不大不小，正合適。
ブウ ダァ ブウ シアウ, ヅォン ホォスー.
These are perfect.

これにします．
Wǒ yào zhè shuāng.
我要這雙。
ウオ イアウ ヅォ スアン.
I'll take these.

23 買い物

店員 店 ・ 慎吾 慎

単語 衣服

- スーツ　tàozhuāng　套装　/タウヅアン/　(英 suit)
- ズボン　kùzi　裤子　/クウヅ/　(英 trousers)
- スラックス　xiūxiánkù　休闲裤　/シオウシエンクウ/　(英 slacks)
- スカート　qúnzi　裙子　/チュィンヅ/　(英 skirt)
- ワンピース　liányīqún　连衣裙　/リエンイィチュィン/　(英 dress, one-piece)
- シャツ　chènshān　衬衫　/ツェンサン/　(英 shirt)
- ブラウス　nǚchènshān　女衬衫　/ニュィツェンサン/　(英 blouse)
- セーター　máoyī　毛衣　/マウイィ/　(英 sweater, pullover)
- ポロシャツ　polo shān　polo衫　/ポォローサン/　(英 polo shirt)
- Tシャツ　T xù(shān)　T恤(衫)　/T シュィ(サン)/　(英 T-shirt)
- ベスト　bèixīn　背心　/ペイシン/　(英 vest)
- 着物　héfú　和服　/ホォフゥウ/　(英 kimono)
- コート　dàyī　大衣　/ダァイィ/　(英 coat)
- ジャケット　wàitào　外套　/ウアイタウ/, jiákè 夹克　/ヂアコォ/　(英 jacket)
- ダウンジャケット　yǔróng wàitào　羽绒外套　/ユィズオン ウアイタウ/　(英 down jacket)
- 長袖　chángxiù　长袖　/ツァンシオウ/　(英 long sleeves)
- 半袖　duǎnxiù　短袖　/ドゥアンシオウ/　(英 short sleeves)
- ノースリーブの　wúxiù (de)　无袖(的)　/ウゥシオウ (ドォ)/　(英 sleeveless)
- ベルト　dàizi　带子　/ダイヅ/, yāodài 腰带　/イアウダイ/　(英 belt)
- ネクタイ　lǐngdài　领带　/リンダイ/　(英 necktie, tie)
- マフラー　wéijīn　围巾　/ウエイヂン/　(英 muffler)
- スカーフ　lǐngjīn　领巾　/リンヂン/　(英 scarf)
- 靴　xié(zi)　鞋(子)　/シエ(ヅ)/　(英 shoes)
- 靴下　wàzi　袜子　/ウアヅ/　(英 socks, stockings)

単語 文房具

鉛筆 qiānbǐ 鉛筆 /チエンビィ/ (㊍ pencil)
ボールペン yuánzǐbǐ 原子筆 /ユィエンヅーピィ/ (㊍ ball-point pen)
万年筆 gāngbǐ 鋼筆 /ガンビィ/ (㊍ fountain pen)
ハガキ míngxìnpiàn 明信片 /ミンシンピエン/ (㊍ postal card)
便箋 xìnzhǐ 信紙 /シンヅー/ (㊍ letter paper)
封筒 xìnfēng 信封 /シンフォン/ (㊍ envelope)
付箋 biànlìtiē 便利貼 /ビエンリィティエ/ (㊍ tag)
ファイル zīliàojiá 資料夾 /ヅーリアウヂア/ (㊍ file)
ガムテープ bāozhuāng jiāodài 包裝膠帶 /バウヅァン ヂアウダイ/ (㊍ packing tape)

単語 食器・台所用品

コップ, カップ bēizi 杯子 /ベイヅ/ (㊍ glass, cup)
グラス bōlíbēi 玻璃杯 /ポォリィペイ/ (㊍ glass)
皿 pánzi 盤子 /パンヅ/ (㊍ dish, plate)
お碗 wǎn 碗 /ウアン/ (㊍ bowl)
箸 kuàizi 筷子 /クアイヅ/ (㊍ chopsticks)
スプーン tāngchí 湯匙 /タンツー/, tiáogēng 調羹 /ティアウゴン/, chízi 匙子 /ツーヅ/ (㊍ spoon)
フォーク chāzi 叉子 /ツァヅ/ (㊍ fork)
ナイフ cāndāo 餐刀 /ツァンダウ/ (㊍ knife)
鍋 guō 鍋 /グオ/ (㊍ pan)
鍋用ヘラ guōchǎn 鍋鏟 /グオツァン/ (㊍ spatula)
やかん shuǐhú 水壺 /スエイフウ/ (㊍ kettle)
フライパン jiānchǎoguō 煎炒鍋 /ヂエンツァオグオ/ (㊍ frying pan)
包丁 càidāo 菜刀 /ツァイダウ/ (㊍ kitchen knife)
まな板 qiēcàibǎn 切菜板 /チエツァイパン/ (㊍ cutting board)

単語 度量衡

ミリメートル　háomǐ 毫米 /ハウミィ/（英 millimeter）
センチメートル　gōngfēn 公分 /グオンフェン/, límǐ 釐米 /リィミィ/
　（英 centimeter）
メートル　gōngchǐ 公尺 /グオンツー/, mǐ 米 /ミィ/（英 meter）
キロメートル　gōnglǐ 公里 /グオンリィ/, qiānmǐ 千米 /チエンミィ/
　（英 kilometer）
グラム　(gōng)kè (公)克 /(グオン)コォ/（英 gram）
キログラム　gōngjīn 公斤 /グオンヂン/（英 kilogram）
リットル　(gōng)shēng (公)升 /(グオン)ソン/（英 liter）
摂氏　Shèshì 攝氏 /ソォスー/（英 Celsius）
華氏　Huáshì 華氏 /フアスー/（英 Fahrenheit）

単語 色

黒　hēisè 黒色 /ヘイソォ/（英 black）
グレー　huīsè 灰色 /フエイソォ/（英 gray）
白　báisè 白色 /バイソォ/（英 white）
青　lánsè 藍色 /ランソォ/（英 blue）
赤　hóngsè 紅色 /フオンソォ/（英 red）
緑　lǜsè 綠色 /リュイソォ/（英 green）
茶　hèsè 褐色 /ホォソォ/（英 brown）
紫　zǐsè 紫色 /ヅーソォ/（英 purple, violet）
黄　huángsè 黃色 /フアンソォ/（英 yellow）
オレンジ　júhuángsè 橘黃色 /ヂュイフアンソォ/, júhóngsè 橘紅
　色 /ヂュイフオンソォ/, júsè 橘色 /ヂュイソォ/, chéngsè 橙色 /ツォ
　ンソォ/（英 orange）
ピンク　fěnhóngsè 粉紅色 /フェンフオンソォ/（英 pink）
紺　shēnlánsè 深藍色 /センランソォ/（英 dark blue）
ベージュ　rǔbáisè 乳白色 /ズウバイソォ/, xiàngyásè 象牙色 /
　シアンイアソォ/（英 beige）

第24章 電話・郵便・銀行

電話をかけるときの表現
―もしもし…?―

☐ 電話番号は，02-1234-5678 です．
Diànhuà hàomǎ shì líng èr-yī èr sān sì-wǔ liù qī bā.
電話號碼是零二-一二三四-五六七八。
ディエンフア ハウマァ スー リン オル-イィ オル サン スー-ウゥ リオウ チィ パァ.
My telephone number is 02-1234-5678.

☐ 高雄支社の電話番号を教えてください．
Qǐng gàosù wǒ Gāoxióng fēngōngsī de diànhuà hàomǎ.
請告訴我高雄分公司的電話號碼。
チン ガウスウ ウオ ガウシュオン フェングオンスー ドォ ディエンフア ハウマァ.
Give me the telephone number of the Gaoxiong branch, please.

☐ もしもし，趙麗華さんはいらっしゃいますか．
Wèi, qǐng wèn Zhào Lìhuá xiǎojiě zài ma?
喂，請問趙麗華小姐在嗎？
ウエイ, チン ウン ヅァオ リィフア シアウヂエ ヅァイ マァ?
Hello. Is Ms. Zhao Lihua there?

☐ 私は田中裕子と申します．
Wǒ jiào Tiánzhōng Yùzǐ.
我叫田中裕子。
ウオ ヂアウ ティエンヅオン ユィヅー.
My name is Yuko Tanaka.

□ そのままでお待ちください．
Qǐng bié qiēduàn, shāo děng yíxià.

請別切斷，稍等一下。

チン ピエ チエドゥアン, **サ**オ ドン イィシア.

Please hold (the line).

□ ただ今ほかの電話に出ております．
Tā zài jiē bié de diànhuà.

他在接別的電話。

タァ ヅァイ ヂエ ピエ ドォ ディエンフア.

He's on another line right now.

□ 電話があったことをお伝えください．
Qǐng gàosù tā wǒ lái diànhuà le.

請告訴他我來電話了。

チン ガウスウ タァ ウオ ライ ディエンフア ロォ.

Please tell him I called.

□ あとでもう一度かけ直します．
Shāohòu [Guò yìhuǐ] wǒ zài gěi nǐ (dǎ) diànhuà.

稍後[過一會]我再給你(打)電話。

サオホウ [グオ イィフエイ] ウオ ヅァイ ゲイ ニィ (ダァ) ディエンフア.

I'll call you again.

□ 番号が違います．
Nǐ dǎcuò le.

你打錯了。

ニィ ダァツオ ロォ.

It's the wrong number.

□ 番号を間違えました．
Wǒ dǎcuò le.

我打錯了。

ウオ ダァツオ ロォ.

I dialed the wrong number.

□ 携帯にお電話ください.
Qǐng dǎ wǒ de shǒujī.

請打我的手機。

チン ダァ ウオ ドォ ソウヂィ.

Please call my cell phone.

□ 発信音のあとにメッセージをどうぞ.
Bī[Xùnhào]shēng hòu qǐng liúyán.

嗶[訊號]聲後請留言。

ビィ [シュィンハウ] ソン ホウ チン リオウイエン.

Please leave a message after the tone.

郵便局での表現
— 小包を日本に送りたいのですが. —

□ 郵便局はどこにありますか.
Yóujú zài nǎlǐ?

郵局在哪裡？

イオウヂュィ ヅァイ ナァリィ?

Where's the post office?

□ 切手はどこで買えますか.
Yóupiào zài nǎlǐ mǎi?

郵票在哪裡買？

イオウピアウ ヅァイ ナァリィ マイ?

Where can I get some stamps?

□ 1元切手を10枚ください.
Gěi wǒ shí zhāng 'yì yuán [yí kuài] de yóupiào.

給我十張'一元[一塊]的郵票。

ゲイ ウオ スー ヅァン 'イィ ユィエン [イィ クアイ] ドォ イオウピアウ.

I'd like ten one Yuan stamps, please.

24 電話・郵便・銀行

- 速達[書留]にしてください.
  Wǒ yào jì 'kuàijié [guàhào].

  我要寄'快捷[掛號]。
  ウオ イアウ ヂィ クアイヂエ [グアハウ].
  I'd like to send this letter by express [registered] mail.

- この小包を日本に送りたいのですが.
  Wǒ yào bǎ zhège bāoguǒ jìdào Rìběn.

  我要把這個包裹寄到日本。
  ウオ イアウ バァ ヅォゴォ バウグオ ヂィダウ ズーベン.
  I'd like to send this package to Japan.

- 航空便にしてください.
  Jì hángkōng.

  寄航空。
  ヂィ ハンクオン.
  I'd like to send this by airmail.

- 船便だといくらくらいかかりますか.
  Shuǐlù duōshǎo qián?

  水陸運多少錢?
  スエイルウ ドゥオサオ チエン?
  How much will it cost if I send it by sea mail?

- 記念切手はありますか.
  Yǒu méiyǒu jìniàn yóupiào?

  有沒有紀念郵票?
  イオウ メイイオウ ヂィニエン イオウピアウ?
  Do you have any commemorative stamps?

銀行での表現
—元に替えてください．—

❏ 銀行でお金を下ろします．
Wǒ yào zài yínháng lǐng qián.

我要在銀行領錢。

ウオ イアウ ヅァイ インハン リン チエン．

I'm taking money out of the bank.

❏ 銀行にお金を預けます．
Wǒ yào bǎ qián cúnrù yínháng.

我要把錢存入銀行。

ウオ イアウ パァ チエン ツンズウ インハン．

I'm putting money into the bank.

❏ 銀行で振り込みをします．
Zài yínháng huì qián.

在銀行匯錢。

ヅァイ インハン フエイ チエン．

I'm sending money via a bank transfer.

❏ 両替してください．
Qǐng huàn yíxià qián. / Wǒ yào duìhuàn qián.

請換一下錢。／我要兌換錢。

チン フアン イィシア チエン．／ウオ イアウ ドゥエイフアン チエン．

I'd like to exchange some money.

❏ 元[円]に替えてください．
Duìhuànchéng 'Táibì [Rìyuán].

兌換成'台幣[日元]。

ドゥエイフアンツォン 'タイピィ [ズーユィエン]．

I'd like this exchanged into NTD [Japanese yen].

❏ ATM はどこにありますか.

Tíkuǎnjī zài nǎlǐ?

提款機在哪裡？

ティクアンヂィ ヅァイ ナァリィ?

Where is the ATM?

❏ 日本からの送金は受けられますか.

Kěyǐ shōudào cóng Rìběn jìlái de qián ma? / Kěyǐ shōudào cóng Rìběn de huìkuǎn ma?

可以收到從日本寄來的錢嗎？/ 可以收到從日本的匯款嗎？

コォイィ ソウダウ ツオン ズーベン ヂィライ ドォ チエン マァ? / コォイィ ソウダウ ツオン ズーベン ドォ フエイクアン マァ?

Can I receive remittance from Japan?

❏ 口座を開きたいのですが.

Wǒ yào kāi hù.

我要開戶。

ウオ イアウ カイ フウ.

I'd like to open an account here.

第25章 パソコン・電気製品

> ## パソコン・インターネットの表現
> ―あとでメールを差し上げます.―

❑ このパソコンは日本語が入力できますか.
Zhè tái diànnǎo néng dǎ Rìyǔ ma?

這台電腦能打日語嗎？
ヅォ タイ ディエンナウ ノン ダァ ズーユィ マァ？

Can you enter Japanese data on this computer?

❑ 中国語と日本語の入力はどうやって切り替えますか.
Zhōngwén Rìwén de shūrù zěnme qiēhuàn?

中文日文的輸入怎麽切換？
ヅオンウン ズーウン ドォ スウズウ ヅェンモ チエフアン？

Could you tell me how I can change from Chinese to Japanese?

❑ インターネットができるカフェはありますか.
Yǒu méiyǒu wǎngkā?

有沒有網咖？
イオウ メイイオウ ウアンカァ？

Is there an internet cafe anywhere?

- 自分のホームページを作りました.
  Wǒ zuò le gèrén 'wǎngzhàn [wǎngyè].

  我做了個人'網站[網頁]。

  ウオ ヅオ ロォ ゴォゼン 'ウアンヅァン [ウアンイエ].

  I've made my own homepage.

- メールアドレスを教えていただけますか.
  Qǐng gàosù wǒ nǐ de 'diànzǐ yóujiàn dìzhǐ [diànyóu dìzhǐ / wǎngzhǐ], hǎo ma?

  請告訴我你的'電子郵件地址[電郵地址 / 網址]，好嗎？

  チン ガウスウ ウオ ニィ ドォ 'ディエンヅー イオウヂエン ディヅー [ディエンイオウ ディヅー / ウアンヅー], ハウ マァ?

  What's your e-mail address?

- メールアドレスはこれです.
  Zhè jiùshì wǒ de 'diànzǐ yóujiàn dìzhǐ [diànyóu dìzhǐ / wǎngzhǐ].

  這就是我的'電子郵件地址[電郵地址 / 網址]。

  ヅォ ヂオウスー ウオ ドォ 'ディエンヅー イオウヂエン ディヅー [ディエンイオウ ディヅー / ウアンヅー].

  This is my e-mail address.

- あとでメールを差し上げます.
  Shāohòu wǒ gěi nǐ fā 'diànzǐ yóujiàn [E-mail].

  稍後我給你發'電子郵件[E-mail]。

  サオホウ ウオ ゲイ ニィ ファ 'ディエンヅー イオウヂエン [E-mail].

  I'll send you an e-mail later.

- メールで連絡を取り合いましょう.
  Yǐhòu hùxiāng fā 'E-mail [diànzǐ yóujiàn] liánxì ba!

  以後互相發'E-mail[電子郵件]聯繫吧！

  イィホウ フウシアン ファ 'E-mail [ディエンヅー イオウヂエン] リエンシィ バァ!

  Why don't we stay in touch by e-mail?

❏ メールをしたのですが，ご覧になられましたか．
Wǒ fā de diànzǐ yóujiàn, nǐ kàndào le ma?

我發的電子郵件，你看到了嗎？
ウオ ファ ドォ ディエンヅー イオウヂエン, ニィ カンダウ ロォ マァ？

Have you read the mail I sent you?

❏ フリーズしました．
Dàngjī le.

當機了。
ダンディ ロォ．

It froze.

電気製品の使い方
―スイッチを切ります．―

❏ リモコン[スイッチ]はどこですか．
Yáokòng [Kāiguān] zài nǎlǐ?

遙控[開關]在哪裡？
イアウコオン [カイグアン] ヅァイ ナァリィ？

Where is the remote control [switch]?

❏ スイッチを入れます[切ります]．
Kāi [Guān].

開[關]。
カイ [グアン]．

I'll turn on [off] the switch.

❏ 電気[明かり]をつけます[消します]．
Dǎkāi [Guāndiào / Guānshàng] diàndēng.

打開[關掉／關上]電燈。
ダァカイ [グアンディアウ／グアンサン] ディエンドン．

I'll turn on [off] the light.

25 パソコン・電気製品

- ❑ テレビをつけます[消します].
  Dǎkāi [Guānshàng / Guāndiào] diànshì.
  打開[關上 / 關掉]電視。
  ダァカイ [グアンシャン / グアンディアウ] ディエンスー.
  I'll turn on [off] the television.

- ❑ 音量を上げます[下げます].
  Bǎ yīnliàng tiáo 'dà [xiǎo].
  把音量調'大[小]。
  バァ インリアン ティアウ'ダァ [シアウ].
  I'll turn up [down] the volume.

- ❑ チャンネルを変えます.
  Huàn tái. / Huàn píndào.
  換台。/ 換頻道。
  フアン タイ. / フアン ピンダウ.
  I'll change the channel.

- ❑ 3チャンネルにします.
  Tiáodào sān tái. / Tiáodào sān píndào.
  調到三台。/ 調到三頻道。
  ティアウダウ サン タイ. / ティアウダウ サン ピンダウ.
  I'll turn on Channel 3.

- ❑ 電池が切れました.
  Diànchí méi diàn le.
  電池沒電了。
  ディエンツー メイ ディエン ロォ.
  The battery died.

- ❑ 電池を交換します.
  Yào huàn diànchí.
  要換電池。
  イアウ フアン ディエンツー.
  I'll change the battery.

❏ コンセントはどこですか.
Chāzuò zài nǎlǐ?

插座在哪裡？
ツァヅオ ヅァイ ナァリィ?

Where is the outlet?

❏ 充電します.
Chōng diàn.

充電。
ツオン ディエン.

I'll charge it.

25 パソコン・電気製品

第26章 トラブル・緊急事態 🔊

本章はウェブで会話の音声が聞けます（http://d3lc.dual-d.net/）

困ったときの表現
―警察はどこですか？―

☐ ちょっと困っています．
Wǒ yǒudiǎn kùnnán.

我有點困難。

ウオ イオウディエン クンナン.

I've got a problem.

☐ 警察はどこですか．
Pàichūsuǒ zài nǎlǐ?

派出所在哪裡？

パイツウスオ ヅァイ ナァリィ？

Where is the police station?

☐ 道に迷いました．
Wǒ mílù le.

我迷路了。

ウオ ミィルウ ロォ.

I think I got lost.

☐ コンタクトレンズを落としました．
Wǒ diū le yǐnxíng yǎnjìng.

我丟了隱形眼鏡。

ウオ ディオウ ロォ インシン イエンヂン.

I've dropped a contact lens.

紛失・盗難のときの表現
―パスポートをなくしました.―

❏ パスポートをなくしました.
Wǒ diū le hùzhào.

我丟了護照。

ウオ ディオウ ロォ フウヅァオ.

I've lost my passport.

❏ MRT の中にかばんを忘れました.
Wǒ bǎ píbāo wàngzài jiéyùnshàng le.

我把皮包忘在捷運上了。

ウオ バァ ピィバウ ウアンヅァイ ヂエユィンサン ロォ.

I left my bag on the MRT train.

❏ ここに上着を忘れたようです.
Wǒ de shàngyī hǎoxiàng wàngzài zhèlǐ le.

我的上衣好像忘在這裡了。

ウオ ドォ サンイィ ハウシアン ウアンヅァイ ヅォリィ ロォ.

I might have left my jacket here.

❏ ここにはありませんでした.
Zhèlǐ méiyǒu.

這裡沒有。

ヅォリィ メイイオウ.

It's not here.

❏ 見つかったらホテルに電話をください.
Nín zhǎodào de huà, qǐng gěi lǚguǎn dǎ diànhuà.

您找到的話，請給旅館打電話。

ニン ヅァオダウ ドォ フア, チン ゲイ リュイグアン ダァ ディエンフア.

Please call the hotel if you find it.

26 トラブル・緊急事態

❏ 何を盗まれましたか.
Shénme bèi tōu le?

什麼被偷了？
センモ ペイ トウ ロォ?

What was stolen?

❏ 財布をすられました.
Qiánbāo bèi tōu le.

錢包被偷了。
チエンパウ ペイ トウ ロォ.

My wallet was stolen.

❏ かばんを盗まれました.
Píbāo bèi tōu le.

皮包被偷了。
ピィパウ ペイ トウ ロォ.

My bag was stolen.

❏ かばんの特徴を教えてください.
Qǐng gàosù wǒ shì shénmeyàng de bāobāo?

請告訴我是什麼樣的包包？
チン ガウスウ ウオ スー センモイアン ドォ パウパウ?

What does your bag look like?

❏ このくらいの大きさの黒い肩掛けかばんです.
Shì zhème dà de hēi jiāndàibāo.

是這麼大的黑肩帶包。
スー ヅォモ ダァ ドォ ヘイ ヂエンダイパウ.

It's a black shoulder bag about this size.

❏ 目撃者はいますか.
Yǒu méiyǒu rén kàndào?

有沒有人看到？
イオウ メイイオウ ゼン カンダウ?

Were there any witnesses?

❏ あの人が見ていました.
　　Nàge rén kàndào le.

　那個人看到了。

　ナァゴォ ゼン カンダウ ロォ.

　That person saw it happen.

子供が迷子になったときの表現
―息子がいなくなりました.―

❏ 息子[娘]がいなくなりました.
　　Wǒ 'érzi [nǚ'ér] bú jiàn le.

　我'兒子[女兒]不見了。

　ウオ 'オルヅ [ニュィオル] ブゥ ヂエン ロォ.

　I can't find my son [daughter].

❏ 彼[彼女]を探してください.
　　Qǐng bāng wǒ zhǎozhǎo tā [tā].

　請幫我找找'他[她]。

　チン バン ウオ ヅァオヅァオ 'タァ [タァ].

　Please try to find him [her].

❏ 息子は5歳です.
　　Wǒ érzi wǔ suì.

　我兒子五歲。

　ウオ オルヅ ウゥ スエイ.

　My son is five years old.

❏ 名前は太郎です.
　　Tā míngzi jiào "Taro".

　他名字叫"太郎"。

　タァ ミンヅ ヂアウ "タロウ".

　His name is "Taro".

26 トラブル・緊急事態

□ 白いTシャツとジーンズを着ています．
Tā chuānzhe bái T-xù hàn niúzǎikù.
他穿著白T恤和牛仔褲。
タァ ツアンヅォ バイ T-シュィ ハン ニオウヅァイクウ.
He's wearing a white T-shirt and jeans.

□ Tシャツには飛行機の絵がついています．
T-xùshàng yǒu fēijī de tú'àn.
T恤上有飛機的圖案。
T-シュィサン イオウ フェイヂィ ドォ トゥウアン.
There's a picture of an airplane on his T-shirt.

□ これが彼[彼女]の写真です．
Zhè shì 'tā [tā] de zhàopiàn.
這是'他[她]的照片。
ヅォ スー'タァ [タァ] ドォ ヅァオピエン.
This is his [her] picture.

助けを求める
—助けて！—

□ 助けて！
Jiùmìng!
救命！
ヂオウミン！
Help!

□ 火事だ！
Zháo huǒ le! / Huǒzāi!
著火了！/ 火災！
ヅァオ フオ ロォ！/ フオヅァイ！
Fire!

- ❏ どろぼう！
  Xiǎotōu!
  小偷！
  シアウトウ!
  Thief!

- ❏ おまわりさん！
  Jǐngchá xiānshēng!
  警察先生！
  ヂンツァ シエンソン!
  Police!

- ❏ お医者さんを呼んで！
  Jiào yīshēng!
  叫醫生！
  ヂアウ イィソン!
  Call a doctor!

- ❏ 救急車を！
  Jiào jiùhùchē!
  叫救護車！
  ヂアウ ヂオウフウツォ!
  Get an ambulance!

- ❏ 交通事故です！
  Chū le chēhuò!
  出了車禍！
  ツウ ロォ ツォフオ!
  There's been an accident!

- ❏ こっちに来てください．
  Qǐng kuài dào zhèlǐ lái! / Qǐng kuài lái zhèlǐ!
  請快到這裡來！/ 請快來這裡！
  チン クアイ ダウ ヅォリィ ライ! / チン クアイ ライ ヅォリィ!
  Please come here.

26 トラブル・緊急事態

❏ けが人がいます.
Yǒu rén shòushāng le.

有人受傷了。
イオウ ゼン ソウサン ロォ.

We have an injured person.

❏ 病人がいます.
Yǒu bìngrén.

有病人。
イオウ ビンゼン.

We have a sick person.

❏ 彼は動けません.
Tā wúfǎ dòng.

他無法動。
タァ ウゥファ ドゥオン.

He can't move.

事件に巻き込まれて
―交流協会の人に話をしたいのです.―

❏ 私は被害者です.
Wǒ shì shòuhàizhě.

我是受害者。
ウオ スー ソウハイヅォ.

I'm the victim.

❏ 私は無実です.
Wǒ shì yuānwàng de.

我是冤枉的。
ウオ スー ユィエンウアン ドォ.

I'm innocent.

❑ 何も知りません.
Wǒ shénme dōu bù zhīdào.

我什麼都不知道。
ウオ センモ ドウ ブウ ヅーダウ.
I don't know anything.

❑ 日本台湾交流協会の人に話をしたいのです.
Wǒ yào gēn Rìběn Táiwān jiāoliú xiéhuì liánxì.

我要跟日本台灣交流協會聯繫。
ウオ イアウ ゲン ズーベン タイウアン ヂアウリオウ シエフエイ リエンシィ.
I'd like to talk to someone from Japan-Taiwan Exchange Association.

❑ 日本語を通訳してください.
Qǐng bǎ Rìyǔ fānyìchéng Zhōngwén.

請把日語翻譯成中文。
チン バァ ズーユィ ファンイィツォン ヅウウン.
Please translate from Japanese.

❑ 日本語のできる弁護士をお願いします.
Qǐng jiào huì Rìyǔ de lǜshī.

請叫會日語的律師。
チン ヂアウ フエイ ズーユィ ドォ リュィスー.
I'd like to talk to a lawyer who speaks Japanese.

■ 緊急電話 ■

"報警 [bàojǐng/ バウヂン"（警察への通報）は110番です．華語に自信のない方は警察局外事服務站へ電話してみて下さい．台北02-2556-6007, 高雄07-215-4342 です．
"消防 [火警] /xiāofáng[huǒjǐng]/ シアウファン [フオヂン]"（火災），
"救護車 /jiùhùchē/ ヂオウフウツォ"（救護車）は119番です．
そのほか携帯電話の電波が弱い場合や GPS の精度がよくない場合の緊急電話として"緊急救難專線[行動緊急電話] /jǐnjí jiùnàn zhuānxiàn [xíngdòng jǐnjí diànhuà]/ ヂンヂィ ヂオウナン ヅアンシエン [シンドゥオン ヂンヂィ ディエンファ]" があり, 112番です．
日本台湾交流協会は台北02-2713-8000, 高雄07-771-4008です．

26 トラブル・緊急事態

第27章 病院・薬局

診察室での表現
―どのような症状ですか?―

☐ この近くに病院[薬局]はありますか.
Zhè fùjìn yǒu méiyǒu 'yīyuàn [yàodiàn]?
這附近有沒有'醫院[藥店]?
ヅォ フゥヂン イオウ メイイオウ 'イィユィエン [イアウディエン] ?
Is there a hospital [drugstore] near here?

☐ 日本語の話せる医師はいますか.
Yǒu huì Rìyǔ de yīshēng ma?
有會日語的醫生嗎?
イオウ フエイ ズーユィ ドォ イィソン マァ?
Is there a doctor here who can speak Japanese?

☐ 服を脱いでください.
Qǐng nín bǎ yīfú tuōxià.
請您把衣服脫下。
チン ニン バァ イィフゥウ トゥオシア.
Please take your clothes off.

☐ 左[右]腕をまくってください.
Qǐng bǎ 'zuǒbiān [yòubiān] de xiùzi 'juǎnqǐlái [wǎnqǐlái].
請把'左邊[右邊]的袖子'捲起來[挽起來]。
チン バァ 'ヅオビエン [イオウビエン] ドォ シオウヅ 'デュィエンチライ [ウアンチライ].
Please roll up your left [right] sleeve.

❏ ここに横になってください.
Nín tǎngdào zhèbiān.

您躺到這邊。

ニン タンダウ ヅォビエン.

Please lie down here.

❏ 気分はいかがですか.
Nǐ juéde zěnmeyàng?

你覺得怎麼樣？

ニィ デュイエドォ ヅェンモイアン?

How are you feeling?

❏ どのような症状ですか.
Nǐ nǎlǐ bù shūfú? / Nǐ nǎlǐ bù hǎo?

你哪裡不舒服？/ 你哪裡不好？

ニィ ナァリィ ブウ スウフゥウ? / ニィ ナァリィ ブウ ハウ?

What kind of symptoms do you have?

❏ いつからですか. / それはいつですか.
Cóng shénme shíhòu kāishǐ de? / Nà shì shénme shíhòu?

從什麼時候開始的？/ 那是什麼時候？

ツオン センモ スーホウ カイスー ドォ? / ナァ スー センモ スーホウ?

Since when? / When was that?

❏ 今朝からです.
Cóng jīntiān zǎoshàng (kāishǐ de).

從今天早上（開始的）。

ツオン ヂンティエン ヅァオサン (カイスー ドォ).

Since this morning.

27 病院・薬局

❏ 以前にも同じ症状がありましたか.
Yǐqián yǒuguò tóngyàng de ˇbìngzhuàng [zhèngzhuàng] ma?

以前有過同樣的ˇ病狀[症狀]嗎？

イィチエン イオウグオ トゥオンイアン ドォ ˇピンヅアン [ヅォンヅアン] マァ?

Have you had symptoms like this before?

❏ 何を食べ[飲み]ましたか.
Chī [Hē] le shénme?

吃[喝]了什麼？

ツー [ホォ] ロォ センモ?

What did you eat [drink]?

❏ ここは痛いですか.
Zhèlǐ téng ma?

這裡疼嗎？

ヅォリィ トン マァ?

Does it hurt here?

❏ 喉は痛みますか.
Sǎngzi [Hóulóng] téng ma?

嗓子[喉嚨]疼嗎？

サンヅ [ホウルオン] トン マァ?

Do you have a sore throat?

❏ 熱はありますか.
Fāshāo ma?

發燒嗎？

ファサオ マァ?

Do you have a fever?

27 病院・薬局

- ❏ 口を開けてください.
  Qǐng zhāngkāi zuǐbā. / Qǐng bǎ zuǐbā zhāngkāi.
  請張開嘴巴。／請把嘴巴張開。
  チン ヅァンカイ ヅエイバァ. ／ チン バァ ヅエイバァ ヅァンカイ.
  Please open your mouth.

- ❏ 深呼吸してください.
  Qǐng nín shēn hūxī.
  請您深呼吸。
  チン ニン セン フウシィ.
  Please take a deep breath.

- ❏ 血液[尿]検査をします.
  Yàn ˈxiě [niào].
  驗ˈ血[尿]。
  イエン ˈシエ [ニアウ].
  We'll do a blood [urine] test.

- ❏ レントゲンを撮ります.
  Zhào ˈX guāng [àikèsī guāng].
  照ˈX光[愛克斯光]。
  ヅァオ ˈX グアン [アイコォスー グアン].
  We'll take an x-ray.

症状・体調を説明する
―食欲がありません.―

- ❏ 気分が悪いのですが.
  Wǒ bù shūfú.
  我不舒服。
  ウオ ブウ スウフゥフ.
  I don't feel very good.

27 病院・薬局

- 風邪をひきました．
  Wǒ gǎnmào le.
  我感冒了。
  ウオ ガンマウ ロォ．
  I've caught a cold.

- 咳がひどいんです．
  Késòude hěn lìhài.
  咳嗽得很厲害。
  コォソウドォ ヘン リィハイ．
  I'm coughing a lot.

- 食欲がありません．
  Méiyǒu shíyù.
  沒有食欲。
  メイイオウ スーユィ．
  I've got no appetite.

- 吐きそうです．
  Ěxīn. / Xiǎng tù.
  噁心。／想吐。
  オォシン．／シアン トゥウ．
  I feel like vomiting.

- めまいがします．
  Tóu yūn.
  頭暈。
  トウ ユィン．
  I feel dizzy.

- 悪寒がします．
  Fā lěng.
  發冷。
  ファ ロン．
  I've got a chill.

- ❏ 鼻水が出ます．
    Liú bítì.
    流鼻涕。
    リオウ ビィティ.
    My nose is running.

- ❏ 鼻がつまっています．
    Bízi yǒudiǎn ˇsāi [bù tōngqì].
    鼻子有點ˇ塞[不通氣]。
    ビィヅ イオウディエン ˇサイ [ブウ トゥオンチィ].
    My nose is stopped [stuffed] up.

- ❏ 下痢をしています．
    Lāzhe dùzi. / Wǒ zài lā dùzi.
    拉著肚子。／我在拉肚子。
    ラァヅォ ドゥウヅ. / ウオ ヅァイ ラァ ドゥウヅ.
    I've got diarrhea.

- ❏ 便秘です．
    Dàbiàn bù tōng. / Cháng biànmì.
    大便不通。／常便秘。
    ダァビエン ブウ トゥオン. / ツァン ビエンミィ.
    I'm constipated.

- ❏ 喉が腫れています．
    Sǎngzi [Hóulóng] zhǒng le.
    嗓子[喉嚨]腫了。
    サンヅ [ホウルオン] ヅォン ロォ.
    I have a sore throat.

- ❏ 息が苦しいです．
    Chuǎnbúguò qì lái. / Hūxī bú chàng.
    喘不過氣來。／呼吸不暢。
    ツアンブウグオ チィ ライ. / フウシィ ブウ ツァン.
    I'm breathing with difficulty.

27 病院・薬局

- ❏ だるいです.
  Húnshēn 'méi jìng [méi lìqì].
  渾身'沒勁[沒力氣]。
  フンセン'メイヂン[メイリィチィ].
  I don't have any energy.

- ❏ 肩がひどくこっています.
  Jiānbǎng suāntòngde 'lìhài [hěn / yàomìng].
  肩膀酸痛得'厲害[很／要命]。
  ヂエンバンスアントゥオンドォ'リィハイ[ヘン／イアウミン].
  My shoulders are very stiff.

- ❏ 夜眠れません.
  Wǎnshàng shuìbùzháo jiào.
  晚上睡不著覺。
  ウアンサンスエイブウヅァオヂアウ.
  I can't sleep well at night.

- ❏ 車[船, 飛行機]に酔いました.
  Wǒ yūn 'chē [chuán, jī] le.
  我暈'車[船，機]了。
  ウオユィン'ツォ[ツアン, ヂィ]ロォ.
  I'm feeling carsick [seasick, airsick].

- ❏ 熱があります.
  Fāshāo le.
  發燒了。
  ファサオロォ.
  I have a fever.

- ❏ 37度5分あります.
  Sānshíqī dù wǔ.
  三十七度五。
  サンスーチィドゥウウゥ.
  My temperature is at thirty-seven point five.

27 病院・薬局

❏ 熱っぽいです．
Hǎoxiàng yǒudiǎn tàng.
好像有點燙。
ハウシアン イオウディエン タン.
I feel feverish [hot].

❏ 平熱です．／ 高熱です．
Tǐwēn zhèngcháng. / Fā gāoshāo.
體溫正常。／ 發高燒。
ティウン ヅォンツァン.／ ファ ガウサオ.
My temperature is normal [high].

❏ 昨夜から熱が下がりません．
Cóng zuótiān wǎnshàng kāishǐ fāshāo, yìzhí bú tuì.
從昨天晚上開始發燒，一直不退。
ツォン ヅオティエン ウアンサン カイツー ファサオ, イィヅー ブウ トゥエイ.
My temperature hasn't gone down since last night.

❏ 胃［頭］が痛みます．
Wǒ 'wèi [tóu] téng.
我'胃［頭］疼。
ウオ 'ウエイ［トウ］トン.
My stomach hurts. [I have a headache.]

❏ 腰［背中］が痛みます．
Yāo [bèi] téng.
腰［背］疼。
イアウ［ペイ］トン.
I have a backache.

❏ ここが断続的に痛みます．
Zhèlǐ jiànduànde téngtòng.
這裡間斷地疼痛。
ヅォリィ ヂエンドゥアンドォ トントゥオン.
I have a pain off and on, here.

27 病院・薬局

- ここがとても痛いんです．
  Zhèlǐ tèbié 'tòng [téng].
  這裡特別痛[疼]。
  ヅォリィ トォビエ ˈトゥオン [トン].
  It hurts a lot here.

- 痛くありません．
  Bú tòng. / Bù téng.
  不痛。/ 不疼。
  ブウ トゥオン. / ブウ トン.
  It doesn't hurt.

- ここが腫れています．
  Zhèlǐ zhǒng le.
  這裡腫了。
  ヅォリィ ヅォン ロォ.
  I have a swelling here./ It is swollen here.

- ここがかゆいです．
  Zhèlǐ fāyǎng.
  這裡發癢。
  ヅォリィ ファイアン.
  It itches here.

- 足がつっています．
  Xiǎotuǐ chōu jīn le.
  小腿抽筋了。
  シアウトゥエイ ツォウ ヂン ロォ.
  I've got cramp in my leg.

持病・体質・病歴について話す
— 卵アレルギーです. —

☐ 何か持病はありますか.
Nǐ yǒu méiyǒu lǎo máobìng?

你有沒有老毛病？

ニィ イオウ メイイオウ ラウ マウビン？

Do you have any chronic diseases?

☐ 糖尿病です.
Wǒ yǒu tángniàobìng.

我有糖尿病。

ウオ イオウ タンニアウビン.

I've got diabetes.

☐ 高血圧[低血圧]です.
Wǒ yǒu 'gāo [dī] xiěyā.

我有'高[低]血壓。

ウオ イオウ 'ガウ [ディ] シエイア.

I have got high [low] blood pressure.

☐ 胃腸が弱いんです.
Wǒ wèicháng bù hǎo.

我胃腸不好。

ウオ ウエイツァン ブウ ハウ.

I have poor digestion.

☐ 私は卵アレルギーです.
Wǒ duì jīdàn guòmǐn.

我對雞蛋過敏。

ウオ ドゥエイ ヂィダン グオミン.

I'm allergic to eggs.

27 病院・薬局

- [ ] 私は妊娠3か月です．

    Wǒ huái yùn sān ge yuè le.

    我懷孕三個月了。

    ウオ フアイ ユィン サン ゴォ ユィエ ロォ．

    I'm three months pregnant.

眼科・歯科での表現
― 目に何か入りました．―

- [ ] 目に何か入りました．

    Yǎnlǐ jìn le (shénme) dōngxī.

    眼裡進了(什麼)東西。

    イエンリィ ヂン ロォ (センモ) ドゥオンシィ．

    I've got something in my eye.

- [ ] まぶたの内側に何かできています．

    Yǎnpí lǐbiān zhǎng le (shénme) dōngxī.

    眼皮裡邊長了(什麼)東西。

    イエンピィ リィビエン ヅァン ロォ (センモ) ドゥオンシィ．

    I have something under my eyelid.

- [ ] コンタクトをしています．

    Wǒ 'yǒu dài [dàizhe] yǐnxíng yǎnjìng.

    我'有帶[帶著]隱形眼鏡。

    ウオ 'イオウ ダイ [ダイヅォ] インシン イエンヂン．

    I wear contact lenses.

- [ ] 歯が痛みます．
  Yáchǐ hěn 'tòng [téng].

  牙齒很'痛[疼]。

  イアツー ヘン 'トゥオン [トン].

  I've got a toothache.

- [ ] 左の上の奥歯が痛みます．
  Zuǒshàngbiān lǐmiàn de yá hěn 'tòng [téng]. / Zuǒshàngbiān de jiùchǐ hěn 'tòng [téng].

  左上邊裡面的牙很'痛[疼]。／左上邊的臼齒很'痛[疼]。

  ヅオサンビエン リィミエン ドォ イア ヘン 'トゥオン [トン]. / ヅオサンビエン ドォ ヂオウツー ヘン 'トゥオン [トン].

  One of the top left teeth in the back hurts.

- [ ] 入れ歯がこわれました．
  Jiǎyá huài le.

  假牙壞了。

  デアイア フアイ ロォ.

  I've broken my dentures.

けがなどの説明
―足首をねんざしました．―

- [ ] けがをしました．
  Wǒ shòushāng le.

  我受傷了。

  ウオ ソウサン ロォ.

  I injured myself.

- ❏ ドアに指をはさみました．
  Shǒuzhǐ bèi mén jiá le.
  手指被門夾了。
  ソウヅー ペイ メン ヂア ロォ.
  My finger got caught in the door.

- ❏ 指を切ってしまいました．
  Wǒ bǎ shǒuzhǐ qiēshāng le.
  我把手指切傷了。
  ウオ バァ ソウヅー チエサン ロォ.
  I cut my finger.

- ❏ 足首をねんざしました．
  Wǒ jiǎohuái niǔshāng le.
  我腳踝扭傷了。
  ウオ ヂアウフアイ ニオウサン ロォ.
  I sprained my ankle.

- ❏ 突き指です．
  Shǒuzhǐ niǔshāng le.
  手指扭傷了。
  ソウヅー ニオウサン ロォ.
  I strained my finger.

- ❏ ころんで腰をひどく打ちました．
  Shuāidǎo shí, yāo zhuàngde hěn lìhai.
  摔倒時，腰撞得很厲害。
  スアイダウ スー, イアウ ヅアンドォ ヘン リィハイ.
  I fell down and I've got a serious bruise on my back.

- ❏ やけどをしました．
  Wǒ tàngshāng le.
  我燙傷了。
  ウオ タンサン ロォ.
  I've burned myself.

❏ 虫に刺されました.
　Wǒ bèi chóng yǎo le.
　我被蟲咬了。
　ウオ ベイ ツォン イアウ ロォ.
　I got bitten by some bugs.

診断の表現
―インフルエンザにかかっています.―

❏ たいしたことはありません.
　Bú yàojǐn.
　不要緊。
　ブウ イアウヂン.
　It's nothing.

❏ インフルエンザにかかっています.
　Dé le liúgǎn.
　得了流感。
　ドォ ロォ リオウガン.
　You have the flu.

❏ ウイルス性の感染症です.
　Shòudào bìngdú gǎnrǎn.
　受到病毒感染。
　ソウダウ ビンドゥウ ガンザン.
　It's a viral contagious disease.

❏ 気管支炎です.
　Shì qìguǎnyán.
　是氣管炎。
　スー チイグアンイエン.
　It's bronchitis.

❏ 炎症を起こしています．
Fāyán le.

發炎了。

ファイエン ロォ.

There's inflammation.

❏ アレルギーです．
Shì guòmǐnzhèng.

是過敏症。

スー グオミンヅォン.

It's an allergy.

❏ 筋を傷めています．
Shāngdào jīn le. / Jīn shòushāng le.

傷到筋了。/ 筋受傷了。

サンダウ ヂン ロォ. / ヂン ソウサン ロォ.

Your muscle is injured.

❏ 指の骨が折れています．
Shǒuzhǐ gǔzhé le.

手指骨折了。

ソウヅー グウヅォ ロォ.

You have fractured a bone in your finger.

❏ 縫合手術が必要です．
Yào zuò fénghé shǒushù.

要做縫合手術。

イアウ ヅオ フォンホォ ソウスウ.

You will need stitches.

❏ 手術が必要です．
Xūyào 'dòng shǒushù [zuò shǒushù].

需要'動手術[做手術]。

シュイイアウ 'ドゥオン ソウスウ [ヅオ ソウスウ].

You will need surgery.

□ 検査が必要です.
Xūyào jiǎnchá.

需要檢查。

シュイイアウ ヂエンツァ.

You will need to be examined.

□ 入院しなければなりません.
Nǐ děi zhùyuàn.

你得住院。

ニィ デイ ヅゥユィエン.

You must be put in hospital.

□ 重症[軽症]です.
Nǐ de bìng hěn 'zhòng [qīng].

你的病很'重[輕]。

ニィ ドォ ビン ヘン 'ヅォン [チン].

You are seriously [slightly] ill.

病気についての質問
―治るのにどのくらいかかりますか?―

□ 治るのにどのくらいかかりますか.
Zhìhǎo yào 'duōjiǔ [duōcháng shíjiān]? / Duōjiǔ cái néng (zhì)hǎo?

治好要'多久[多長時間]？／多久才能(治)好？

ヅーハウ イアウ 'ドゥオヂオウ [ドゥオツァン スーヂエン] ？／ドゥオヂオウ ツァイ ノン (ヅー) ハウ？

How long will it take me to recover?

27
病院・薬局

- 旅行はできますか.
  Wǒ néng qù lǚxíng ma?
  我能去旅行嗎?
  ウオ ノン チュイ リュィシン マァ?
  Can I travel?

- すぐに日本に帰れますか.
  Wǒ néng mǎshàng huí Rìběn ma?
  我能馬上回日本嗎?
  ウオ ノン マァサン フエイ ズーベン マァ?
  Can I go back to Japan soon?

- 明日[数日後に]また来てください.
  Qǐng 'míngtiān [guò jǐ tiān] zài lái.
  請'明天[過幾天]再來。
  チン 'ミンティエン [グオ ヂィ ティエン] ヅァイ ライ.
  Please come again tomorrow [in a few days].

薬に関する表現
―1日に3回飲んでください.―

- 1日に何回飲むのですか.
  Yì tiān chī jǐ cì?
  一天吃幾次?
  イィ ティエン ツー ヂィ ツー?
  How many times a day should I take this?

- 1日に3回飲んでください.
  Yì tiān chī sān cì.
  一天吃三次。
  イィ ティエン ツー サン ツー.
  Please take it three times a day.

- 食後[食前]に飲んでください.
  Fànhòu [Fànqián] chī.
  飯後[飯前]吃。
  ファンホウ [ファンチエン] ツー.
  Please take this after [before] eating.

- 食間に飲んでください.
  Fànjiān [Liǎngcān zhījiān] chī.
  飯間[兩餐之間]吃。
  ファンヂエン [リアンツァン ツーヂエン] ツー.
  Please take it between meals.

- 1回2錠です.
  Yí cì chī liǎng piàn.
  一次吃兩片。
  イィ ツー ツー リアン ピエン.
  Take two pills at a time.

- 風邪薬をください.
  Qǐng gěi wǒ diǎn gǎnmàoyào.
  請給我點感冒藥。
  チン ゲイ ウオ ディエン ガンマウイアウ.
  I'd like some medicine for the cold, please.

- 頭痛薬はありますか.
  Yǒu tóutòngyào ma? / Yǒu tóuténgyào ma?
  有頭痛藥嗎？/ 有頭疼藥嗎？
  イオウ トウトゥオンイアウ マァ? / イオウ トウトンイアウ マァ?
  Do you have any medicine for a headache?

- 眠くならないのにしてください.
  Wǒ yào bú huì fākùn de (yào).
  我要不會發睏的(藥)。
  ウオ イアウ ブウ フエイ ファクン ドォ (イアウ).
  I'd like something that doesn't make me sleepy.

27 病院・薬局

❏ この薬を常用しています.
Wǒ cháng chī zhè zhǒng yào.

我常吃這種藥。

ウオ ツァン ツー ヅォ ヅオン イアウ.

I use this medicine regularly.

❏ どんな薬を飲みましたか.
Nǐ 'chīguò [fúguò] shénme yào?

你'吃過[服過]什麼藥？

ニィ "ツーグオ [フゥグオ] センモ イアウ?

What kind of medicine did you take?

❏ 市販の痛み止めです.
Yàodiàn mài de zhǐtòngyào.

藥店賣的止痛藥。

イアウディエン マイ ドォ ヅートゥオンイアウ.

Over-the-counter painkillers.

❏ 持って来ました.
Wǒ dàilái le.

我帶來了。

ウオ ダイライ ロォ.

I brought it with me.

❏ アスピリンにアレルギーがあります.
Wǒ duì āsīpīlíng guòmǐn.

我對阿司匹靈過敏。

ウオ ドゥエイ アァスーピィリン グオミン.

I'm allergic to aspirin.

❏ 破傷風[インフルエンザ]のワクチンは受けましたか.
Nǐ dǎguò 'pòshāngfēng [liúgǎn] yìmiáo ma?

你打過'破傷風[流感]疫苗嗎？

ニィ ダァグオ "ポォサンフォン [リオウガン] イィミアウ マァ?

Did you get a tetanus [flu] shot?

体調に関する表現
―寝不足なんです.―

☐ 顔色が悪いですよ.
Nǐ liǎnsè bù hǎo.
你臉色不好。
ニィ リエンソォ プウ ハウ.
You look pale.

☐ ちょっと疲れ気味です.
Yǒudiǎn lèi.
有點累。
イオウディエン レイ.
I'm a little tired.

☐ 今日は体調がよくありません.
Jīntiān bù shūfú.
今天不舒服。
ヂンティエン プウ スゥフゥウ.
I'm not feeling well today.

☐ 二日酔いです.
Wǒ zuótiān hē duō le. / Shì sùzuì.
我昨天喝多了。／是宿醉。
ウオ ヅォティエン ホォ ドゥオ ロォ. / スー スゥヅエイ.
I'm hangover.

☐ 寝不足なんです.
Shuìmián bù zú.
睡眠不足。
スエイミエン プウ ヅゥ.
I didn't get enough sleep.

27 病院・薬局

- 少しよくなりました.
  Wǒ hǎo yìdiǎn le.
  我好一點了。
  ウオ ハウ イィディエン ロォ.
  It's a little bit better.

- すっかりよくなりました.
  Wǒ wánquán hǎo le.
  我完全好了。
  ウオ ウアンチュィエン ハウ ロォ.
  I feel quite well now.

- 風邪は治りました.
  Wǒ gǎnmào hǎo le.
  我感冒好了。
  ウオ ガンマウ ハウ ロォ.
  I've got over my cold.

単語 からだ

- 頭 tóu 頭 /トウ/ (英 head)
- 髪 tóufǎ 頭髮 /トウファ/ (英 hair)
- 顔 liǎn 臉 /リエン/ (英 face)
- 目 yǎnjīng 眼睛 /イエンヂン/ (英 eye)
- 耳 ěrduo 耳朵 /オルドゥオ/ (英 ear)
- 鼻 bízi 鼻子 /ビツ/ (英 nose)
- 口 zuǐ 嘴 /ヅエイ/ (英 mouth)
- 歯 yá(chǐ) 牙(齒) /イア(ツー)/ (英 tooth)
- 首 bózi 脖子 /ボォツ/ (英 neck)
- 肩 jiānbǎng 肩膀 /ヂエンバン/ (英 shoulder)
- 胸 xiōngpú 胸脯 /シュオンプウ/ (英 chest)
- 乳房 nǎifáng 奶房 /ナイファン/, nǎi 奶 /ナイ/ (英 breast)
- 腹 dùzi 肚子 /ドゥウツ/ (英 belly)
- 背 (jǐ)bèi (脊)背 /(ヂィ)ベイ/ (英 back)
- 手 shǒu 手 /ソウ/ (英 hand)
- 腕 gēbó 胳膊 /ゴォボ/, shǒubì 手臂 /ソウビィ/ (英 arm)
- 腰 yāo 腰 /イアウ/ (英 waist)
- 足 jiǎo 脚 /ヂアウ/ (英 foot)
- もも dàtuǐ 大腿 /ダァトゥエイ/ (英 leg)
- 骨 gǔtóu 骨頭 /グウトウ/ (英 bone)
- 筋肉 jīròu 肌肉 /ヂィゾウ/ (英 muscles)
- 肺 fèi(zàng) 肺(臟) /フェイ(ヅァン)/ (英 lungs)
- 気管支 zhīqìguǎn 支氣管 /ヅーチィグアン/ (英 bronchus)
- 心臓 xīnzàng 心臟 /シンヅァン/ (英 heart)
- 胃 wèi 胃 /ウエイ/ (英 stomach)
- 血管 xiěguǎn 血管 /シエグアン/ (英 blood vessel)
- 脳 nǎo 腦 /ナウ/, nǎozi 腦子 /ナウツ/ (英 brain)
- 神経 shénjīng 神經 /センヂン/ (英 nerve)

27 病院・薬局

単語 病院・病気

病院 yīyuàn 醫院 /イィユィエン/ (英 hospital)
救急病院 jízhěn yīyuàn 急診醫院 /ヂィヅェン イィユィエン/ (英 emergency hospital)
内科 nèikē 內科 /ネイコォ/ (英 internal medicine)
外科 wàikē 外科 /ウアイコォ/ (英 surgery)
歯科 yákē 牙科 /イアコォ/ (英 dental surgery)
眼科 yǎnkē 眼科 /イエンコォ/ (英 ophthalmology)
耳鼻咽喉科 ěrbíhóukē 耳鼻喉科 /オルビィホウコォ/ (英 otolaryngology)
医者 yīshēng 醫生 /イィソン/ (英 doctor)
看護師 hùshì 護士 /フゥスー/ (英 nurse)
薬剤師 yàojìshī 藥劑師 /イアウヂィスー/ (英 pharmacist, druggist)
薬局 yàofáng 藥房 /イアウファン/ (英 pharmacy, dispensary)
風邪 gǎnmào 感冒 /ガンマウ/ (英 cold, flu)
頭痛 tóutòng 頭痛 /トウトゥオン/ (英 headache)
腹痛 dùzi tòng 肚子痛 /ドゥヅゥ トゥオン/, fùtòng 腹痛 /フォウトゥオン/ (英 stomachache)
食中毒 shíwù zhòngdú 食物中毒 /スーウゥ ヅォンドゥウ/ (英 food poisoning)
盲腸炎 mángchángyán 盲腸炎 /マンツァンイエン/, lánwěiyán 闌尾炎 /ランウエイイエン/ (英 appendicitis)
生理痛 (yuè)jīngtòng (月)經痛 /(ユィエ)ヂントゥオン/ (英 menstrual pain)
虫歯 zhùyá 蛀牙 /ヅュイア/, qǔchǐ 齲齒 /チュイツー/ (英 decayed tooth)
捻挫 niǔshāng 扭傷 /ニオウサン/, cuòshāng 挫傷 /ツオサン/ (英 sprain)
骨折 gǔzhé 骨折 /グウヅォ/ (英 fracture)
打撲 pèngshāng 碰傷 /ポンサン/, zhuàngshāng 撞傷 /ヅアンサン/, dǎshāng 打傷 /ダァサン/ (英 bruise)

日華単語帳

*主に旅行会話で使う単語を集めた.
*[ ]内は量詞(物や動作の量や回数を示す)

あ行

空いた 空 kōng /クオン/ (㊥empty, vacant)

青い 藍, 青 lán, qīng /ラン, チン/ (㊥blue)

赤い 紅 hóng /フオン/ (㊥red)

明かり [盞]燈, 亮光 [zhǎn] dēng, liàngguāng /[ヅァン] ドン, リアングアン/ (㊥light, lamp)

明るい 明亮 míngliàng /ミンリアン/ (㊥bright, light)

秋 秋天, 秋季 qiūtiān, qiūjì /チオウティエン, チオウヂィ/ (㊥autumn, fall)

空き部屋 [間]空房 [jiān] kòng[kōng]fáng /[ヂエン] クオン[クオン]ファン/ (㊥vacant room)

朝 早晨, 早上 zǎochén, zǎoshàng /ヅァオツェン, ヅァオサン/ (㊥morning)

足[脚](足首から先) 腳 jiǎo /ヂアウ/ (㊥foot)

足[脚](全体) 腿 tuǐ /トゥエイ/ (㊥leg)

味 味道, 滋味, 味 wèidào, zīwèi, wèi /ウエイダウ, ヅーウエイ, ウエイ/ (㊥taste)

明日 明天 míngtiān /ミンティエン/ (㊥tomorrow)

預ける 存放, 寄存 cúnfàng, jìcún /ツンファン, ヂィツン/ (㊥leave, deposit)

暖[温]かい 暖和, 溫暖, 溫和 nuǎnhuó, wēnnuǎn, wēnhé /ヌアンフオ, ウンヌアン, ウンホォ/ (㊥warm, mild)

頭 頭, 腦袋, 腦筋 tóu, nǎodài, nǎojīn /トウ, ナウダイ, ナウヂン/ (㊥head)

新しい 新 xīn /シン/ (㊥new)

厚い 厚 hòu /ホウ/ (㊥thick)

熱[暑]い 熱 rè /ゾォ/ (㊥hot)

厚さ 厚薄, 厚度 hòubó, hòudù /ホウボォ, ホウドゥウ/ (㊥thickness)

宛て名 收件人姓名 shōujiànrén xìngmíng /ソウヂエンゼン シンミン/ (㊥address)

穴 洞, 孔, 窟窿 dòng, kǒng, kūlóng /ドゥオン, クオン, クウロン/ (㊥hole, opening)

アナウンスする 告知, 通知, 播送 gàozhī, tōngzhī, bòsòng /ガウ ヅー, トゥオンヅー, ボォスオン/ (英announce)

アフターサービス 售後服務 shòu hòu fúwù /ソウ ホウ フゥウゥ/ (英after-sales service)

甘い 甜 tián /ティエン/ (英sweet)

雨 雨 yǔ /ユィ/ (英rain)

アラーム 警報 jǐngbào /ヂンバウ/ (英alarm)

暗証番号 暗碼, 密碼 ànmǎ, mìmǎ /アンマァ, ミィマァ/ (英PIN number)

安全(な) 安全, 保險 ānquán, bǎoxiǎn /アンチュィエン, バウシエン/ (英safe; safety)

案内所 訊問處, 服務處 xùnwènchù, fúwùchù /シュィンウンツゥ, フゥウ ウゥツゥ/ (英information desk)

好い 好, 佳, 良好 hǎo, jiā, liánghǎo /ハウ, ヂア, リアンハウ/ (英good, fine, nice)

行き先 目的地 mùdìdì /ムウディディ/ (英destination)

椅子 椅子 yǐzi /イィヅ/ (英chair, stool)

急ぐ 趕, 趕快, 加快 gǎn, gǎnkuài, jiākuài /ガン, ガンクアイ, ヂアクアイ/ (英hurry, hasten)

痛い 疼, 痛, 疼痛 téng, tòng, téngtòng /トン, トゥオン, トントゥオン/ (英painful, sore)

位置 位置, 地點 wèizhì, dìdiǎn /ウエイヅー, ディディエン/ (英position)

市場 市場, 菜市場 shìchǎng, càishìchǎng /スーツァン, ツァイスーツァン/ (英market)

違反(する) 違反, 違犯, 違規 wéifǎn, wéifàn, wéiguī /ウエイファン, ウエイファン, ウエイグエイ/ (英violation, offense; violate, break)

今 現在, 如今, 目前 xiànzài, rújīn, mùqián /シエンヅァイ, ズウヂン, ムウチエン/ (英now, at (the) present)

意味 意思, 含義, 意義 yìsi, hányì, yìyì /イィス, ハンイィ, イィイィ/ (英meaning, sense)

イヤホン 耳機 ěrjī /オルディ/ (英earphone)

入り口 入口, 進口 rùkǒu, jìnkǒu /ズウコウ, ヂンコウ/ (英entrance)

衣類 [件]衣服, 衣著 (jiàn) yīfú, yīzhuó /[ヂエン] イィフゥウ, イィヅオ/ (英clothing, clothes)

入れ歯 假牙, 鑲牙 jiǎyá, xiāngyá /ヂアイア, シアンイア/ (英artificial tooth)

色 顏色, 色彩 yánsè, sècǎi /イエンソォ, ソォツァイ/ (英color)

インターネット (國際)網路 (guójì) wǎnglù /(グオヂィ) ウアンルウ/

(㊥Internet)

飲料水 飲用水 yǐnyòngshuǐ /インユオンスエイ/ (㊥drinking water)

上 上, 上面, 上邊 shàng, shàngmiàn, shàngbiān /サン, サンミエン, サンビエン/ (㊥upper part)

受付(受付所) 接待處, 收發室 jiēdàichù, shōufāshì /ヂエダイツウ, ソウファスー/ (㊥information office)

後ろ 後面, 後邊 hòumiàn, hòubiān /ホウミエン, ホウビエン/ (㊥back)

薄い(厚みが) 薄 bó /ボォ/ (㊥thin)

薄い(味が) 淡, 清淡 dàn, qīngdàn /ダン, チンダン/ (㊥weak)

薄い(色・液体・気体が) 淺, 淡 qiǎn, dàn /チエン, ダン/ (㊥light)

歌 歌(曲) gē(qǔ) /ゴォ(チュイ)/ (㊥song)

内 裡邊, 內, 中 lǐbiān, nèi, zhōng /リィビエン, ネイ, ヅオン/ (㊥inside)

美しい 漂亮, 美, 美麗, 優美 piàoliàng, měi, měilì, yōuměi /ピアウリアン, メイ, メイリィ, イオウメイ/ (㊥beautiful)

海 (大)海, 海洋 (dà)hǎi, hǎiyáng /(ダァ)ハイ, ハイアン/ (㊥sea, ocean)

裏 背面, 後面 bèimiàn, hòumiàn /ベイミエン, ホウミエン/ (㊥back)

裏側 背面 bèimiàn /ベイミエン/ (㊥back, reverse side)

売り切れ 售完, 賣完, 賣光 shòuwán, màiwán, màiguāng /ソウアン, マイウアン, マイグアン/ (㊥sellout)

売る 賣, 售, 售賣, 銷售 mài, shòu, shòumài, xiāoshòu /マイ, ソウ, ソウマイ, シアウソウ/ (㊥sell)

うるさい 吵 chǎo /ツァオ/ (㊥noisy)

運賃 車費, 交通費 chēfèi, jiāotōngfèi /ツォフェイ, ヂアウトゥオンフェイ/ (㊥fare)

運転手(さん) 司機(先生), 運將[運匠] sījī (xiānshēng), yùnjiàng /スーヂィ(シエンソン), ユィンヂアン/ (㊥driver)

運転免許証 駕駛(執)照, 駕照 jiàshǐ (zhí)zhào, jiàzhào /ヂアスー(ヅー)ヅァオ, ヂアヅァオ/ (㊥driver's license)

エアコン 空調, 冷氣(機) kōngtiáo, lěngqì(jī) /クオンティアウ, ロンチィ(ヂィ)/ (㊥air conditioner)

エアメール 航空信 hángkōngxìn /ハンクオンシン/ (㊥airmail)

映画 [部]電影, 影片, 映畫 [bù] diànyǐng, yǐngpiàn, yìnghuà /[ブウ] ディエンイン, インピエン, インファ/ (㊥movie, film)

営業(する) 經商, 營業 jīngshāng, yíngyè /ヂンサン, インイエ/ (㊥business; do business)

英語 英語, 英文 Yīngyǔ, Yīngwén /インユィ, インウン/ (㊥English)

衛生的な 衛生 wèishēng /ウエイソン/ (㊥hygienic, sanitary)

駅 (火)車站, 站, 驛 (huǒ)chēzhàn, zhàn, yì /(フオ)ツォヅァン, ヅァン, イィ/ (㊥station)

エスカレーター 電(動)扶梯, 手扶梯 diàn(dòng) fútī, shǒufútī /ディエン(ドゥオン) フウティ, ソウフウティ/ (㊥escalator)

エレベーター 電梯 diàntī /ディエンティ/ (㊥elevator, lift)

鉛筆 [枝]鉛筆 [zhī] qiānbǐ /[ヅー] チエンビィ/ (㊥pencil)

美味しい 好吃, 美味, 香, 香甜 hǎochī, měiwèi, xiāng, xiāngtián /ハウツー, メイウエイ, シアン, シアンティエン/ (㊥nice, delicious)

往復切符 去回票, 來回票 qùhuípiào, láihuípiào /チュイフエイピアウ, ライフエイピアウ/ (㊥round-trip ticket)

多い 多, 多數 duō, duōshù /ドゥオ, ドゥオスウ/ (㊥many, much)

大きい 大 dà /ダァ/ (㊥big, large)

大きさ 大小, 尺寸 dàxiǎo, chǐcùn /ダアシアウ, ツーツン/ (㊥size)

お金 錢, 金錢, 貨幣 qián, jīnqián, huòbì /チエン, ヂンチエン, フオビィ/ (㊥money)

屋外 戸外, 露天, 室外 hùwài, lùtiān, shìwài /フウアイ, ルウティエン, スーウアイ/ (㊥outdoors)

屋上 屋頂, 房頂 wūdǐng, fángdǐng /ウウディン, ファンディン/ (㊥roof)

屋内 室内, 内内 shìnèi, wūnèi /スーネイ, ウウネイ/ (㊥indoor)

遅れる 誤, 晚, 誤點, 趕不上 wù, wǎn, wùdiǎn, gǎnbúshàng /ウゥ, ウアン, ウゥディエン, ガンブウサン/ (㊥(be) late for, (be) delayed)

遅い(時間が) 晚 wǎn /ウアン/ (㊥late)

遅い(速度が) 慢, 遲 màn, chí /マン, ツー/ (㊥slow)

音 音, 聲音 yīn, shēngyīn /イン, ソンイン/ (㊥sound)

大人 成人, 大人 chéngrén, dàrén /ツォンゼン, ダアゼン/ (㊥adult, grown-up)

同じ(同一) 一樣, 相同, 同樣 yíyàng, xiāngtóng, tóngyàng /イィイアン, シアントゥオン, トゥオンイアン/ (㊥same)

同じ(等しい) 等於(…) děngyú (…) /ドンユィ (…)/ (㊥equal, equivalent)

重い 重, 沉 zhòng, chén /ヅオン, ツェン/ (㊥heavy)

重さ 分量, 重量, 輕重 fēnliàng, zhòngliàng, qīngzhòng /フェンリアン, ヅオンリアン, チンヅオン/ (㊥weight)

面白い 好玩, 有意思, 有趣(味) hǎowán, yǒu yìsi, yǒu qù(wèi) /ハウウアン, イオウ イィス, イオウ チュイ(ウエイ)/ (㊥interesting)

表(表面) 表面, 上面, 外表 biǎomiàn, shàngmiàn, wàibiǎo /ビアウミエン, サンミエン, ウアイビアウ/ (㊥face)

表(戸外) **外面,外頭,屋外** wàimiàn, wàitóu, wūwài /ウアイミエン,ウアイトウ,ウゥウアイ/ (英outdoors)

織物 **紡織品,織品** fǎngzhīpǐn, zhīpǐn /ファンヅーピン,ヅーピン/ (英textile, fabric)

下[降]りる(低い方へ) **下,降落** xià, jiàngluò /シア,ヂアンルオ/ (英go down)

下[降]りる(乗り物から) **下車** xià chē /シア ツォ/ (英get off, get out of)

終わり **末尾,結局,尾聲** mòwěi, jiéjú, wěishēng /モォウエイ,ヂエヂュィ,ウエイソン/ (英end, close)

終わる **結束,完畢,終了** jiéshù, wánbì, zhōngliǎo /ヂエスゥ,ウアンビィ,ヅオンリアウ/ (英end, close)

音楽 **音樂** yīnyuè /インユィエ/ (英music)

温泉 **溫泉** wēnquán /ウンチュイエン/ (英hot spring, spa)

温度 **溫度** wēndù /ウンドゥウ/ (英temperature)

か行

カーテン **[塊]窗簾** [kuài] chuānglián /[クアイ]ツァンリエン/ (英curtain)

カーブ **轉彎處,曲線** zhuǎnwānchù, qūxiàn /ヅァンウアンツゥ,チュィシエン/ (英curve, turn)

絵画 **畫,繪畫,圖畫** huà, huìhuà, túhuà /フア,フエイフア,トゥフア/ (英picture, painting)

海岸 **海岸,海邊,海濱** hǎi'àn, hǎibiān, hǎibīn /ハイアン,ハイビエン,ハイビン/ (英seashore, coast)

改札口 **剪票口** jiǎnpiàokǒu /ヂエンピアウコウ/ (英ticket gate)

開始(する) **開始,起頭** kāishǐ, qǐtóu /カイスー,チィトウ/ (英start; start, begin, open)

会社 **公司,會社** gōngsī, huìshè /グオンスー,フエイソォ/ (英company, corporation)

会場 **會場** huìchǎng /フエイツァン/ (英meeting place)

解説(する) **講解,説明,解説** jiǎngjiě, shuōmíng, jiěshuō /ヂアンヂエ,スオミン,ヂエスオ/ (英explanation; explain)

階段 **樓梯,階梯** lóutī, jiētī /ロウティ,ヂエティ/ (英stairs)

懐中電灯 **手電筒** shǒudiàntǒng /ソウディエントゥオン/ (英flashlight)

開店(する) **開市,營業,開張** kāishì, yíngyè, kāizhāng /カイスー,インイエ,カイヅァン/ (英opening; open)

買い物 **買東西,購物** mǎi dōngxī, gòuwù /マイ ドゥオンシィ,ゴウウゥ/

(英shopping)

解約(する) 解約,解除契約 jiěyuē, jiěchú qìyuē /ヂエユエ,ヂエツウチィユエ/ (英cancellation; cancel)

買う 買,購,購買 mǎi, gòu, gòumǎi /マイ,ゴウ,ゴウマイ/ (英buy, purchase)

カウンター 櫃檯 guìtái /グェイタイ/ (英counter)

帰り 回家,歸途 huíjiā, guītú /フエイヂア,グエイトゥウ/ (英return)

価格 價格,價錢 jiàgé, jiàqián /ヂアゴァ,ヂアチエン/ (英price, value)

鏡 [面]鏡子 [miàn] jìngzi /[ミエン]ヂンヅ/ (英mirror, glass)

係員 人員,負責人 rényuán, fùzérèn /ゼンユエン,フウヅォゼン/ (英person in charge of)

掛かる(金・時間が) 花,費 huā, fèi /フア,フェイ/ (英cost, take)

鍵 [把]鑰匙 [bǎ] yàoshi /[パァ]イアウス/ (英key)

書く 寫 xiě /シエ/ (英write)

各駅停車 區間車,普通列車 qūjiānchē, pǔtōng lièchē /チュイヂエンツォ,プウトウオン リエヅォ/ (英local train)

確認(する) 確認,證實 quèrèn, zhèngshí /チュイエゼン,ヅォンスー/ (英confirmation; confirm)

傘 [把]雨傘 [bǎ] yǔsǎn /[パァ]ユイサン/ (英umbrella)

菓子 糕點,點心 gāodiǎn, diǎnxīn /ガウディエン,ディエンシン/ (英confectionery, cake)

火事 火災,失火,火警 huǒzāi, shīhuǒ, huǒjǐng /フオヅァイ,スーフオ,フオヂン/ (英fire)

数 數,數目 shù, shùmù /スウ,スウムウ/ (英number, figure)

ガス 瓦斯,煤氣 wǎsī, méiqì /ウアスー,メイチィ/ (英gas)

風邪 感冒,傷風 gǎnmào, shāngfēng /ガンマウ,サンフォン/ (英cold, flu)

数える 數,算,計算 shǔ, suàn, jìsuàn /スウ,スアン,ヂスアン/ (英count, calculate)

ガソリン 汽油 qìyóu /チィイオウ/ (英gasoline, gas)

ガソリンスタンド 加油站 jiāyóuzhàn /ヂアイオウヅァン/ (英gas station)

固[堅/硬]い 硬,堅固 yìng, jiāngù /イン,ヂエングウ/ (英hard, solid)

形 形,形狀,樣子 xíng, xíngzhuàng, yàngzi /シン,シンヅァン,イアンヅ/ (英shape, form)

片道切符 [張]單程票 [zhāng] dānchéngpiào /[ヅァン] ダンツォンピアウ/ (英one-way ticket)

カタログ 目錄,樣本 mùlù, yàngběn /ムウルウ,イアンペン/ (英catalog)

楽器 樂器 yuèqì /ユィエチィ/ (㉂musical instrument)
金 錢, 金錢 qián, jīnqián /チエン, ヂンチエン/ (㉂money)
紙 〔張〕紙, 紙張 [zhāng] zhǐ, zhǐzhāng /[ヅァン] ヅー, ヅーヅァン/ (㉂paper)
カメラ 照相機 zhàoxiàngjī /ヅァオシアンヂィ/ (㉂camera)
火曜日 星期二, 禮拜二, 週二 xīngqí'èr, lǐbài'èr, zhōu'èr /シンチィオル, リィバイオル, ヅォウオル/ (㉂Tuesday)
柄 花樣, 花紋, 圖案 huāyàng, huāwén, tú'àn /フアイアン, フアウン, トゥアン/ (㉂pattern, design)
辛い 辣 là /ラァ/ (㉂hot, spicy)
ガラス 〔塊〕玻璃 [kuài] bōlí /[クアイ] ボォリィ/ (㉂glass)
体 身體, 身軀, 身材 shēntǐ, shēnqū, shēncái /センティ, センチュイ, センツァイ/ (㉂body)
軽い 輕 qīng /チン/ (㉂light, slight)
川 〔條〕河, 河流 [tiáo] hé, héliú /[ティアウ] ホォ, ホォリオウ/ (㉂river)
可愛い 可愛 kě'ài /コァアイ/ (㉂pretty, lovely, cute)
缶切り 〔把〕開罐器 [bǎ] kāiguànqì /[バァ] カイグアンチィ/ (㉂can opener)
玩具 玩具 wánjù /ウアンヂュイ/ (㉂toy)
観光 觀光, 遊覽, 旅遊 guānguāng, yóulǎn, lǚyóu /グアングアン, イオウラン, リュイイオウ/ (㉂sightseeing)
観光バス 〔台／輛〕遊覽車 [tái/liàng] yóulǎnchē /[タイ/リアン] イオウランツォ/ (㉂sightseeing bus)
換算率 比率 bǐlǜ /ビィリュィ/ (㉂the exchange rate)
漢字 漢字, 字 Hànzì, zì /ハンヅー, ヅー/ (㉂Chinese character)
勘定(勘定書) 帳單, 單子 zhàngdān, dānzi /ヅァンダン, ダンツ/ (㉂bill)
勘定を払う 算帳, 買單 suànzhàng, mǎidān /スアンヅァン, マイダン/ (㉂pay the check)
関税 關稅 guānshuì /グアンスエイ/ (㉂customs, tariff)
簡単な 簡單, 簡略, 容易 jiǎndān, jiǎnlüè, róngyì /ヂエンダン, ヂエンリュィエ, ズオンイィ/ (㉂simple, easy)
缶詰 罐頭 guàntóu /グアントウ/ (㉂canned food)
看板 招牌, 廣告牌, 看板 zhāopái, guǎnggàopái, kànbǎn /ヅァオパイ, グアンガウパイ, カンバン/ (㉂billboard, signboard)
木(樹木) 〔棵〕樹, 樹木 [kē] shù, shùmù /[コォ] スウ, スウムウ/ (㉂tree)
木(木材) 木頭, 木材, 木料 mùtóu, mùcái, mùliào /ムウトウ, ムウツァイ, ムウリアウ/ (㉂wood)

黄色い 黄, 黄色的 huáng, huángsè de /フアン, フアンソォ ドォ/ (英yellow)

気温 氣温 qìwēn /チィウン/ (英temperature)

期間 期間 qíjiān /チィヂエン/ (英period, term)

貴金属 貴金属 guìjīnshǔ /グエイヂンスウ/ (英precious metals)

聞[聴]く(耳で) 聽, 傾聽 tīng, qīngtīng /ティン, チンティン/ (英listen to)

聞く(尋ねる) 問, 打聽 wèn, dǎtīng /ウン, ダアティン/ (英ask)

危険 危險 wéixiǎn /ウエイシエン/ (英danger, risk)

期限 期限, 限期 qíxiàn, xiànqí /チィシエン, シエンチィ/ (英term, deadline)

傷(体の) 傷, 創傷 shāng, chuāngshāng /サン, ツアンサン/ (英wound, injury)

傷(物の) 疵, 疤 cī, bā /ツー, バァ/ (英flaw)

北 北, 北方 běi, běifāng /ベイ, ベイファン/ (英north)

汚い 髒, 骯髒, 齷齪, 污穢 zāng, āngzāng, wòchuò, wūhuì /ヅァン, アンヅァン, ウオツオ, ウゥフエイ/ (英dirty, soiled)

貴重な 寶貴, 珍貴, 貴重 bǎoguì, zhēnguì, guìzhòng /バウグエイ, ヅェングエイ, グエイヅオン/ (英precious, valuable)

貴重品 貴重物品 guìzhòng wùpǐn /グエイヅオン ウゥピン/ (英valuables)

きつい(窮屈な) 緊 jǐn /ヂン/ (英tight)

喫煙(する) 抽菸, 吸菸 chōuyān, xīyān /ツォウイエン, シィイエン/ (英smoking; smoke)

喫茶店 咖啡廳[店/館] kāfēi'tīng[diàn/guǎn] /カァフェイティン[ディエン/グアン]/ (英coffee shop, tearoom)

切手 [張]郵票 [zhāng] yóupiào /[ヅァン] イオウピアウ/ (英stamp)

切符 [張]票 [zhāng] piào /[ヅァン] ピアウ/ (英ticket)

昨日 昨天, 昨日 zuótiān, zuórì /ヅオティエン, ヅオズー/ (英yesterday)

逆 相反, 反過來 xiāngfǎn, fǎnguòlái /シアンファン, ファングオライ/ (英reverse, contrary)

キャッシュカード 提款卡 tíkuǎnkǎ /ティクアンカァ/ (英cash card)

キャンセル(する) 解約, 取消 jiěyuē, qǔxiāo /ヂエユィエ, チュィシアウ/ (英cancellation; cancel)

キャンセル待ち 候補 hòubǔ /ホウブウ/ (英standby)

救急車 [台/輛]救護車 [tái/liàng] jiùhùchē /[タイ/リアン] ヂオウフウツォ/ (英ambulance)

休憩(する) 休息 xiūxí /シオウシィ/ (英rest, recess; take a rest)

急行列車 快車 kuàichē /クアイツォ/ (英express)
救命胴衣 救生衣 jiùshēngyī /ヂオウソンイィ/ (英life jacket)
今日 今天 jīntiān /ヂンティエン/ (英today)
許可(する) 許可, 允許, 准許, 認可 xǔkě, yǔnxǔ, zhǔnxǔ, rènkě /シュイコォ, ユィンシュイ, ヅンシュイ, ゼンコォ/ (英permission; permit)
去年 去年 qùnián /チュイニエン/ (英last year)
切る 切, 割, 斬, 砍, 剁 qiē, gē, zhǎn, kǎn, duò /チエ, ゴォ, ヅァン, カン, ドゥォ/ (英cut)
切る(スイッチを) 關 guān /グアン/ (英turn off)
着る 穿 chuān /ツアン/ (英put on)
綺麗な(美しい) 好看, 美麗, 美, 漂亮 hǎokàn, měilì, měi, piàoliàng /ハウカン, メイリィ, メイ, ピアウリアン/ (英pretty, beautiful)
綺麗な(清潔な) 乾淨, 清潔 gānjìng, qīngjié /ガンヂン, チンヂエ/ (英clean)
キログラム 公斤 gōngjīn /グオンヂン/ (英kilogram)
キロメートル 公里 gōnglǐ /グオンリィ/ (英kilometer)
気をつける 小心, 留心, 留神, 留意, 注意 xiǎoxīn, liúxīn, liúshén, liúyì, zhùyì /シアウシン, リオウシン, リオウセン, リオウイィ, ヅウイィ/ (英watch out)
金 黃金, 金子 huángjīn, jīnzi /フアンヂン, ヂンヅ/ (英gold)
禁煙 禁止吸菸 jìnzhǐ xīyān /ヂンヅー シィイエン/ (英No Smoking)
金額 金額, 款額, 錢數 jīn'é, kuǎn'é, qiánshù /ヂンオォ, クアンオォ, チエンスウ/ (英amount of money)
銀行 銀行 yínháng /インハン/ (英bank)
禁止(する) 禁止, 不准 jìnzhǐ, bù zhǔn /ヂンヅー, ブウ ヅン/ (英prohibition; prohibit)
金属 金屬, 五金 jīnshǔ, wǔjīn /ヂンスウ, ウゥヂン/ (英metal)
金曜日 星期五, 禮拜五, 週五 xīngqíwǔ, lǐbàiwǔ, zhōuwǔ /シンチィウゥ, リィバイウゥ, ヅォウウゥ/ (英Friday)
空港 機場, 飛機場, 航空站 jīchǎng, fēijīchǎng, hángkōngzhàn /ヂィツァン, フェイヂィツァン, ハンコンヅァン/ (英airport)
空席 空座位 kòng[kōng] zuòwèi /クオン[クオン] ヅオウエイ/ (英vacant seat)
区間 區間, 段 qūjiān, duàn /チュイヂエン, ドゥアン/ (英section)
臭い 臭, 有臭味 chòu, yǒu chòuwèi /ツォウ, イオウ ツォウウエイ/ (英smelly, stinking)
腐る 腐敗, 腐爛, 腐朽 fǔbài, fǔlàn, fǔxiǔ /フゥバイ, フゥラン, フゥ

シオウ/ (英rot, go bad)
苦情 牢騷, 抱怨 láosāo, bàoyuàn /ラウサオ, バウユィエン/ (英complaint)
薬 [服／片]藥 [fú/piàn] yào /[フゥ/ピエン]イアウ/ (英medicine, drug)
口 嘴 zuǐ /ヅエイ/ (英mouth)
靴 鞋 xié /シエ/ (英shoes)
靴下 襪子 wàzi /ウアヅ/ (英socks, stockings)
暗い 暗, 黑暗, 陰暗 àn, hēi'àn, yīn'àn /アン, ヘイアン, インアン/ (英dark, gloomy)
グラム 公克 gōngkè /グオンコォ/ (英gram)
苦しい 痛苦, 難受 tòngkǔ, nánshòu /トゥオンクウ, ナンソウ/ (英painful, hard)
グレー 灰色 huīsè /フエイソォ/ (英gray)
クレジットカード 信用卡 xìnyòngkǎ /シンユオンカァ/ (英credit card)
黒い 黑, 黑色 hēi, hēisè /ヘイ, ヘイソォ/ (英black)
警告(する) 警告 jǐnggào /ヂンガウ/ (英warning; warn)
警察官 警察 jǐngchá /ヂンツァ/ (英police officer)
警察署 警察局, 警局 jǐngchájú, jǐngjú /ヂンツァヂュイ, ヂンヂュイ/ (英police station)
計算(する) 計算, 估計 jìsuàn, gūjì /ヂスアン, グウヂイ/ (英calculation; calculate, count)
計算機 電腦, 計算機 diànnǎo, jìsuànjī /ディエンナウ, ヂスアンヂィ/ (英calculator)
芸術 藝術 yìshù /イィスウ/ (英art)
携帯電話 行動電話, 手機, 大哥大 xíngdòng diànhuà, shǒujī, dàgēdā /シンドゥオン ディエンフア, ソウヂィ, ダアゴォダア/ (英cellphone)
警報 警報 jǐngbào /ヂンバウ/ (英warning, alarm)
経由(する) 經由, 經過, 通過 jīngyóu, jīngguò, tōngguò /ヂンイオウ, ヂングオ, トゥオングオ/ (英by way of, via)
怪我 創傷, 瘡痍[創夷] chuāngshāng, chuāngyí /ツアンサン, ツアンイィ/ (英wound, injury)
劇場 劇場, 戲院 jùchǎng, xìyuàn /ヂュイツアン, シィユィエン/ (英theater)
化粧室 化妝室 huàzhuāngshì /フアヅアンスー/ (英restroom)
化粧品 化妝品 huàzhuāngpǐn /フアヅアンピン/ (英toilet articles)
月曜日 星期一, 禮拜一, 週一 xīngqíyī, lǐbàiyī, zhōuyī /シンチイィ, リィバイイィ, ヅォウイィ/ (英Monday)

解熱剤 退燒藥, 解熱劑 tuìshāoyào, jiěrèjì /トゥエイサオイアウ,ヂエゾォヂィ/ (㊇antipyretic)

下痢(する) 拉肚子, 瀉肚 lā dùzi, xièdù /ラァドゥウヅ,シエドゥウ/ (㊇(have) diarrhea)

券 [張]票, 券 [zhāng] piào, quàn /[ヅァン]ピアウ,チュイエン/ (㊇ticket, coupon)

検疫 檢疫 jiǎnyì /ヂエンイィ/ (㊇quarantine)

現金 現金, 現款 xiànjīn, xiànkuǎn /シエンヂン,シエンクアン/ (㊇cash)

検査(する) 查驗, 檢驗 cháyàn, jiǎnyàn /ツァイエン,ヂエンイエン/ (㊇inspection; inspect)

検問 查問, 盤問, 檢查 cháwèn, pánwèn, jiǎnchá /ツァウン,パンウン,ヂエンツァ/ (㊇inspection)

濃い(密度・味などが) 濃, 濃厚, 稠 nóng, nónghòu, chóu /ヌオン,ヌオンホウ,ツォウ/ (㊇thick)

濃い(色が) 深 shēn /セン/ (㊇dark)

コイン 硬幣, 錢幣 yìngbì, qiánbì /インビィ,チエンビィ/ (㊇coin)

コインロッカー 投幣式寄存櫃[寄物箱] tóubìshì 'jìcúnguì[jìwùxiāng] /トウビィスー"ヂィツングエイ[ヂィウゥシアン]/ (㊇coin-operated locker)

公園 公園 gōngyuán /グオンユィエン/ (㊇park)

交換(する) 換, 交換, 互換 huàn, jiāohuàn, hùhuàn /フアン,ヂアウフアン,フウフアン/ (㊇exchange)

高級な 高級, 上等 gāojí, shàngděng /ガウヂィ,サンドン/ (㊇high-class)

航空券 飛機票, 機票 fēijīpiào, jīpiào /フェイヂィピアウ,ヂィピアウ/ (㊇airline ticket)

航空便 航空郵件 hángkōng yóujiàn /ハンクオンイオウヂエン/ (㊇airmail)

工芸 工藝 gōngyì /グオンイィ/ (㊇craft)

合計(する) 合計, 總計, 共計 héjì, zǒngjì, gòngjì /ホォヂィ,ヅオンヂィ,グオンヂィ/ (㊇sum, total; sum up)

交叉[交差]点 十字路口, 交叉口 shízì lùkǒu, jiāochākǒu /スーヅールウコウ,ヂアウツァコウ/ (㊇crossing, crossroads)

口座番号 帳號, 戶頭號碼 zhànghào, hùtóu hàomǎ /ヅァンハウ,フウトウハウマァ/ (㊇number of *one's* account)

香辛料 香辣調味料 xiānglà tiáowèiliào /シアンラァティアウウエイリアウ/ (㊇spice)

香水 [滴／瓶]香水 xiāngshuǐ /[ディ/ピン]シアンスエイ/ (英perfume)

抗生物質 抗生素, 抗菌素 kàngshēngsù, kàngjùnsù /カンソンスウ,カンヂュインスウ/ (英antibiotic)

高速道路 [道／條]高速公路 [dào/tiáo] gāosù gōnglù /[ダウ/ティアウ]ガウスウ グオンルウ/ (英expressway, highway)

交通標識 路標, 交通號誌 lùbiāo, jiāotōng hàozhì /ルウビアウ,ヂアウトゥオン ハウヅー/ (英traffic sign)

強盗 強盗, 匪賊 qiángdào, fěizéi /チアンダウ,フェイヅェイ/ (英robber, burglar)

コース 路線 lùxiàn /ルウシエン/ (英course)

氷 [塊／片]冰, 冰塊 [kuài/piàn] bīng, bīngkuài /[クアイ/ピエン]ビン,ビンクアイ/ (英ice)

午後 下午, 午後 xiàwǔ, wǔhòu /シアウゥ,ウゥホウ/ (英afternoon)

快い 愉快, 舒適, 爽快, 痛快 yúkuài, shūshì, shuǎngkuài, tòngkuài /ユイクアイ,スウスー,スアンクアイ,トゥオンクアイ/ (英pleasant, agreeable)

故障 故障, 毛病 gùzhàng, máobìng /グウヅァン,マウビン/ (英breakdown, trouble)

小銭 零錢, 小錢 língqián, xiǎoqián /リンチエン,シアウチエン/ (英change)

午前 上午, 午前 shàngwǔ, wǔqián /サンウゥ,ウゥチエン/ (英morning)

小包 包裹 bāoguǒ /バウグオ/ (英package, parcel)

骨董品 古玩, 古董 gǔwàn, gǔdǒng /グウワン,グウドゥオン/ (英curio, antique)

コップ 玻璃杯 bōlíbēi /ボォリィベイ/ (英glass)

今年 今年 jīnnián /ヂンニエン/ (英this year)

子供 孩子, 小孩, 兒童 háizi, xiǎohái, értóng /ハイヅ,シアウハイ,オルトゥオン/ (英child)

ごみ箱 垃圾箱, 垃圾筒[桶] lèsèxiāng, lèsètǒng /ロォソォシアン,ロォソォトゥオン/ (英trash can)

転ぶ 摔倒, 跌倒 shuāidǎo, diédǎo /スアイダウ,ディエダウ/ (英tumble down)

恐い 恐怖, 可怕 kǒngbù, kěpà /クオンブウ,コォパァ/ (英fearful)

壊れる 壞(了), 有毛病(了) huài(le), yǒu máobìng(le) /フアイ(ロォ),イオウ マウビン(ロォ)/ (英break, (be) broken)

今月 這個月, 本月 zhège yuè, běnyuè /ヅォゴォ ユイエ,ベンユイエ/ (英

this month)
今週 這個▼星期[禮拜], 本週 zhège ▼xīngqí[lǐbài], běnzhōu /ヅォゴォ ▼シンチィ[リィパイ], ベンヅォウ/ (㊨this week)
コンタクトレンズ 隱形眼鏡 yǐnxíng yǎnjìng /インシン イエンヂン/ (㊨contact lenses)
今夜 今(天)晚(上), 今夜 jīn(tiān) wǎn(shàng), jīnyè /ヂン(ティエン)ウアン(サン), ヂンイエ/ (㊨this evening, tonight)

さ行

サービス料 服務費 fúwùfèi /フゥウゥフェイ/ (㊨service charge)
在庫 庫存 kùcún /クウツン/ (㊨stocks)
材質 材質 cáizhí /ツァイヅー/ (㊨quality of the material)
サイズ 尺寸, 大小 chǐcùn, dàxiǎo /ツーツン, ダァシァウ/ (㊨size)
財布 錢包 qiánbāo /チエンバウ/ (㊨purse, wallet)
サイン(する) 簽名, 簽字, 署名 qiānmíng, qiānzì, shǔmíng /チエンミン, チエンヅー, スウミン/ (㊨signature; sign)
魚 [尾, 條]魚 [wěi/tiáo] yú /[ウエイ/ティアウ]ユィ/ (㊨fish)
昨日 昨天, 昨日 zuótiān, zuórì /ヅオティエン, ヅオズー/ (㊨yesterday)
昨夜 昨晚, 昨夜 zuówǎn, zuóyè /ヅオウアン, ヅオイエ/ (㊨last night)
酒 [罐/杯]酒 [guàn/bēi] jiǔ /[グアン/ペイ]ヂオウ/ (㊨*sake*, alcohol)
座席 位子, 座位, 席位 wèizi, zuòwèi, xíwèi /ウエイズ, ヅオウエイ, シィウエイ/ (㊨seat)
殺菌(する) 殺菌, 滅菌 shājùn, mièjùn /サァヂュィン, ミエヂュィン/ (㊨sterilization; sterilize)
雑誌 雜誌 zázhì /ヅァヅー/ (㊨magazine)
殺虫剤 殺蟲劑 shāchóngjì /サァツオンヂィ/ (㊨insecticide)
砂糖 糖, 砂糖 táng, shātáng /タン, サァタン/ (㊨sugar)
寒い 冷, 寒冷 lěng, hánlěng /ロン, ハンロン/ (㊨cold, chilly)
皿 盤子 pánzi /パンヅ/ (㊨plate, dish)
参加(する) 參加, 參與 cānjiā, cānyù /ツァンヂア, ツァンユィ/ (㊨participation; participate)
酸素マスク 氧氣面罩 yǎngqì miànzhào /イアンチィ ミエンヅァオ/ (㊨oxygen mask)
残念な 遺憾, 可惜, 抱歉 yíhàn, kěxí, bàoqiàn /イィハン, コォシィ, バウチエン/ (㊨regrettable)
サンプル 貨樣, 樣本, 樣品 huòyàng, yàngběn, yàngpǐn /フオイアン, イアンベン, イアンピン/ (㊨sample)

試合 **比賽, 競賽** bǐsài, jìngsài /ビィサイ, ヂンサイ/ (㊤game, match)

シーツ [張]**床單, 被單** [zhāng] chuángdān, bèidān /[ヅァン] ツアンダン, ベイダン/ (㊤(bed) sheet)

シートベルト **安全帶** ānquándài /アンチュィエンダイ/ (㊤seatbelt)

シェーバー **刮鬍刀, 電鬍刀** guāhúdāo, diànhúdāo /グアフウダウ, ディエンフウダウ/ (㊤shaver)

シェービングクリーム **刮鬍膏** guāhúgāo /グアフウガウ/ (㊤shaving cream)

塩 **鹽, 食鹽** yán, shíyán /イエン, スーイエン/ (㊤salt)

塩辛い **鹹** xián /シエン/ (㊤salty)

時間 **時間, 時刻** shíjiān, shíkè /スーヂエン, スーコォ/ (㊤time, hour)

時期 **時期, 季節** shíqí, jìjié /スーチィ, ヂィヂエ/ (㊤time, season)

事故 **事故, 故障** shìgù, gùzhàng /スーグウ, グウヅァン/ (㊤accident)

時刻 **時刻, 時候, 時間** shíkè, shíhòu, shíjiān /スーコォ, スーホウ, スーヂエン/ (㊤time, hour)

時刻表 **時刻表, 時間表** shíkèbiǎo, shíjiānbiǎo /スーコォビアウ, スーヂエンビアウ/ (㊤timetable, schedule)

市場 **市場** shìchǎng /スーツァン/ (㊤market)

地震 **地震, 地動** dìzhèn, dìdòng /ディヅェン, ディドゥオン/ (㊤earthquake)

静かな **安靜, 寂靜, 清淨** ānjìng, jíjìng, qīngjìng /アンヂン, ヂィヂン, チンヂン/ (㊤silent, still, calm)

自然 **自然, 自然界** zìrán, zìránjiè /ヅーザン, ヅーザンヂエ/ (㊤nature)

下 **底下, 下面** dǐxià, xiàmiàn /ディシア, シアミエン/ (㊤lower part, bottom)

時代 **時代, 朝代** shídài, cháodài /スーダイ, ツァオダイ/ (㊤time, period, era)

下着 [件]**內衣, 貼身衣** [jiàn] nèiyī, tiēshēnyī /[ヂエン] ネイイィ, ティエセンイィ/ (㊤underwear)

試着(する) **試穿** shìchuān /スーツアン/ (㊤try on)

指定席 **對號入座** duìhào rùzuò /ドゥエイハウ ズウヅオ/ (㊤reserved seat)

自動車 [台／輛]**汽車** [tái/liàng] qìchē /[タイ/リアン] チィツォ/ (㊤car, automobile)

品切れ **賣光, 售完, 缺貨** màiguāng, shòuwán, quēhuò /マイグアン, ソウアン, チュィエフオ/ (㊤sold out)

品 **物件, 物品** wùjiàn, wùpǐn /ウヂエン, ウピン/ (㊤article, goods)

支払う 支付, 付款, 付錢 zhīfù, fùkuǎn, fùqián /ヅーフゥゥ, フゥウクアン, フゥウチエン/ (㊥pay)

紙幣 [張] 紙幣, 鈔票 [zhāng] zhǐbì, chāopiào /[ヅァン] ヅービィ, ツァオピアウ/ (㊥bill)

島 島, 島嶼 dǎo, dǎoyǔ /ダウ, ダオユィ/ (㊥island)

氏名 姓名 xìngmíng /シンミン/ (㊥name)

写真 [張] 照片, 寫真 [zhāng] zhàopiàn, xiězhēn /[ヅァン] ヅァオピエン, シエヅェン/ (㊥photograph)

シャツ [件] 襯衫 [jiàn] chènshān /[ヂエン] ツェンサン/ (㊥shirt)

シャワー 淋浴 línyù /リンユィ/ (㊥shower)

シャンプー 洗髪精 xǐfǎjīng /シィファヂン/ (㊥shampoo)

週 星期, 禮拜, 週 xīngqí, lǐbài, zhōu /シンチィ, リィバイ, ヅォウ/ (㊥week)

住所 住址, 地址 zhùzhǐ, dìzhǐ /ヅゥヅー, ディヅー/ (㊥address)

自由席 非對號, 自由座 fēiduìhào, zìyóuzuò /フェイドゥエイハウ, ヅーイオウヅオ/ (㊥non-reserved seat)

渋滞 堵車, 塞車 dǔchē, sāichē /ドゥウツォ, サイツォ/ (㊥jam)

充電(する) 充電 chōngdiàn /ツォンディエン/ (㊥charge)

十分(な) 充足, 充分, 足夠 chōngzú, chōngfèn, zúgòu /ツォンヅゥ, ツォンフェン, ヅゥゴウ/ (㊥sufficient, enough)

修理(する) 修理, 修繕 xiūlǐ, xiūshàn /シオウリィ, シオウサン/ (㊥repair, mend)

宿泊(する) 住宿, 投宿, 留宿 zhùsù, tóusù, liúsù /ヅゥスウ, トウスウ, リオウスウ/ (㊥lodging; lodge, stay)

宿泊料 住宿費 zhùsùfèi /ヅゥスウフェイ/ (㊥hotel charges)

出発(する) 出發, 啟程, 動身 chūfā, qǐchéng, dòngshēn /ツゥファ, チィツォン, ドゥオンセン/ (㊥departure; start, depart)

種類 種類 zhǒnglèi /ヅオンレイ/ (㊥kind, sort)

順番 輪流[輪班], 順序, 次序 lúnliú[lúnbān], shùnxù, cìxù /ルンリオウ[ルンバン], スンシュィ, ツーシュィ/ (㊥order, turn)

準備(する) 準備, 籌備, 預備 zhǔnbèi, chóubèi, yùbèi /ヅンペイ, ツォウペイ, ユィペイ/ (㊥preparation; prepare)

消火器 滅火器, 消火器 mièhuǒqì, xiāohuǒqì /ミエフオチィ, シアウフオチィ/ (㊥extinguisher)

乗車券 車票 chēpiào /ツォピアウ/ (㊥ticket)

招待(する) 邀請, 約請 yāoqǐng, yuēqǐng /イアウチン, ユィエチン/ (㊥invitation; invite)

商談 商業談判 shāngyè tánpàn /サンイエ タンパン/ (㊥business talk)

商店 商店, 店鋪, 商號 shāngdiàn, diànpù, shānghào /サンディエン, ディエンプウ, サンハウ/ (㊫store, shop)

消毒(する) 消毒 xiāodú /シアウドゥウ/ (㊫disinfection; disinfect)

商品 商品 shāngpǐn /サンピン/ (㊫commodity, goods)

情報 資訊, 訊息, 情報 zīxùn, xùnxí, qíngbào /ヅーシュィン, シュィンシィ, チンバウ/ (㊫information)

照明 照明, 燈光 zhàomíng, dēngguāng /ヅァオミン, ドングアン/ (㊫lighting)

使用料 使用費 shǐyòngfèi /スーユオンフェイ/ (㊫fee)

ショー 秀, 表演, 展覽 xiù, biǎoyǎn, zhǎnlǎn /シオウ, ビアウイェン, ヅァンラン/ (㊫show)

食事(をする) (吃)飯, (用)餐 chīfàn, (yòng)cān /(ツー)ファン, (ユオン)ツァン/ (㊫(have a) meal)

食堂 食堂, 餐廳 shítáng, cāntīng /スータン, ツァンティン/ (㊫restaurant)

食品 食品 shípǐn /スーピン/ (㊫food)

食用 食用 shíyòng /スーユオン/ (㊫for food, edible)

女性 女性, 婦女, 女子, 女人, 女的 nǚxìng, fùnǚ, nǚzǐ, nǚrén, nǚde /ニュィシン, フウニュィ, ニュィヅー, ニュィゼン, ニュィドォ/ (㊫woman)

食器 餐具 cānjù /ツァンヂュィ/ (㊫tableware)

書店 書店 shūdiàn /スウディエン/ (㊫bookstore)

署名(する) 簽名, 簽署 qiānmíng, qiānshǔ /チエンミン, チエンスウ/ (㊫signature; sign)

知らせる 告訴, 通知 gàosù, tōngzhī /ガウスウ, トゥオンヅー/ (㊫inform, tell, report)

知る 知道, 曉得, 認識 zhīdào, xiǎodé, rènshì /ヅーダウ, シアウドォ, ゼンスー/ (㊫know)

白い 白 bái /バイ/ (㊫white)

シングル(客室) 單人房 dānrénfáng /ダンゼンファン/ (㊫single)

信号 信號 xìnhào /シンハウ/ (㊫signal)

申告(する) 申報, 申告, 呈報 shēnbào, shēngào, chéngbào /センバウ, センガウ, ツォンバウ/ (㊫declaration; declare)

申請(する) 申請 shēnqǐng /センチン/ (㊫application; apply for)

新鮮(な) 新鮮 xīnxiān /シンシエン/ (㊫fresh, new)

スイッチ 開關 kāiguān /カイグアン/ (㊫switch)

水道 自來水, 水道 zìláishuǐ, shuǐdào /ヅーライスエイ, スエイダウ/ (㊫water service)

水曜日 星期三,禮拜三,週三 xīngqísān, lǐbàisān, zhōusān /シンチィサン, リィバイサン, ヅォウサン/ (英Wednesday)

スーツ [套]套裝,西裝 [tào] tàozhuāng, xīzhuāng /[タウ] タウヅアン, シィヅアン/ (英suit)

スーツケース 手提(旅行)箱 shǒutí (lǚxíng)xiāng /ソウティ (リュィシン)シアン/ (英suitcase)

スープ 湯 tāng /タン/ (英soup)

スカート [條]裙子 [tiáo] qúnzi /[ティアウ] チュィンヅ/ (英skirt)

好きな 喜歡的,喜愛的,愛好的 xǐhuān de, xǐ'ài de, àihào de /シィフアンドォ, シィアイドォ, アイハウドォ/ (英favorite)

少ない 少,不多 shǎo, bù duō /サオ, ブウドゥオ/ (英few, little)

スケジュール 日程 rìchéng /ズーヅォン/ (英schedule)

透ける 透過,透亮 tòuguò, tòuliàng /トウグオ, トウリアン/ (英(be) transparent)

涼しい 涼快,涼爽 liángkuài, liángshuǎng /リアンクアイ, リアンスアン/ (英cool)

スタジアム (棒)球場,體育場 (bàng)qiúchǎng, tǐyùchǎng /(バン)チオウツァン, ティユィツァン/ (英stadium)

酸っぱい 酸 suān /スアン/ (英sour, acid)

素晴らしい 棒,讚,精彩,了不起 bàng, zàn, jīngcǎi, liǎobùqǐ /バン, ヅァン, ヂンツァイ, リアウブウチィ/ (英wonderful, splendid)

スプーン [枝]湯匙,調羹 [zhī] tāngchí, tiáogēng /[ヅー] タンツー, ティアウゴン/ (英spoon)

スプレー 噴霧器 pēnwùqì /ペンウゥチィ/ (英spray)

ズボン [條]褲子 [tiáo] kùzi /[ティアウ] クウヅ/ (英trousers)

スマートフォン 智能手機 zhìnéng shǒujī /ヅーノン ソウヂィ/ (英smartphone)

スリ 扒手,小偷 páshǒu, xiǎotōu /パァソウ, シアウトウ/ (英pickpocket)

座る 坐,跪坐 zuò, guìzuò /ヅオ, グエイヅオ/ (英sit down, take a seat)

税関 海關 hǎiguān /ハイグアン/ (英customs)

請求書 帳單,付款通知單 zhàngdān, fùkuǎn tōngzhīdān /ヅァンダン, フウクアントゥオンヅーダン/ (英bill)

清潔(な) 乾淨,清潔 gānjìng, qīngjié /ガンヂン, チンヂエ/ (英clean, neat)

生年月日 出生年月日 chūshēng niányuèrì /ツウソン ニエンュィエズー/ (英date of birth)

製品 產品,成品,製品 chǎnpǐn, chéngpǐn, zhìpǐn /ツァンピン, ツォン

ピン, ヅーピン/ (英product)

性別 性別 xìngbié /シンビエ/ (英sex distinction)

姓名 姓名, 名字 xìngmíng, míngzì /シンミン, ミンヅー/ (英(full) name)

生理用ナプキン 衛生棉 wèishēngmián /ウエイソンミエン/ (英sanitary napkin)

セーター [件]毛衣 [jiàn] máoyī /[ヂエン] マウイィ/ (英sweater, pullover)

席 座位 zuòwèi /ヅオウエイ/ (英seat)

石鹸 [塊]肥皂, 香皂 [kuài] féizào, xiāngzào /[クアイ] フェイヅァオ, シアンヅァオ/ (英soap)

説明書 説明書 shuōmíngshū /スオミンスウ/ (英explanatory note)

狭い 窄, 狭小, 狭窄, 窄小 zhǎi, xiáxiǎo, xiázhǎi, zhǎixiǎo /ヅァイ, シアシアウ, シアヅァイ, ヅァイシアウ/ (英narrow, small)

先月 上個月 shàngge yuè /サンゴォ ユィエ/ (英last month)

洗剤(食器用) 洗碗精 xǐwǎnjīng /シィウァンヂン/ (英detergent, cleanser)

洗剤(衣料用) 洗衣精 xǐyījīng /シィイィヂン/ (英detergent)

先週 上個*星期[禮拜] shàngge *xīngqí[lǐbài] /サンゴォ *シンチィ[リィバイ]/ (英last week)

洗濯(する) 洗衣 xǐyī /シィイィ/ (英wash)

センチメートル 公分, 釐米 gōngfēn, límǐ /グオンフェン, リィミィ/ (英centimeter)

栓抜き 開瓶器 kāipíngqì /カイピンチィ/ (英bottle opener)

扇風機 [台]電(風)扇 [tái] diàn(fēng)shàn /[タイ] ディエン(フォン)サン/ (英electric fan)

洗面所 洗手間, 化妝室, 盥洗室, 廁所, 便所 xǐshǒujiān, huàzhuāngshì, guànxǐshì, cèsuǒ, biànsuǒ /シィソウヂエン, フアヅァンスー, グアンシィスー, ツォスオ, ビエンスオ/ (英lavatory, toilet)

掃除(する) 打掃, 清掃, 掃除 dǎsǎo, qīngsǎo, sǎochú /ダァサオ, チンサオ, サオツウ/ (英cleaning; clean, sweep)

相談(する) 商量, 協商, 磋商 shāngliáng, xiéshāng, cuōshāng /サンリアン, シエサン, ツオサン/ (英consultation; consult with)

送料 運費, 郵費 yùnfèi, yóufèi /ユィンフェイ, イオウフェイ/ (英postage, carriage)

素材 素材, 原材料 sùcái, yuáncáiliào /スウツァイ, ユィエンツァイリアウ/ (英material)

袖 [條]袖子 [tiáo] xiùzi /[ティァウ] シォウヅ/ (⊕sleeve)
外 外邊,外面 wàibiān, wàimiàn /ウァイビエン,ウァイミエン/ (⊕outside)
ソファー [張]沙發 [zhāng] shāfā /[ヅァン] サァファ/ (⊕sofa)
損害 損害,損失 sǔnhài, sǔnshī /スンハイ,スンスー/ (⊕damage, loss)

た行

滞在(する) 逗留,停留 dòuliú, tíngliú /ドウリォウ,ティンリォウ/ (⊕stay)
大使館 大使館 dàshǐguǎn /ダァスーグアン/ (⊕embassy)
大事な 重要,寶貴,要緊 zhòngyào, bǎoguì, yàojǐn /ヅォンイァウ,バウグエイ,イァウヂン/ (⊕important, precious)
タオル 毛巾 máojīn /マゥヂン/ (⊕towel)
高い(位置や背が) 高 gāo /ガゥ/ (⊕high, tall)
高い(値段が) 貴,昂貴 guì, ángguì /グエイ,アングエイ/ (⊕expensive)
高さ 高度,高低 gāodù, gāodī /ガゥドゥゥ,ガゥディ/ (⊕height, altitude)
タクシー 計程車,小黃 jìchéngchē, xiǎohuáng /ヂィツォンツォ,シァウファン/ (⊕taxi)
助ける 幫助,救,救助 bāngzhù, jiù, jiùzhù /バンヅゥ,ヂォウ,ヂォウヅゥ/ (⊕help, save)
立入禁止 禁止"進入[入内],開人"勿進[止步] jìnzhǐ 'jìnrù[rùnèi], xiánrén 'wùjìn[zhǐbù] /ヂンヅー "ヂンズゥ[ズゥネイ],シエンゼン "ウゥヂン[ヅープゥ]/ (⊕No Admittance)
立つ 站,立,站立 zhàn, lì, zhànlì /ヅァン,リィ,ヅァンリィ/ (⊕stand, rise)
建物 建築(物),房屋 jiànzhù(wù), fángwū /ヂエンヅゥ(ゥゥ),ファンゥゥ/ (⊕building)
棚 架子,隔板 jiàzi, gébǎn /ヂアヅ,ゴォバン/ (⊕shelf, rack)
楽しい 開心,愉快,快樂,高興 kāixīn, yúkuài, kuàilè, gāoxīng /カイシン,ユイクアイ,クアイロォ,ガゥシン/ (⊕happy, cheerful)
煙草 菸,香菸 yān, xiāngyān /イエン,シアンイエン/ (⊕tobacco)
食べる 吃 chī /ツー/ (⊕eat)
単位 組織,單位 zǔzhī, dānwèi /ヅゥヅー,ダンウエイ/ (⊕unit)
男性 男性,男人,男士,男的 nánxìng, nánrén, nánshì, nán de /ナンシン,ナンゼン,ナンスー,ナンドォ/ (⊕male)
暖房 暖氣 nuǎnqì /ヌアンチィ/ (⊕heating)
小さい 小 xiǎo /シァゥ/ (⊕small, little)

日華単語帳

チーズ 起司, 乳酪, 奶酪 qǐsī, rǔluò, nǎiluò /チスー, ズウルオ, ナイルオ/ (㊙cheese)

チェック(する) 核對, 查對, 複核 héduì, cháduì, fùhé /ホォドゥエイ, ツァドゥエイ, フゥホォ/ (㊙check)

近い 近, 不遠, 接近, 靠近 jìn, bù yuǎn, jiējìn, kàojìn /ヂン, ブウ ユィエン, ヂエヂン, カウヂン/ (㊙near, close to)

違う 不一樣, 不同 bù yíyàng, bù tóng /ブウ イィイアン, ブウ トゥオン/ (㊙differ from)

地下鉄 捷運, 地下鐵道 jiéyùn, dìxià tiědào /ヂエユィン, ディシア ティエダウ/ (㊙subway)

チケット 門票, 入場券 ménpiào, rùchǎngquàn /メンピアウ, ズウチャンチュイエン/ (㊙ticket)

地図 [張／幅]地圖 [zhāng/fú] dìtú /[ツァン/フゥ] ディトゥウ/ (㊙map, atlas)

茶 茶, 茶水 chá, cháshuǐ /ツァ, ツァスエイ/ (㊙tea)

着払い(品代) 貨到付款 huò dào fùkuǎn /フオ ダウ フゥクアン/ (㊙collect on delivery)

着陸(する) 降落, 著陸 jiàngluò, zhuólù /ヂアンルオ, ヅオルウ/ (㊙landing; land)

茶碗 飯碗 fànwǎn /ファンウアン/ (㊙rice bowl)

注意(する)(留意) 小心, 留神, 注意 xiǎoxīn, liúshén, zhùyì /シアウシン, リオウセン, ヅウイ/ (㊙attention; pay attention to)

注意(する)(忠告) 提醒, 忠告, 警告 tíxǐng, zhōnggào, jǐnggào /ティシン, ヅオンガウ, ヂンガウ/ (㊙advice; advise)

駐車禁止 禁止停車 jìnzhǐ tíngchē /ヂンヅー ティンツォ/ (㊙No Parking)

駐車場 停車場 tíngchēchǎng /ティンツォツァン/ (㊙parking lot)

昼食 午飯, 午餐, 中飯 wǔfàn, wǔcān, zhōngfàn /ウゥファン, ウゥツァン, ヅオンファン/ (㊙lunch)

注文(する)(品物の) 訂貨, 訂購, 注文 dìnghuò, dìnggòu, zhùwén /ディンフオ, ディンゴウ, ヅウウン/ (㊙order, request)

注文(する)(料理の) 點菜, 叫菜 diǎncài, jiàocài /ディエンツァイ, ヂアウツァイ/ (㊙order)

朝食 早餐, 早飯 zǎocān, zǎofàn /ヅァオツァン, ヅァオファン/ (㊙breakfast)

調節(する) 調節, 調整 tiáojié, tiáozhěng /ティアウヂエ, ティアウヅォン/ (㊙regulation; control)

調味料 調(味)料,作料,佐料 tiáo(wèi)liào, zuóliào, zuǒliào /ティアウ(ウエイ)リアウ,ヅオリアウ,ヅオリアウ/ (㊀seasoning)

ツアー (團體)旅遊,周遊 (tuántǐ) lǚyóu, zhōuyóu /(トゥアンティ)リュィイオウ,ヅォウイオウ/ (㊀tour)

追加(する) 追加,添補,追補 zhuījiā, tiānbǔ, zhuībǔ /ヅエイヂア,ティエンブウ,ヅエイブウ/ (㊀addition; add to)

ツイン(客室) 雙人房 shuāngrénfáng /スアンゼンファン/ (㊀twin room)

通貨 貨幣 huòbì /フオビィ/ (㊀currency)

通過(する) 通過,經過 tōngguò, jīngguò /トゥオングオ,ヂングオ/ (㊀passing by; pass by)

通訳(する) (口頭)翻譯,口譯 (kǒutóu) fānyì, kǒuyì /(コウトウ)ファンイィ,コウイィ/ (㊀interpreter; interpret)

通路 走道,通道,甬道 zǒudào, tōngdào, yǒngdào /ヅォウダウ,トゥオンダウ,ユオンダウ/ (㊀passage, path)

通路側の席 靠走道的座位 kào zǒudào de zuòwèi /カウ ヅォウダウ ドォ ヅオウエイ/ (㊀aisle seat)

使い方 用法 yòngfǎ /ユオンファ/ (㊀how to use)

月(暦の) 月(份) yuè(fèn) /ュィエ(フェン)/ (㊀month)

着く(到着) 到,到達 dào, dàodá /ダウ,ダウダア/ (㊀arrive at)

着く(席に) 就位,就席,入座 jiùwèi, jiùxí, rùzuò /ヂオウエイ,ヂオウシィ,ズヅオ/ (㊀take a seat)

机 書桌,桌子,辦公桌 shūzhuō, zhuōzi, bàngōngzhuō /スウヅオ,ヅオヅ,バングオンヅオ/ (㊀desk, bureau)

点ける(火を) 點(火) diǎn(huǒ) /ディエン(フオ)/ (㊀set fire, light)

点ける(明かりを) 開(燈) kāi(dēng) /カイ(ドン)/ (㊀light)

包む 包,裹 bāo, guǒ /バウ,グオ/ (㊀wrap)

爪切り 指甲刀 zhǐjiǎdāo /ヅーヂアダウ/ (㊀nail clipper)

冷たい 冷,涼 lěng, liáng /ロン,リアン/ (㊀cold, chilly)

強い 強,強烈,有勁,有力量,力量大 qiáng, qiángliè, yǒu jìn, yǒu lìliàng, lìliàng dà /チアン,チアンリエ,イオウ ヂン,イオウ リィリアン,リィリアンダァ/ (㊀strong, powerful)

辛い 難過,難受,痛苦 nánguò, nánshòu, tòngkǔ /ナングオ,ナンソウ,トゥオンクウ/ (㊀hard, painful)

釣り 釣魚,垂釣 diàoyú, chuídiào /ディアウユィ,ツエイディアウ/ (㊀fishing)

手 〔隻/雙〕手 [zhī/shuāng] shǒu /[ヅー/スアン] ソウ/ (㊀hand, arm)

定価 定價,訂價 dìngjià, dìngjià /ディンヂア,ディンヂア/ (㊀fixed

日華単語帳

price)

停車(する) 停車 tíngchē /ティンツォ/ (㊊stop)

訂正(する) 改正, 訂正 gǎizhèng, dìngzhèng /ガイヅォン, ディンヅォン/ (㊊correction; correct)

ティッシュ 衛生紙, 面紙 wèishēngzhǐ, miànzhǐ /ウエイソンヅー, ミエンヅー/ (㊊tissue)

停電 停電 tíngdiàn /ティンディエン/ (㊊power failure)

停留所 (汽)車站 (qì)chēzhàn /(チィ)ツォヅァン/ (㊊stop)

テーブル [張]桌子, 飯桌, 餐桌 [zhāng] zhuōzi, fànzhuō, cānzhuō /[ヅァン] ヅオヅ, ファンヅオ, ツァンヅオ/ (㊊table)

手紙 [封]信, 書信, 書函 [fēng] xìn, shūxìn, shūhán /[フォン] シン, スウシン, スウハン/ (㊊letter)

出口 出口, 出路 chūkǒu, chūlù /ツウコウ, ツウルウ/ (㊊exit, way out)

デザート 甜點 tiándiǎn /ティエンディエン/ (㊊dessert)

デザイン 設計, 式樣, 圖案, 圖樣 shèjì, shìyàng, tú'àn, túyàng /ソォディ, スーイアン, トゥアン, トゥイアン/ (㊊design)

手数料 佣金, 手續費 yòngjīn, shǒuxùfèi /ユオンヂン, ソウシュィフェイ/ (㊊commission)

手伝う 幫助, 幫忙 bāngzhù, bāngmáng /バンヅウ, バンマン/ (㊊help, assist)

手続き 手續, 程序 shǒuxù, chéngxù /ソウシュィ, ツォンシュィ/ (㊊procedure)

手荷物 隨身行李, 手提行李 suíshēn xínglǐ, shǒutí xínglǐ /スエイセン シンリィ, ソウティ シンリィ/ (㊊baggage)

手荷物預かり証 [張]行李票, 行李領證 [zhāng] xínglǐpiào, xínglǐ lǐngqǔzhèng /[ヅァン] シンリィピアウ, シンリィ リンチュィヅォン/ (㊊claim tag)

デパート [家]百貨公司 [jiā] bǎihuò gōngsī /[ヂア] バイフオ グオンスー/ (㊊department store)

出る 出, 外出 chū, wàichū /ツウ, ワイツウ/ (㊊go out)

テレビ 電視(機) diànshì(jī) /ディエンスー(ディ)/ (㊊television)

テロ 恐怖 kǒngbù /クオンブウ/ (㊊terrorism)

点(点数) 分數, 得分 fēnshù, défēn /フェンスウ, ドォフェン/ (㊊score, point)

電圧 電壓 diànyā /ディエンイア/ (㊊voltage)

店員 店員, 售貨員 diànyuán, shòuhuòyuán /ディエンユィエン, ソウフオユィエン/ (㊊clerk)

電気(電力)　電, 電力 diàn, diànlì /ディエン, ディエンリィ/ (㊥electricity)

電気(電灯)　電燈 diàndēng /ディエンドン/ (㊥electric light)

天気予報　天氣預報 tiānqì yùbào /ティエンチィ ユィバウ/ (㊥weather forecast)

電源　電源 diànyuán /ディエンユィエン/ (㊥power supply)

添乗員　導遊 dǎoyóu /ダウイオウ/ (㊥tour conductor)

電卓　計算器 jìsuànqì /ヂスアンチィ/ (㊥calculator)

電池　電池 diànchí /ディエンツー/ (㊥electric cell)

電波　電波 diàn'bō[pō] /ディエンボォ[ポォ]/ (㊥electric wave)

伝票〔張〕　傳票, 發票, 單子〔zhāng〕chuánpiào, fāpiào, dānzi /〔ヅァン〕ツアンピアウ, ファピアウ, ダンヅ/ (㊥slip)

電話(する)　(打／掛)電話 (dǎ/guà) diànhuà /(ダァ/グア) ディエンフア/ (㊥telephone; call)

電話番号　電話號碼 diànhuà hàomǎ /ディエンフア ハウマァ/ (㊥telephone number)

ドア〔扇〕　門〔shàn〕mén /〔サン〕メン/ (㊥door)

トイレ　洗手間, 廁所, 化妝室, 盥洗室, 便所　xǐshǒujiān, cèsuǒ, huàzhuāngshì, guànxǐshì, biànsuǒ /シィソウヂエン, ツォスオ, フアヅアンスー, グアンシィスー, ピエンスオ/ (㊥bathroom, toilet)

トイレットペーパー　衛生紙 wèishēngzhǐ /ウエイソンヅー/ (㊥toilet paper)

陶器　陶器 táoqì /タウチィ/ (㊥earthenware)

搭乗ゲート　登機門 dēngjīmén /ドンヂィメン/ (㊥boarding gate)

搭乗券　登機證 dēngjīzhèng /ドンヂィヅオン/ (㊥boarding pass)

到着(する)　到, 到達, 抵達 dào, dàodá, dǐdá /ダウ, ダウダァ, ディダァ/ (㊥arrival; arrive at)

盗難　失盗, 被盗, 失竊 shīdào, bèidào, shīqiè /スーダウ, ペイダウ, スーチエ/ (㊥robbery)

遠い　遠, 遙遠 yuǎn, yáoyuǎn /ユィエン, イアウユィエン/ (㊥far, distant)

通り　街, 街道, 馬路 jiē, jiēdào, mǎlù /ヂエ, ヂエダウ, マァルウ/ (㊥road, street)

時　時間, 時候 shíjiān, shíhòu /スーヂエン, スーホウ/ (㊥time, hour)

時計　錶, 鐘, 鐘錶 biǎo, zhōng, zhōngbiǎo /ピアウ, ヅオン, ヅオンピアウ/ (㊥watch, clock)

都市　都市, 城市 dūshì, chéngshì /ドゥスー, ツオンスー/ (㊥city)

年[歳](年齢)　年紀, 年齡, 年歲, 歲數　niánjì, niánlíng, niánsuì, suìshù /ニエンヂィ, ニエンリン, ニエンスエイ, スエイスウ/ (㊥age, years)

途中下車(する) 中途下車 zhōngtú xiàchē /ヅォントゥゥ シアヅォ/ (英stop-off; stop over at)

特価 特價 tèjià /トォヂア/ (英special price)

止[留]まる 停留, 待 tíngliú, dāi /ティンリオウ, ダイ/ (英stay, remain)

止[留]める 停住, 留下 tíngzhù, liúxià /ティンヅゥ, リオウシア/ (英stop, suspend)

土曜日 星期六, 禮拜六, 週六 xīngqíliù, lǐbàiliù, zhōuliù /シンチィリオウ, リィバイリオウ, ヅォウリオウ/ (英Saturday)

ドライヤー 吹風機 chuīfēngjī /ツエイフォンヂィ/ (英drier)

トラブル 糾紛, 麻煩, 糾葛 jiūfēn, máfán, jiūgé /ヂオウフェン, マァファン, ヂオウゴォ/ (英trouble)

トランク(スーツケース) 皮箱 píxiāng /ピィシアン/ (英trunk, suitcase)

トランク(車の) 行李箱 xínglǐxiāng /シンリィシアン/ (英trunk)

ドレッシング 調味醬 tiáowèijiàng /ティアウエイヂアン/ (英dressing)

泥棒 賊, 盜賊, 小偷 zéi, dàozéi, xiǎotōu /ヅェイ, ダウヅェイ, シアウトウ/ (英thief, burglar)

トンネル 隧道 suìdào /スエイダウ/ (英tunnel)

な行

ナイフ [把]刀子, 小刀 [bǎ] dāozi, xiǎodāo /[バァ] ダウヅ, シアウダウ/ (英knife)

長い 長 cháng /ツァン/ (英long)

長さ 長度, 長短 chángdù, chángduǎn /ツァンドゥゥ, ツァンドゥアン/ (英length)

夏 夏天, 夏季 xiàtiān, xiàjì /シアティエン, シアヂィ/ (英summer)

ナプキン(食事用の) 餐巾, 餐紙 cānjīn, cānzhǐ /ツァンヂン, ツァンヅー/ (英napkin)

ナプキン(生理用の) 衛生棉 wèishēngmián /ウエイソンミエン/ (英sanitary napkin)

鍋 [口]鍋, 鍋子 [kǒu] guō, guōzi /[コウ] グオ, グオヅ/ (英pan)

名前 名, 名字, 姓名, 名稱 míng, míngzì, xìngmíng, míngchēng /ミン, ミンヅー, シンミン, ミンツォン/ (英name)

並ぶ 排, 排隊, 排列, 並排 pái, páiduì, páiliè, bìngpái /パイ, パイドゥエイ, パイリエ, ビンパイ/ (英line up)

匂い 味, 氣味, 味道 wèi, qìwèi, wèidào /ウエイ, チィウエイ, ウエイダウ/ (英smell, odor)

苦い 苦 kǔ /クウ/ (英bitter)

肉 肉 ròu /ゾウ/ (㊥flesh, meat)

西 西, 西方 xī, xīfāng /シィ, シィファン/ (㊥west)

日曜日 星期日, 星期天, 禮拜日, 禮拜天, 週日 xīngqírì, xīngqítiān, lǐbàirì, lǐbàitiān, zhōurì /シンチィズー, シンチィティエン, リィバイズー, リィバイティエン, ヅォウズー/ (㊥Sunday)

日程 日程 rìchéng /ズーツォン/ (㊥schedule)

荷札 貨籤, 行李牌 huòqiān, xínglǐpái /フオチエン, シンリィパイ/ (㊥tag)

荷物 東西, 行李, 貨物 dōngxī, xínglǐ, huòwù /ドゥオンシィ, シンリィ, フオウゥ/ (㊥baggage)

入国管理 入境管理 rùjìng guǎnlǐ /ズウヂン グアンリィ/ (㊥immigration)

入場券 門票, 入場券 ménpiào, rùchǎngquàn /メンピアウ, ズウツァンチュイェン/ (㊥admission ticket)

入場料 票價 piàojià /ピアウヂア/ (㊥admission fee)

布 布, 布匹 bù, bùpǐ /ブウ, ブウピィ/ (㊥cloth)

ぬるい 微温, 不夠熱 wéiwēn, bú gòu rè /ウエイウン, ブウ ゴウ ゾォ/ (㊥tepid, lukewarm)

ネクタイ [條]領帶 [tiáo] lǐngdài /[ティアウ] リンダイ/ (㊥necktie, tie)

値段 價格, 價錢 jiàgé, jiàqián /ヂアゴォ, ヂアチエン/ (㊥price)

熱 熱, 熱度 rè, rèdù /ゾォ, ゾォドゥウ/ (㊥heat, fever)

眠い 困, 困倦, 想睡 kùn, kùnjuàn, xiǎng shuì /クン, クンヂュイエン, シアン スエイ/ (㊥(be) sleepy)

年 年 nián /ニエン/ (㊥year)

年齢 年齡, 年紀, 歳數 niánlíng, niánjì, suìshù /ニエンリン, ニエンヂィ, スエイスウ/ (㊥age)

残り 剩餘, 其餘, 殘餘 shèngyú, qíyú, cányú /ソンユィ, チィユィ, ツァンユィ/ (㊥rest)

喉 喉嚨, 嗓子, 咽喉 hóulóng, sǎngzi, yānhóu /ホウルオン, サンヅ, イエンホウ/ (㊥throat)

延ばす(延期) 延長, 延期 yáncháng, yánqí /イエンツァン, イエンチィ/ (㊥put off, delay)

飲み水 飲用水 yǐnyòngshuǐ /インユオンスエイ/ (㊥drinking water)

飲む 喝, 飲, 吞 hē, yǐn, tūn /ホォ, イン, トゥン/ (㊥drink, take)

乗り遅れる 誤'車[船], 沒趕上 wù 'chē[chuán], méi gǎnshàng /ウウ 'ツォ[ツアン], メイ ガンサン/ (㊥miss)

乗り換え 換車, 換乗, 轉乘 huànchē, huànchéng, zhuǎnchéng

/フアンツォ,フアンツォン,ヅアンツォン/ (英change, transfer)
乗り越す 坐過站 zuòguò zhàn /ヅオグオ ヅァン/ (英go past)
乗り場(鉄道の) (火)車站 (huǒ)chēzhàn /(フオ)ツォヅァン/ (英stop, platform)
乗る(上に) 上 shàng /サン/ (英get on)
乗る(自転車などに) 騎 qí /チィ/ (英ride, take)
乗る(車・飛行機などに) 坐,乘,搭,搭乘 zuò, chéng, dā, dāchéng /ヅオ,ツォン,ダァ,ダァツォン/ (英ride, take)

は行

歯 牙齒 yáchǐ /イアツー/ (英tooth)
刃 (刀)刃 (dāo)rèn /(ダウ)ゼン/ (英edge, blade)
配達(する) 送,遞送,投遞 sòng, dìsòng, tóudì /スオン,ディスオン,トウディ/ (英delivery; deliver)
売店 小賣部,雜貨店 xiǎomàibù, záhuòdiàn /シアウマイブゥ,ヅァフオディエン/ (英stall, stand)
入る(場所に) 進,入,進入,進去 jìn, rù, jìnrù, jìnqù /ヂン,ズゥ,ヂンズゥ,ヂンチュイ/ (英enter, go in)
入る(加入) 加入,參加 jiārù, cānjiā /ヂアズゥ,ツァンヂア/ (英join)
葉書 [張]明信片 [zhāng] míngxìnpiàn /[ヅァン] ミンシンピエン/ (英post card)
はかる 量,稱 liáng, chēng /リアン,ツォン/ (英measure, weigh)
吐き気 想吐,作嘔,噁心 xiǎng tù, zuò'ǒu, ěxīn /シアン トゥウ,ヅオオウ,オォシン/ (英nausea)
博物館 博物館 bówùguǎn /ボォウゥグアン/ (英museum)
箱 盒子,箱子 hézi, xiāngzi /ホォツ,シアンヅ/ (英box, case)
鋏 [把]剪刀,剪子 [bǎ] jiǎndāo, jiǎnzi /[バァ] ヂエンダウ,ヂエンヅ/ (英scissors)
橋 [座]橋,橋樑 [zuò] qiáo, qiáoliáng /[ヅオ] チアウ,チアウリアン/ (英bridge)
端 端,頭,邊緣 duān, tóu, biānyuán /ドゥアン,トウ,ビエンユイエン/ (英end, tip)
箸 [雙]筷子 [shuāng] kuàizi /[スアン] クアイヅ/ (英chopsticks)
始まる 開始,發生 kāishǐ, fāshēng /カイスー,ファソン/ (英begin, start)
場所 地方,地點,場所,場地,場合 dìfāng, dìdiǎn, chǎngsuǒ, chǎngdì, chǎnghé /ディファン,ディディエン,ツァンスオ,ツァンディ,ツァン

ホォ/ (英place, site)

バス 公車, 巴士, 公共汽車 gōngchē, bāshì, gōnggòng qìchē /グオンツォ, バスー, グオングオン チィツォ/ (英bus)

バス停 公車站 gōngchēzhàn /グオンツォヅァン/ (英bus stop)

パスポート 護照 hùzhào /フウヅァオ/ (英passport)

パスワード 密碼, 暗碼 mìmǎ, ànmǎ /ミィマァ, アンマァ/ (英password)

罰金 罰款, 罰金 fákuǎn, fájīn /ファクアン, ファヂン/ (英fine)

発車する 開車, 發車 kāichē, fāchē /カイツォ, ファツォ/ (英depart)

発送(する) 發送, 寄出, 送出 fāsòng, jìchū, sòngchū /ファスオン, ヂィツウ, スオンツウ/ (英sending out; send out)

花 [朵] 花 [duǒ] huā /[ドゥオ] フア/ (英flower)

鼻 鼻子 bízi /ビィヅ/ (英nose)

幅[巾] 寬度, 幅度 kuāndù, fúdù /クアンドゥウ, フウドゥウ/ (英width, breadth)

歯ブラシ [把] 牙刷 [bǎ] yáshuā /[バァ] イアスア/ (英toothbrush)

浜辺 海濱, 海邊 hǎibīn, hǎibiān /ハイビン, ハイビエン/ (英beach, seashore)

早い 早 zǎo /ヅァオ/ (英early)

速い 快 kuài /クアイ/ (英quick, fast)

腹 肚子, 肚腹 dùzi, dùfù /ドゥウヅ, ドゥウフウ/ (英belly)

払い戻し 付還, 退還 fùhuán, tuìhuán /フウフアン, トゥエイフアン/ (英repayment, refund)

払う 付, 付款, 付錢, 支付 fù, fùkuǎn, fù qián, zhīfù /フウ, フウクアン, フウ チエン, ヅーフウ/ (英pay)

春 春天, 春季 chūntiān, chūnjì /ツンティエン, ツンヂィ/ (英spring)

晴れ 晴, 晴天, 好天 qíng, qíngtiān, hǎotiān /チン, チンティエン, ハウティエン/ (英fine weather)

晩 晚上, 傍晚 wǎnshàng, bāngwǎn /ウアンサン, バンウアン/ (英evening, night)

パン 麵包 miànbāo /ミエンバウ/ (英bread)

番組 節目 jiémù /ヂエムウ/ (英program)

番号 號碼 hàomǎ /ハウマァ/ (英number)

反対側 對面 duìmiàn /ドゥエイミエン/ (英opposite side)

ハンドバッグ 手提包 shǒutíbāo /ソウティバウ/ (英handbag, purse)

半分 一半, 二分之一 yíbàn, èr fēn zhī yī /イィバン, オル フェン ヅー イィ/ (英half)

火 火 huǒ /フオ/ (英fire)

日(日数) 天 tiān /ティエン/ (㊀day)
日(日付) 日子 rìzi /ズーヅ/ (㊀day, date)
ビール 啤酒 píjiǔ /ピィヂオウ/ (㊀beer)
冷える(物が) 涼 liáng /リアン/ (㊀get cold)
冷える(天気・気温が) 變冷,覺得冷 biàn lěng, juéde lěng /ビエン ロン,ヂュイエド ロン/ (㊀get cold)
冷える(関係が) 變冷淡 biàn lěngdàn /ビエン ロンダン/ (㊀go sour)
東 東,東方 dōng, dōngfāng /ドゥオン,ドゥオンファン/ (㊀east)
光 光,光線,光明 guāng, guāngxiàn, guāngmíng /グアン,グアンシエン,グアンミン/ (㊀light, ray)
引き返す 返回 fǎnhuí /ファンフエイ/ (㊀return)
低い(位置が) 低 dī /ディ/ (㊀low)
低い(背が) 矮 ǎi /アイ/ (㊀short)
飛行機 飛機 fēijī /フェイディ/ (㊀airplane, plane)
ビザ 簽證 qiānzhèng /チエンヅォン/ (㊀visa)
ビジネス 商務,生意 shāngwù, shēngyì /サンウゥ,ソンイィ/ (㊀business)
美術 美術 měishù /メイスゥ/ (㊀art, fine arts)
非常階段 太平梯 tàipíngtī /タイピンティ/ (㊀emergency staircase)
非常口 太平門 tàipíngmén /タイピンメン/ (㊀emergency exit)
左 左 zuǒ /ヅオ/ (㊀left)
日付 日期 rìqí /ズーチィ/ (㊀date)
ビデオ 錄影機 lùyǐngjī /ルウインディ/ (㊀video)
等しい 相等,一樣,相同,等於 xiāngděng, yíyàng, xiāngtóng, děngyú /シアンドン,イィイアン,シアントゥオン,ドンユイ/ (㊀(be) equal to)
ビニール袋 塑膠袋 sùjiāodài /スウヂアウダイ/ (㊀plastic bag)
紐 〔條〕帶子,繩子 [tiáo] dàizi, shéngzi /[ティアウ] ダイヅ,ソンヅ/ (㊀string, cord)
費用 費用,經費,開銷 fèiyòng, jīngfèi, kāixiāo /フェイユオン,ヂンフェイ,カイシアウ/ (㊀cost)
表 表格,圖表 biǎogé, túbiǎo /ビアウゴォ,トゥウビアウ/ (㊀table, diagram)
秒 秒 miǎo /ミアウ/ (㊀second)
病院 醫院 yīyuàn /イィユィエン/ (㊀hospital)
病気 病,疾病,毛病 bìng, jíbìng, máobìng /ビン,ディビン,マウビン/ (㊀sickness, disease)
表示(する) 表示 biǎoshì /ビアウスー/ (㊀indication; indicate)

昼 白天,中午 báitiān, zhōngwǔ /バイティエン,ヅオンウゥ/ (英daytime, noon)

ビル [座]大楼,高楼,大厦 [zuò] dàlóu, gāolóu, dàxià /[ヅオ]ダァロウ,ガウロウ,ダァシア/ (英building)

広い 阔,广,宽敞,宽阔 kuò, guǎng, kuānchǎng, kuānkuò /クオ,グアン,クアンツァン,クアンクオ/ (英wide, broad)

瓶 瓶子 píngzi /ピンヅ/ (英bottle)

便(飛行機の) 班机,班次 bānjī, bāncì /バンヂィ,バンツー/ (英flight)

便(電車・列車・バスの) 班次 bāncì /バンツー/ (英service)

ピン 别针,扣针 biézhēn, kòuzhēn /ビエヅェン,コウヅェン/ (英pin)

品質 品质,质量 pǐnzhí, zhíliàng /ピンヅー,ヅーリアン/ (英quality)

封筒 信封 xìnfēng /シンフォン/ (英envelope)

プール 游泳池 yóuyǒngchí /イオウユオンツー/ (英swimming pool)

フォーク(食器) 叉子 chāzi /ツァヅ/ (英fork)

服 [件]衣服,西服 [jiàn] yīfú, xīfú /[ヂエン]イィフゥ,シィフゥ/ (英clothes)

副作用 副作用 fùzuòyòng /フゥヅオユオン/ (英side effect)

袋 袋子,口袋 dàizi, kǒudài /ダイヅ,コウダイ/ (英bag, sack)

不十分な 不充分,不完全,不够 bù chōngfèn, bù wánquán, bú gòu /ブウ ツオンフェン,ブウ ウアンチュイエン,ブウ ゴウ/ (英insufficient)

蓋 盖(子) gài(zi) /ガイ(ヅ)/ (英lid)

普通 一般,普通 yìbān, pǔtōng /イィバン,プウトゥオン/ (英usually, generally)

太い 粗 cū /ツウ/ (英big, thick)

布団 [套/床]棉被,被褥,被子 [tào/chuáng] miánbèi, bèirù, bèizi /[タウ/ツアン]ミエンベイ,ベイズゥ,ベイヅ/ (英futon)

船便(で) 海运,船运 hǎiyùn, chuányùn /ハイユイン,ツアンユイン/ (英by surface mail)

船[舟] [隻]船,船隻,舟楫 [zhī] chuán, chuánzhī, zhōují /[ヅー]ツアン,ツアンヅー,ヅォウヂィ/ (英ship, boat)

冬 冬天,冬季 dōngtiān, dōngjì /ドゥオンティエン,ドゥオンヂィ/ (英winter)

プラグ 插头 chātóu /ツァトウ/ (英plug)

ブラシ [把]刷,刷子 [bǎ] shuā, shuāzi /[バァ]スア,スアヅ/ (英brush)

プラスチック 塑胶 sùjiāo /スウヂアウ/ (英plastic)

プラットホーム 月台 yuètái /ユィエタイ/ (英platform)

古い 旧,老,古 jiù, lǎo, gǔ /ヂオウ,ラウ,グウ/ (英old, ancient)

風呂 洗澡间,澡堂,浴室 xǐzǎojiān, zǎotáng, yùshì /シィヅァオヂエ

分 分 fēn /フェン/ (英minute)

ペア 一對, 一雙 yí duì, yì shuāng /イィドゥエイ, イィスアン/ (英pair)

閉店(する) 關門, 打烊, 停業, 歇業 guānmén, dǎyáng, tíngyè, xiēyè /グアンメン, ダイアン, ティンイエ, シエイエ/ (英closing; close)

ベッド 床 chuáng /ツアン/ (英bed)

部屋 〔間〕房間, 屋子 [jiān] fángjiān, wūzi /[ヂエン] ファンヂエン, ウゥツ/ (英room)

減らす 減少, 削減 jiǎnshǎo, xuèjiǎn /ヂエンサオ, シュィエヂエン/ (英decrease, reduce)

減る 減, 減少 jiǎn, jiǎnshǎo /ヂエン, ヂエンサオ/ (英decrease, diminish)

ベル 鈴, 電鈴 líng, diànlíng /リン, ディエンリン/ (英bell)

ベルト 〔條〕帶子, 腰帶, 皮帶 [tiáo] dàizi, yāodài, pídài /[ティアウ] ダイヅ, イアウダイ, ピィダイ/ (英belt)

ペン 〔支〕筆 [zhī] bǐ /[ヅー] ビィ/ (英pen)

変更(する) 變更, 更改, 改變 biàngēng, gēnggǎi, gǎibiàn /ビエンゴン, ゴンガイ, ガイビエン/ (英change, alteration; alter)

返事(する) 回答, 回話 huídá, huíhuà /フエイダァ, フエイフア/ (英answer)

便秘 便祕[便閉] biànbì /ビエンビィ/ (英constipation)

方向 方向, 方位 fāngxiàng, fāngwèi /ファンシアン, ファンウエイ/ (英direction)

帽子 〔頂〕帽子 [dǐng] màozi /[ディン] マウヅ/ (英hat, cap)

防水の 防水 fángshuǐ /ファンスエイ/ (英waterproof)

宝石 寶石 bǎoshí /バウスー/ (英jewel)

包装(する) 包裝 bāozhuāng /バウヅアン/ (英wrapping; wrap)

方法 辦法, 方法, 做法 bànfǎ, fāngfǎ, zuòfǎ /バンファ, ファンファ, ヅオファ/ (英way, method)

法律 法律 fǎlǜ /ファリュィ/ (英law)

ボート 小艇, 小舟 xiǎotǐng, xiǎozhōu /シアウティン, シアウヅォウ/ (英boat)

ホームページ 首頁 shǒuyè /ソウイエ/ (英homepage)

ボール 球 qiú /チオウ/ (英ball)

保管(する) 保管 bǎoguǎn /バウグアン/ (英storage; keep, store)

ポケット 口袋, 衣袋 kǒudài, yīdài /コウダイ, イィダイ/ (英pocket)

保険 保險 bǎoxiǎn /バウシエン/ (英insurance)

欲しい 要,想,想要 yào, xiǎng, xiǎngyào /イアウ,シアン,シアンイアウ/ (英want, wish for)
保証書 保證書 bǎozhèngshū /バウヅォンスウ/ (英guarantee)
ポスト 信箱,信筒 xìnxiāng, xìntǒng /シンシアン,シントゥオン/ (英mailbox)
細い 細,纖細 xì, xiānxì /シィ,シエンシィ/ (英thin, narrow)
ボタン(服の) 扣子[釦子],鈕扣[鈕釦] kòuzi, niǔkòu /コウヅ,ニオウコウ/ (英button)
ボタン(押しボタン) 按鈕 ànniǔ /アンニオウ/ (英button)
ホテル 旅館,飯店 lǚguǎn, fàndiàn /リュイグアン,ファンディエン/ (英hotel)
歩道 人行道,步道 rénxíngdào, bùdào /ゼンシンダウ,ブウダウ/ (英sidewalk)
歩道橋 天橋 tiānqiáo /ティエンチアウ/ (英footbridge)
本 書,書籍,書本,書冊 shū, shūjí, shūběn, shūcè /スウ,スウヂィ,スウベン,スウツォ/ (英book)
本屋 書店 shūdiàn /スウディエン/ (英bookstore)
翻訳(する) 翻譯 fānyì /ファンイィ/ (英translation; translate)

ま行

マーク 符號,標誌 fúhào, biāozhì /フウハウ,ビアウヅー/ (英mark)
マイク 麥克(風) màikè(fēng) /マイコォ(フォン)/ (英microphone)
迷子 走失的孩子,下落不明的孩子 zǒushī de háizi, xiàluò bùmíng de háizi /ヅォウスー ドォ ハイヅ,シアルオ ブウミン ドォ ハイヅ/ (英stray child)
前 前面,前邊 qiánmiàn, qiánbiān /チエンミエン,チエンビエン/ (英front)
前売り券 〔張〕預售票 〔zhāng〕yùshòupiào /〔ヅァン〕ユィソウピアウ/ (英advance ticket)
枕 枕頭 zhěntóu /ヅェントウ/ (英pillow)
待合室(駅の) 候車室 hòuchēshì /ホウツォスー/ (英waiting room)
間違い(ミス) 不對,錯誤,差錯 búduì, cuòwù, chācuò /ブウドゥエイ,ツオウウ,ツァツオ/ (英mistake, error)
間違い(過失) 過失,錯誤 guòshī, cuòwù /グオスー,ツオウゥ/ (英fault, error)
待つ 等,等待,等候 děng, děngdài, děnghòu /ドン,ドンダイ,ドンホウ/ (英wait)
マット 〔塊〕墊(子) 〔kuài〕diàn(zi) /〔クアイ〕ディエン(ヅ)/ (英mat)

祭り 祭祀,廟會,大拜拜 jìsì, miàohuì, dàbàibài /ヂィスー, ミアウフエイ, ダァパイパイ/ (英festival)

窓 窗,窗戶 chuāng, chuānghù /ツアン, ツアンフウ/ (英window)

窓側の席 靠窗的座位 kào chuāng de zuòwèi /カウ ツアン ドゥ ヅオウエイ/ (英window seat)

窓口 窗口 chuāngkǒu /ツアンコウ/ (英window)

迷う 迷失 míshī /ミィスー/ (英get lost)

円[丸]い 圓 yuán /ユィエン/ (英round, circular)

満員 客滿,滿座 kèmǎn, mǎnzuò /コォマン, マンヅオ/ (英full)

右 右 yòu /イオウ/ (英right)

短い 短 duǎn /ドゥアン/ (英short, brief)

水 水 shuǐ /スエイ/ (英water)

湖 湖,湖泊 hú, húbó /フウ, フウポォ/ (英lake)

店 店鋪[店舖],商店 diànpù, shāngdiàn /ディエンプウ, サンディエン/ (英store, shop)

未成年 未成年 wèichéngnián /ウエイツォンニエン/ (英minority)

道 路,道,道路 lù, dào, dàolù /ルウ, ダウ, ダウルウ/ (英way, road)

緑 綠色 lǜsè /リュィソォ/ (英green)

港 港,港口 gǎng, gǎngkǒu /ガン, ガンコウ/ (英harbor, port)

南 南,南方 nán, nánfāng /ナン, ナンファン/ (英south)

ミネラルウォーター 礦泉水 kuàngquánshuǐ /クアンチュィエンスエイ/ (英mineral water)

身分証明書 身份證 shēnfènzhèng /センフェンヅォン/ (英identity card)

見本 [件]樣品 [jiàn] yàngpǐn /[ヂエン] イアンピン/ (英sample)

耳 耳朵 ěrduo /オルドゥオ/ (英ear)

土産 禮物,禮品,土産 lǐwù, lǐpǐn, tǔchǎn /リィウゥ, リィピン, トウツァン/ (英souvenir)

見る 看,瞧,瞅,觀看 kàn, qiáo, chǒu, guānkàn /カン, チアウ, ツォウ, グアンカン/ (英see, look at)

民芸品 民間工藝品 mínjiān gōngyìpǐn /ミンヂエン ゴンイィピン/ (英folk-art article)

虫 蟲(子),昆蟲 chóng(zi), kūnchóng /ツオン(ヅ), クンツオン/ (英insect, worm)

難しい 難,困難,不簡單,不容易 nán, kùnnán, bù jiǎndān, bù róngyì /ナン, クンナン, ブウ ヂエンダン, ブウ ズオンイィ/ (英difficult, hard)

胸 胸,胸脯,胸膛 xiōng, xiōngpú, xiōngtáng /シュオン, シュオンプウ,

シュオンタン/ (英breast, chest)

無料 免費 miǎnfèi /ミエンフェイ/ (英free)

目 眼睛 yǎnjīng /イエンヂン/ (英eye)

銘柄 牌子, 商標, 品牌 páizi, shāngbiāo, pǐnpái /パイヅ, サンビアウ, ピンパイ/ (英brand, description)

明細 細目表 xìmùbiǎo /シムウビアウ/ (英detail)

メーカー 廠商, 製造'商[業] chǎngshāng, zhìzào'shāng[yè] /ツァンサン, ヅーヅァオ'サン[イエ]/ (英maker)

メートル 公尺, 米 gōngchǐ, mǐ /グオンツー, ミィ/ (英meter)

メール 電子郵件, e-mail diànzǐ yóujiàn, e-mail /ディエンヅー イオウ ヂエン, e-mail/ (英e-mail)

メールアドレス 電郵地址 diànyóu dìzhǐ /ディエンイオウ ディヅー/ (英e-mail address)

眼鏡 眼鏡 yǎnjìng /イエンヂン/ (英glasses)

目薬 眼藥 yǎnyào /イエンイアウ/ (英eyewash)

メニュー 菜單 càidān /ツァイダン/ (英menu)

綿 棉, 棉布 mián, miánbù /ミエン, ミエンブウ/ (英cotton)

免許(証) 執照, 許可證 zhízhào, xǔkězhèng /ヅーヅァオ, シュイコォヅォン/ (英license)

免税店 免税(商)店 miǎnshuì (shāng)diàn /ミエンスエイ (サン)ディエン/ (英duty-free shop)

申し込み(予約) 預約 yùyuē /ユィユエ/ (英booking, appointment)

毛布 毛毯, 毯子 máotǎn, tǎnzi /マウタン, タンヅ/ (英blanket)

木曜日 星期四, 禮拜四, 週四 xīngqísì, lǐbàisì, zhōusì /シンチィスー, リィパイスー, ヅォウスー/ (英Thursday)

持ち物 東西, 攜帯物品 dōngxī, xīdài wùpǐn /ドゥオンシィ, シィダイ ウゥピン/ (英belongings)

持つ(携帯) 帯, 攜帯 dài, xīdài /ダイ, シィダイ/ (英have)

持つ(所有) 有, 所有, 擁有, 具有 yǒu, suǒyǒu, yǒngyǒu, jùyǒu /イオウ, スオイオウ, ユオンイオウ, ヂュイイオウ/ (英have, possess)

物 東西, 物品, 事物 dōngxī, wùpǐn, shìwù /ドゥオンシィ, ウゥピン, スーウゥ/ (英thing, object)

模様 花紋, 圖案 huāwén, tú'àn /フアウン, トゥウアン/ (英pattern, design)

や行

薬味 作料, 佐料 zuóliào, zuǒliào /ヅオリアウ, ヅオリアウ/ (英spice)

日華単語帳

火傷　**燙傷, 燒傷**　tàngshāng, shāoshāng　/タンサン, サオサン/　(英burn)

野菜　**蔬菜**　shūcài　/スウツァイ/　(英vegetables)

易しい　**容易, 簡單**　róngyì, jiǎndān　/ズオンイィ, ヂエンダン/　(英easy, plain)

矢印　**箭形符號**　jiànxíng fúhào　/ヂエンシン フウハウ/　(英arrow)

安い　**便宜, 賤**　piányí, jiàn　/ピエンイィ, ヂエン/　(英cheap, inexpensive)

休む　**休息, 歇, 停歇**　xiūxí, xiē, tíngxiē　/シオウシィ, シエ, ティンシエ/　(英rest)

薬局　**藥房, 藥局**　yàofáng, yàojú　/イアウファン, イアウヂュイ/　(英drugstore, pharmacy)

山　〔**座**〕**山**　[zuò] shān　/ヅオ〕サン/　(英mountain)

柔〔軟〕らかい　**軟, 柔軟, 細嫩**　ruǎn, róuruǎn, xìnèn　/ズアン, ゾウズアン, シィネン/　(英soft, tender)

夕方　**傍晚, 黃昏**　bāngwǎn, huánghūn　/バンウアン, フアンフン/　(英late afternoon, evening)

夕食　〔**頓**〕**晚飯, 晚餐**　[dùn] wǎnfàn, wǎncān　/[ドゥン] ウアンファン, ウアンツァン/　(英supper, dinner)

郵送料　**郵費, 郵資**　yóufèi, yóuzī　/イオウフェイ, イオウヅー/　(英postage)

郵便局　**郵(政)局**　yóu(zhèng)jú　/イオウ(ヅォン)ヂュイ/　(英post office)

郵便番号　**郵遞區號**　yóudì qūhào　/イオウディ チュイハウ/　(英zip code)

有料　**收費**　shōufèi　/ソウフェイ/　(英pay)

指　〔**隻**〕**指, 手指, 指頭**　[zhī] zhǐ, shǒuzhǐ, zhǐtóu　/[ヅー] ヅー, ソウヅー, ヅートウ/　(英finger)

良〔善〕い　**好, 佳, 美, 良, 善**　hǎo, jiā, měi, liáng, shàn　/ハウ, ヂア, メイ, リアン, サン/　(英good)

酔う(酒に)　(**喝**)**醉, 醉酒**　(hē)zuì, zuìjiǔ　/(ホォ)ヅエイ, ヅエイヂオウ/　(英get drunk)

酔う(車に)　**暈車**　yūnchē　/ユインツォ/　(英get carsick)

酔う(飛行機に)　**暈機**　yūnjī　/ユインヂィ/　(英get airsick)

酔う(船に)　**暈船**　yūnchuán　/ユインツアン/　(英get seasick)

容器　**容器, 盛器**　róngqì, chéngqì　/ズオンチィ, ツォンチィ/　(英receptacle)

用紙　〔**張**〕**表格, 文件格式**　[zhāng] biǎogé, wénjiàn géshì　/[ヅァン] ビアウゴェ, ウンヂエン ゴェスー/　(英form)

幼児　**幼兒, 小兒, 小孩**　yòu'ér, xiǎo'ér, xiǎohái　/イオウオル, シアウオル, シアウハイ/　(英infant, child)

浴室　浴室,洗澡間　yùshì, xǐzǎojiān　/ユィスー, シィヅァオヂエン/　(英bathroom)

横　橫,旁邊,側面　héng, pángbiān, cèmiàn　/ホン, パンビエン, ツォミエン/　(英side)

予備　預備,備品,備份　yùbèi, bèipǐn, bèifèn　/ユィベイ, ベイピン, ベイフェン/　(英reserve, spare)

読む　看,讀,念,閱讀　kàn, dú, niàn, yuèdú　/カン, ドゥウ, ニエン, ユィエドゥウ/　(英read)

予約(する)　預訂,預約　yùdìng, yùyuē　/ユィディン, ユィユィエ/　(英reservation; reserve)

夜　夜(裡),夜間,晚上　yè(lǐ), yèjiān, wǎnshàng　/イエ(リィ), イエヂエン, ウアンサン/　(英night, evening)

弱い　弱,軟弱,不結實　ruò, ruǎnruò, bù jiēshí　/ズオ, ズアンズオ, ブウヂエスー/　(英weak)

ら行

来月　下個月　xiàge yuè　/シアゴォ ユィエ/　(英next month)

来週　下個˙星期[禮拜],下週　xiàge ˙xīngqí[lǐbài], xiàzhōu　/シアゴォ˙シンチィ[リィパイ], シアヅォウ/　(英next week)

ライター　打火機　dǎhuǒjī　/ダァフオヂィ/　(英lighter)

ライト　燈,照明　dēng, zhàomíng　/ドン, ヅァオミン/　(英light)

来年　明年　míngnián　/ミンニエン/　(英next year)

ラジオ　[台]收音機　[tái] shōuyīnjī　/[タイ] ソウインヂィ/　(英radio)

率　比率　bǐlǜ　/ビィリュィ/　(英rate)

リットル　公升,升　gōngshēng, shēng　/グオンソン, ソン/　(英liter)

量　量,分量,數量　liàng, fènliàng, shùliàng　/リアン, フェンリアン, スウリアン/　(英quantity)

両替(する)(外貨を)　兌換,換匯　duìhuàn, huànhuì　/ドゥエイフアン, ファンフエイ/　(英exchange)

料金　費用,使用費,手續費　fèiyòng, shǐyòngfèi, shǒuxùfèi　/フェイユオン, スーユオンフェイ, ソウシュィフェイ/　(英charge, fee)

領事館　領事館　lǐngshìguǎn　/リンスーグアン/　(英consulate)

領収証　[張]發票,收據　[zhāng] fāpiào, shōujù　/[ヅァン] ファピアウ, ソウヂュィ/　(英receipt)

旅券　[本]護照　[běn] hùzhào　/[ベン] フウヅァオ/　(英passport)

旅行(する)　旅行,旅遊　lǚxíng, lǚyóu　/リュィシン, リュィイオウ/　(英travel, trip)

旅行社 〔家〕旅行社 [jiā] lǚxíngshè /[ヂア] リュィシンソォ/ (㊜travel agency)

旅費 旅費, 路費 lǚfèi, lùfèi /リュィフェイ, ルゥフェイ/ (㊜traveling expenses)

離陸(する) 起飛 qǐfēi /チィフェイ/ (㊜takeoff; take off)

ルート 路線, 管道, 途径 lùxiàn, guǎndào, tújìng /ルウシエン, グアンダウ, トゥヂン/ (㊜route, channel)

冷蔵庫 (電)冰箱 (diàn)bīngxiāng /(ディエン)ビンシアン/ (㊜refrigerator)

冷凍食品 冷凍食品 lěngdòng shípǐn /ロンドゥオン スーピン/ (㊜frozen food)

レインコート 〔件〕雨衣 [jiàn] yǔyī /[ヂエン] ユィイィ/ (㊜raincoat)

レストラン 餐廳 cāntīng /ツァンティン/ (㊜restaurant)

列車 〔列〕火車, 列車 [liè] huǒchē, lièchē /[リエ] フオツォ, リエツォ/ (㊜train)

レンズ 鏡片, 透鏡 jìngpiàn, tòujìng /ヂンピエン, トウヂン/ (㊜lens)

レンタカー 出租車, 租賃車 chūzūchē, zūlìnchē /ツゥヅゥツォ, ヅゥリンツォ/ (㊜rent-a-car)

連絡(する) 聯絡, 聯繫[連繋] liánluò, liánxì /リエンルオ, リエンシィ/ (㊜contact)

ロープウエイ 索道 suǒdào /スオダウ/ (㊜ropeway)

路線図 路線圖 lùxiàntú /ルウシエントゥウ/ (㊜route map)

ロッカー 衣櫃, 櫥櫃, 置物櫃 yīguì, chúguì, zhìwùguì /イィグエイ, ツゥウグエイ, ヅーウグエイ/ (㊜locker)

ロビー 大廳 dàtīng /ダァティン/ (㊜lobby)

わ行

ワイシャツ 襯衫 chènshān /ツェンサン/ (㊜shirt)

忘れ物 (遺)失物 (yí)shīwù /(イィ)スーウゥ/ (㊜thing left behind)

忘れる 忘, 忘記, 忘掉 wàng, wàngjì, wàngdiào /ウアン, ウアンヂィ, ウアンディアウ/ (㊜forget)

綿 棉花, 棉絮 miánhuā, miánxù /ミエンフア, ミエンシュィ/ (㊜cotton)

割合 比例, 比率 bǐlì, bǐlǜ /ビィリィ, ビィリュィ/ (㊜rate, ratio)

割引 折扣, 打折, 減價 zhékòu, dǎzhé, jiǎnjià /ヅォコウ, ダァヅォ, ヂエンヂア/ (㊜discount)

悪い 壞, 歹, 惡, 不好 huài, dǎi, è, bùhǎo /フアイ, ダイ, オォ, ブゥハウ/ (㊜bad, wrong)

華日単語帳

*主に旅行会話で使う単語を集めた.

A

ǎi 矮 アイ (英 short) 低い(背が)
ānjìng 安靜 アンヂン (英 silent, still, calm) 静かな
ānquándài 安全帶 アンチュィエンダイ (英 seatbelt) シートベルト
ànmǎ 暗碼 アンマァ (英 PIN number; password) 暗証番号；パスワード

B

bāshì 巴士 バァスー (英 bus) バス
bǎihuò gōngsī 百貨公司 バイフオ グオンスー (英 department store) デパート
bāncì 班次 バンツー (英 flight; service) 便(飛行機の；電車・列車・バスの)
bānjī 班機 バンヂィ (英 flight) 便(飛行機の)
bànfǎ 辦法 バンファ (英 way, method) 方法
bāngmáng 幫忙 バンマン (英 help, assist) 手伝う
bāngwǎn 傍晚 バンウアン (英 late afternoon, evening) 夕方, 晩
bāngzhù 幫助 バンヅゥ (英 help, assist) 手伝う, 助ける
bàng 棒 バン (英 wonderful, splendid) 素晴らしい
bāo 包 バウ (英 wrap) 包む
bāoguǒ 包裹 バウグオ (英 package, parcel) 小包
bǎoguì 寶貴 バウグエイ (英 important, precious) 大事な, 貴重な
bǎoxiǎn 保險 バウシエン (英 insurance; safety) 保険；安全な
bèidān 被單 ベイダン (英 (bed) sheet) シーツ
bèizi 被子 ベイヅ (英 *futon*) 布団
bǐ 筆 ビィ (英 pen) ペン
bǐlǜ 比率 ビィリュィ (英 rate; the exchange rate) 率；換算率
bǐsài 比賽 ビィサイ (英 game, match) 試合
biànbì 便祕[便閉] ビエンビィ (英 constipation) 便秘
biǎo 錶 ビアウ (英 watch) 時計
biǎoyǎn 表演 ビアウイエン (英 show) ショー
biézhēn 別針 ビエヅェン (英 pin) ピン
bīng 冰 ビン (英 ice) 氷
bīngxiāng 冰箱 ビンシアン (英 refrigerator) 冷蔵庫
bōlí 玻璃 ボォリィ (英 glass) ガラス
bōlíbēi 玻璃杯 ボォリィベイ (英 glass) コップ

bú gòu 不夠 ブゥ ゴウ (英 insufficient) 不十分な
bùhǎo 不好 ブゥハウ (英 bad, wrong) 悪い
bù zhǔn 不准 ブゥ ヅン (英 prohibition; prohibit) 禁止(する)

C

càidān 菜單 ツァイダン (英 menu) メニュー
cānjiā 参加 ツァンヂア (英 participation; participate) 参加(する)
cāntīng 餐廳 ツァンティン (英 restaurant) レストラン, 食堂
cèsuǒ 廁所 ツォスオ (英 bathroom, toilet) トイレ, 洗面所
chātóu 插頭 ツァトウ (英 plug) プラグ
chāzi 叉子 シィイィフェン (英 fork) フォーク(食器)
cháshuǐ 茶水 ツァスエイ (英 tea) 茶
chǎo 吵 ツァオ (英 noisy) うるさい
chēfèi 車費 ツォフェイ (英 fare) 運賃
chēpiào 車票 ツォピアウ (英 ticket) 乗車券
chēzhàn 車站 ツォヅァン (英 station) 駅, 停留所
chènshān 襯衫 ツェンサン (英 shirt) シャツ, ワイシャツ
chéngshì 城市 ツォンスー (英 city) 都市
chī 吃 ツー (英 eat) 食べる
(chī)fàn (吃)飯 (ツー)ファン (英 (have a) meal) 食事(をする)
chǐcùn 尺寸 ツーツン (英 size) サイズ, 大きさ
chóng(zi) 蟲(子) ツォン(ヅ) (英 insect, worm) 虫
chōuyān 抽菸 ツォウイエン (英 smoking; smoke) 喫煙(する)
chūfā 出發 ツウファ (英 departure; depart) 出発(する)
chūlù 出路 ツウルウ (英 exit, way out) 出口
chuān 穿 ツアン (英 put on) 着る
chuán 船 ツアン (英 boat, ship) 船[舟]
chuāng(hù) 窗(戶) ツアン(フウ) (英 window) 窓
chuáng 床 ツアン (英 bed) ベッド
chuángdān 床單 ツアンダン (英 (bed) sheet) シーツ
chuīfēngjī 吹風機 ツエイフォンヂィ (英 drier) ドライヤー
chūntiān 春天 ツンティエン (英 spring) 春
cū 粗 ツウ (英 big, thick) 太い
cúnfàng 存放 ツンファン (英 leave, deposit) 預ける
cuòwù 錯誤 ツオウゥ (英 mistake, error) 間違い

D

(dǎ) diànhuà (打)電話 (ダァ)ディエンフア (英 telephone; call) 電話(する)
dǎsǎo 打掃 ダァサオ (英 cleaning; clean, sweep) 掃除(する)

dǎtīng 打聽 ダァティン (英 ask) 聞く(尋ねる)
dǎzhé 打折 ダァヅォ (英 discount) 割引
dàlóu 大樓 ダァロウ (英 building) ビル
dàtīng 大廳 ダァティン (英 lobby) ロビー
dàxià 大廈 ダァシア (英 building) ビル
dàxiǎo 大小 ダァシアウ (英 size) サイズ，大きさ
dài 帶 ダイ (英 have) 持つ(携帯)
dàizi 袋子 ダイヅ (英 bag, sack) 袋
dānchéngpiào 單程票 ダンツォンピアウ (英 one-way ticket) 片道切符
dānrénfáng 單人房 ダンゼンファン (英 single) シングル(客室)
dàn 淡 ダン (英 light; weak) 薄い(色・液体・気体が；味が)
dāozi 刀子 ダウヅ (英 knife) ナイフ
dǎoyóu 導遊 ダウヨウ (英 tour conductor) 添乗員
dàodá 到達 ダウダァ (英 arrival; arrive at) 到着(する)
dēngjīmén 登機門 ドンディメン (英 boarding gate) 搭乗ゲート
dēngjīzhèng 登機證 ドンディヅォン (英 boarding pass) 搭乗券
děng 等 ドン (英 wait) 待つ
dǐxià 底下 ディシア (英 lower part, bottom) 下
dìfāng 地方 ディファン (英 place, site) 場所
dìzhǐ 地址 ディヅー (英 address) 住所
diǎncài 點菜 ディエンツァイ (英 order) 注文(する)(料理の)
diǎnxīn 點心 ディエンシン (英 confectionery, cake) 菓子
diàn(dòng) fútī 電(動)扶梯 ディエン(ドゥオン)フゥティ (英 escalator) エスカレーター
diàn(fēng)shàn 電(風)扇 ディエン(フォン)サン (英 electric fan) 扇風機
diànhúdāo 電鬍刀 ディエンフゥダウ (英 shaver) シェーバー
diànhuà 電話 ディエンファ (英 telephone; call) 電話(する)
diànhuà hàomǎ 電話號碼 ディエンファ ハウマァ (英 telephone number) 電話番号
diànnǎo 電腦 ディエンナウ (英 computer) コンピュータ，パソコン
diànshì(jī) 電視(機) ディエンスー(ディ) (英 television) テレビ
diàntī 電梯 ディエンティ (英 elevator, lift) エレベーター
diànyǐng 電影 ディエンイン (英 movie, film) 映画
diànyóu dìzhǐ 電郵地址 ディエンイオウ ディヅー (英 e-mail address) メールアドレス
diànzǐ yóujiàn 電子郵件 ディエンヅー イオウヂエン (英 e-mail) Eメール
dìng(gòu) 訂(購) ディン(ゴウ) (英 order) 申し込み(購入などの)
dōngtiān 冬天 ドゥオンティエン (英 winter) 冬
dōngxī 東西 ドゥオンシィ (英 thing; belongings) 物；持ち物

dùzi 肚子 ドゥウヅ (英 belly) 腹
duìhào rùzuò 對號入座 ドゥエイハウ ズゥヅオ (英 reserved seat) 指定席
duìhuàn 兌換 ドゥエイフアン (英 exchange) 両替(する)(外貨を)
duìmiàn 對面 ドゥエイミエン (英 opposite side) 反対側

E

ěxīn 噁心 オォシン (英 nausea) 吐き気
értóng 兒童 オルトゥオン (英 child) 子供
ěrjī 耳機 オルヂィ (英 earphone) イヤホン

F

fāpiào 發票 ファピアウ (英 receipt, slip) 領収証, 伝票
fāsòng 發送 ファソン (英 sending out; send out) 発送(する)
fákuǎn 罰款 ファクアン (英 fine) 罰金
fānyì 翻譯 ファンイィ (英 interpreter; translation) 通訳；翻訳
fǎnhuí 返回 ファンフエイ (英 return) 引き返す
fàndiàn 飯店 ファンディエン (英 hotel) ホテル
fángjiān 房間 ファンヂエン (英 room) 部屋
fēiduìhào 非對號 フェイドゥエイハウ (英 non-reserved seat) 自由席
fēijī 飛機 フェイヂィ (英 airplane, plane) 飛行機
fúwùfèi 服務費 フウウゥフェイ (英 service charge) サービス料
fù 付 フウ (英 pay) 払う
fùhuán 付還 フウフアン (英 repayment, refund) 払い戻し
fùkuǎn 付款 フウクアン (英 pay) 支払う
fùqián 付錢 フウヂエン (英 pay) 支払う
fùzérén 負責人 フウヅォゼン (英 person in charge of) 係員

G

gài(zi) 蓋(子) ガイ(ヅ) (英 lid) 蓋
gānjìng 乾淨 ガンヂン (英 clean, neat) 清潔(な)
gǎnkuài 趕快 ガンクアイ (英 hurry, hasten) 急ぐ
gǎnmào 感冒 ガンマウ (英 cold, flu) 風邪
gǎng(kǒu) 港(口) ガン(コウ) (英 harbor, port) 港
gāo 高 ガウ (英 high, tall) 高い(背や位置が)
gāodiǎn 糕點 ガウディエン (英 confectionery, cake) 菓子
gāosù gōnglù 高速公路 ガウスウ グオンルウ (英 expressway) 高速道路
gāoxìng 高興 ガウシン (英 happy, cheerful) 楽しい
gàosù 告訴 ガウスウ (英 inform, tell, report) 知らせる
gē(qǔ) 歌(曲) ゴォ(チュイ) (英 song) 歌

gōngchē 公車 グオンツォ (英 bus) バス
gōngchēzhàn 公車站 グオンツォヅァン (英 bus stop) バス停
gōngchǐ 公尺 グオンツー (英 meter) メートル
gōngfēn 公分 グオンフェン (英 centimeter) センチメートル
gōngjīn 公斤 グオンヂン (英 kilogram) キログラム
gōngkè 公克 グオンコォ (英 gram) グラム
gōnglǐ 公里 グオンリィ (英 kilometer) キロメートル
gōngshēng 公升 グオンソン (英 liter) リットル
gōngsī 公司 グオンスー (英 company, corporation) 会社
gūjì 估計 グウヂィ (英 calculation; calculate, count) 計算(する)
gǔwàn 古玩 グウウアン (英 curio, antique) 骨董品
guāhúdāo 刮鬍刀 グアフウダウ (英 shaver) シェーバー
guāhúgāo 刮鬍膏 グアフウガウ (英 shaving cream) シェービングクリーム
guānmén 關門 グアンメン (英 closing; close) 閉店(する)
guànxǐshì 盥洗室 グアンシィスー (英 bathroom, toilet) トイレ, 洗面所
guì 貴 グエイ (英 expensive) 高い(値段が)
guìtái 櫃檯 グエイタイ (英 counter) カウンター
(guójì) wǎnglù (國際)網路 (グオヂィ)ウアンルゥ (英 Internet) インターネット

H

háizi 孩子 ハイヅ (英 child) 子供
hǎiguān 海關 ハイグアン (英 customs) 税関
hángkōngxìn 航空信 ハンクオンシン (英 airmail) エアメール
hángkōng yóujiàn 航空郵件 ハンクオン イオウヂエン (英 airmail) 航空便
hǎo 好 ハウ (英 good, fine, nice) 良い
hǎochī 好吃 ハウツー (英 nice, delicious) 美味しい
hǎokàn 好看 ハウカン (英 pretty, beautiful) 綺麗な(美しい)
hǎowán 好玩 ハウウアン (英 interesting) 面白い
hàomǎ 號碼 ハウマァ (英 number) 番号
hē 喝 ホォ (英 drink, take) 飲む
(hē)zuì (喝)醉 (ホォ)ヅエイ (英 get drunk) 酔う(酒に)
hézi 盒子 ホォヅ (英 box, case) 箱
hóulóng 喉嚨 ホウロン (英 throat) 喉
hòubǔ 候補 ホウブウ (英 standby) キャンセル待ち
hòuchēshì 候車室 ホウツォスー (英 waiting room) 待合室(駅の)
hùzhào 護照 フウヅァオ (英 passport) パスポート
huāyàng 花樣 フアイアン (英 pattern, design) 柄
huà 畫 フア (英 picture, painting) 絵画
huàzhuāngpǐn 化妝品 フアヅアンピン (英 toilet articles) 化粧品

華日単語帳

huài 壞 フアイ (英 bad, wrong) 悪い
huài(le) 壞(了) フアイ(ロォ) (英 break, (be) broken) 壊れる
huàn 換 フアン (英 exchange) 交換(する)
huànchē 換車 フアンツォ (英 change, transfer) 乗り換え
huànhuì 換匯 フアンフエイ (英 exchange) 両替(する)(外貨を)
huíjiā 回家 フエイデイア (英 return) 帰り
huǒchē 火車 フオツォ (英 train) 列車
(huǒ)chēzhàn (火)車站 (フオ)ツォツァン (英 station) 駅
huǒjǐng 火警 フオデン (英 fire) 火事
huò dào fùkuǎn 貨到付款 フオ ダウ フウクアン (英 collect on delivery) 着払い(品物代)
huòwù 貨物 フオウゥ (英 baggage) 荷物

jīchǎng 機場 ディツァン (英 airport) 空港
jīpiào 機票 ディピアウ (英 airline ticket) 航空券
jìchéngchē 計程車 ディツォンツォ (英 taxi) タクシー
jìchū 寄出 ディツウ (英 sending out; send out) 発送(する)
jìcún 寄存 ディツン (英 leave, deposit) 預ける
jìsì 祭祀 ディスー (英 festival) 祭り
jiāyóuzhàn 加油站 デイアオウヅァン (英 gas station) ガソリンスタンド
jiǎyá 假牙 デイアイア (英 artificial tooth) 入れ歯
jiàqián 價錢 デアチエン (英 price) 値段
jiàshǐ (zhí)zhào 駕駛(執)照 デイアスー(ヅー)ツァオ (英 driver's license) 運転免許証
jiǎndāo 剪刀 デエンダウ (英 scissors) 鋏
jiǎnjià 減價 デエンデア (英 discount) 割引
jiǎnpiàokǒu 剪票口 デエンピアウコウ (英 ticket gate) 改札口
jiǎnzi 剪子 デエンヅ (英 scissors) 鋏
jiǎo 腳 デアウ (英 foot) 足[脚](足首から先)
jiàocài 叫菜 デイアウツァイ (英 order) 注文(する)(料理の)
jiē(dào) 街(道) デエ(ダウ) (英 road, street) 通り
jiētī 階梯 デエティ (英 stairs) 階段
jiémù 節目 デエムゥ (英 program) 番組
jiéshù 結束 デエスウ (英 end, close) 終わる
jiéyùn 捷運 デエユィン (英 subway) 地下鉄
jiěyuē 解約 デエユイエ (英 cancellation; cancel) キャンセル(する)
jīnnián 今年 ヂンニエン (英 this year) 今年
jīntiān 今天 ヂンティエン (英 today) 今日

jǐn 緊 ヂン (㊥ tight) きつい(窮屈な)
jìnkǒu 進口 ヂンコウ (㊥ entrance) 入り口
jìnzhǐ xīyān 禁止吸菸 ヂンヅー シィイエン (㊥ No Smoking) 禁煙
jīngguò 經過 ヂングオ (㊥ by way of, via) 経由(する)
jǐngjú 警局 ヂンデュィ (㊥ police station) 警察署
jìngpiàn 鏡片 ヂンピエン (㊥ lens) レンズ
jìngzi 鏡子 ヂンヅ (㊥ mirror, glass) 鏡
jiūfēn 糾紛 ヂオウフェン (㊥ trouble) トラブル
jiù 舊 ヂオウ (㊥ old, ancient) 古い
jiùhùchē 救護車 ヂオウフウツォ (㊥ ambulance) 救急車
jiùshēngyī 救生衣 ヂオウソンイィ (㊥ life jacket) 救命胴衣

K

kāfēi'tīng[diàn/guǎn] 咖啡'廳[店／館] カァフェイ'ティン[ディエン／グアン] (㊥ coffee shop, tearoom) 喫茶店
kāichē 開車 カイツォ (㊥ depart) 発車する
kāishì 開市 カイスー (㊥ opening; open) 開店(する)
kāixīn 開心 カイシン (㊥ happy, cheerful) 楽しい
kàn 看 カン (㊥ see, look at; read) 見る；読む
kào chuāng de zuòwèi 靠窗的座位 カウ ツアン ドォ ヅオウエイ (㊥ window seat) 窓側の席
kào zǒudào de zuòwèi 靠走道的座位 カウ ヅォウダウ ドォ ヅオウエイ (㊥ aisle seat) 通路側の席
kěpà 可怕 コォパァ (㊥ fearful) 恐い
kěxí 可惜 コォシィ (㊥ regrettable) 残念な
kǒngbù 恐怖 クオンブウ (㊥ fearful; terrorism) 恐い；テロ
kòng[kōng]fáng 空房 クオン[クオン]ファン (㊥ vacant room) 空き部屋
kòng[kōng] zuòwèi 空座位 クオン[クオン] ヅオウエイ (㊥ vacant seat) 空席
kǒudài 口袋 コウダイ (㊥ bag; pocket) 袋；ポケット
kòuzi 扣子[釦子] コウヅ (㊥ button) ボタン(服の)
kùcún 庫存 クウツン (㊥ stocks) 在庫
kùzi 褲子 クウヅ (㊥ trousers) ズボン
kuài 快 クアイ (㊥ quick, fast) 速い
kuàichē 快車 クアイツォ (㊥ express) 急行列車
kuàizi 筷子 クアイヅ (㊥ chopsticks) 箸
kuàngquánshuǐ 礦泉水 クアンチュイエンスエイ (㊥ mineral water) ミネラルウォーター
kùn 困 クン (㊥ (be) sleepy) 眠い
kùnnán 困難 クンナン (㊥ difficult, hard) 難しい

L

lā dùzi 拉肚子 ラァドゥウヅ (英 (have) diarrhea) 下痢(する)
là 辣 ラァ (英 hot, spicy) 辛い
láihuípiào 來回票 ライフエイピアウ (英 round-trip ticket) 往復切符
lán 藍 ラン (英 blue) 青い
lèsèxiāng 垃圾箱 ロォソォシアン (英 trash can) ごみ箱
lěng 冷 ロン (英 cold) 寒い；冷たい
lěngqì(jī) 冷氣(機) ロンチィ(ヂィ) (英 air conditioner) エアコン
límǐ 釐米 リィミィ (英 centimeter) センチメートル
lǐbài 禮拜 リィバイ (英 week) 週
lǐbài'èr 禮拜二 リィバイオル (英 Tuesday) 火曜日
lǐbàiliù 禮拜六 リィバイリオウ (英 Saturday) 土曜日
lǐbài'rì[tiān] 禮拜'日[天] リィバイ'ズー[ティエン] (英 Sunday) 日曜日
lǐbàisān 禮拜三 リィバイサン (英 Wednesday) 水曜日
lǐbàisì 禮拜四 リィバイスー (英 Thursday) 木曜日
lǐbàiwǔ 禮拜五 リィバイウゥ (英 Friday) 金曜日
lǐbàiyī 禮拜一 リィバイイィ (英 Monday) 月曜日
lǐpǐn 禮品 リィピン (英 souvenir) 土産，プレゼント
lǐwù 禮物 リィウゥ (英 souvenir) 土産，プレゼント
liánxì 聯繫[連繫] リエンシィ (英 contact) 連絡(する)
liángkuài 涼快 リアンクアイ (英 cool) 涼しい
línyù 淋浴 リンユィ (英 shower) シャワー
língqián 零錢 リンチエン (英 change) 小銭
lǐngdài 領帶 リンダイ (英 necktie, tie) ネクタイ
liúxīn 留心 リオウシン (英 watch out) 気をつける
liúyì 留意 リオウイィ (英 watch out) 気をつける
lóutī 樓梯 ロウティ (英 stairs) 階段
lùyǐngjī 錄影機 ルウインヂィ (英 video) ビデオ
lǚyóu 旅遊 リュイイオウ (英 sightseeing, travel) 観光，旅行

M

máfán 麻煩 マァファン (英 trouble) トラブル
mǎlù 馬路 マァルウ (英 road, street) 通り
mǎi 買 マイ (英 buy, purchase) 買う
mǎidān 買單 マイダン (英 pay the check) 勘定を払う
mǎi dōngxī 買東西 マイドゥオンシィ (英 shopping) 買い物
mài 賣 マイ (英 sell) 売る
màiguāng 賣光 マイグアン (英 sellout) 売り切れ

華日単語帳

màiwán 賣完 マイワン (英 sellout) 売り切れ
mǎnzuò 滿座 マンゾオ (英 full) 満員
màn 慢 マン (英 slow) 遅い(速度が)
máobìng 毛病 マウビン (英 breakdown; sickness) 故障；病気
máojīn 毛巾 マウヂン (英 towel) タオル
máotǎn 毛毯 マウタン (英 blanket) 毛布
máoyī 毛衣 マウイィ (英 sweater, pullover) セーター
ménpiào 門票 メンピアウ (英 ticket) チケット
míshī 迷失 ミィスー (英 get lost) 迷う
mǐ 米 ミィ (英 meter) メートル
mìmǎ 密碼 ミィマァ (英 PIN number; password) 暗証番号；パスワード
miǎnfèi 免費 ミエンフェイ (英 free) 無料
miànbāo 麵包 ミエンバウ (英 bread) パン
mièhuǒqì 滅火器 ミエフオチィ (英 extinguisher) 消火器
míngnián 明年 ミンニエン (英 next year) 来年
míngtiān 明天 ミンティエン (英 tomorrow) 明日
míngxìnpiàn 明信片 ミンシンピエン (英 post card) 葉書
míngzì 名字 ミンヅー (英 name) 名前

N

nǎiluò 奶酪 ナイルオ (英 cheese) チーズ
nánguò 難過 ナングオ (英 hard, painful) つらい
nánshì 男士 ナンスー (英 male) 男性
nánshòu 難受 ナンソウ (英 hard, painful) つらい，苦しい
nǎodài 腦袋 ナウダイ (英 head) 頭，知能
nǎojīn 腦筋 ナウヂン (英 head) 頭脳，頭
nèiyī 內衣 ネイイィ (英 underwear) 下着
niánjì 年紀 ニエンヂィ (英 age) 年齢
niàn 念 ニエン (英 read) 読む
niǔkòu 鈕扣[鈕釦] ニオウコウ (英 button) ボタン(服の)
nóng 濃 ヌオン (英 thick; rich) 濃い(密度などが；味が)
nuǎnhuó 暖和 ヌアンフオ (英 warm, mild) 暖[温]かい
nuǎnqì 暖氣 ヌアンチィ (英 heating) 暖房

P

páshǒu 扒手 パァソウ (英 pickpocket) スリ
pái(duì) 排(隊) パイ(ドゥエイ) (英 line up) 並ぶ
páizi 牌子 パイヅ (英 brand, description) 銘柄
pánzi 盤子 パンヅ (英 plate, dish; tray) 皿；盆

pángbiān 旁邊 パンビエン (英 side) 横
pēnwùqì 噴霧器 ペンウゥチィ (英 spray) スプレー
píjiǔ 啤酒 ピィヂオウ (英 beer) ビール
píxiāng 皮箱 ピィシアン (英 trunk, suitcase) トランク(スーツケース)
piányí 便宜 ピエンイィ (英 cheap, inexpensive) 安い
piào 票 ピアウ (英 ticket) 切符
piàojià 票價 ピアウヂア (英 admission fee) 入場料
piàoliàng 漂亮 ピアウリアン (英 beautiful) 美しい
pǐnpái 品牌 ピンパイ (英 brand, description) 銘柄
pǔtōng lièchē 普通列車 プゥトゥオン リエツォ (英 local train) 各駅停車

Q

qí 騎 チィ (英 ride, take) 乗る(自転車などに)
qìchē 汽車 チィツォ (英 car, automobile) 自動車
(qì)chēzhàn (汽)車站 (チィ)ツォヅァン (英 stop) 停留所
qìwèi 氣味 チィウェイ (英 smell, odor) 匂い
qìyóu 汽油 チィイオウ (英 gasoline, gas) ガソリン
qiānmíng 簽名 チエンミン (英 signature; sign) サイン(する)
qiānzhèng 簽證 チエンヅォン (英 visa) ビザ
qiānzì 簽字 チエンヅー (英 signature; sign) サイン(する)
qián 錢 チエン (英 money) お金
qiánbāo 錢包 チエンバウ (英 purse, wallet) 財布
qiǎn 淺 チエン (英 light) 薄い(色・液体・気体が)
qīngdàn 清淡 チンダン (英 weak) 薄い(味が)
qíngtiān 晴天 チンティエン (英 fine weather) 晴れ
qiūtiān 秋天 チオウティエン (英 autumn, fall) 秋
qūjiānchē 區間車 チュイヂエンツォ (英 local train) 各駅停車
qùhuípiào 去回票 チュイフエイピアウ (英 round-trip ticket) 往復切符
qùnián 去年 チュイニエン (英 last year) 去年
qúnzi 裙子 チュインヅ (英 skirt) スカート

R

rè 熱 ゾォ (英 hot) 熱[暑]い
rénxíngdào 人行道 ゼンシンダウ (英 sidewalk) 歩道
rènshì 認識 ゼンシー (英 know) 知る
rìqí 日期 ズーチィ (英 date) 日付
rìzi 日子 ズーヅ (英 day, date) 日(日付)
rǔluò 乳酪 ズウルオ (英 cheese) チーズ
rùjìng guǎnlǐ 入境管理 ズウヂン グアンリィ (英 immigration) 入国管理

S

sǎngzi 嗓子 サンヅ (英 throat) 喉
shāfā 沙發 サァファ (英 sofa) ソファー
shāngfēng 傷風 サンフォン (英 cold, flu) 風邪
shāngliáng 商量 サンリァン (英 consultation; consult with) 相談(する)
shāngwù 商務 サンウゥ (英 business) ビジネス
shàngge ˇxīngqí[lǐbài] 上個˙星期[禮拜] サンゴォ˙シンチィ[リィバイ] (英 last week) 先週
shàngge yuè 上個月 サンゴォ ユィエ (英 last month) 先月
shàngwǔ 上午 サンウゥ (英 morning) 午前
shāoshāng 燒傷 サオサン (英 burn) 火傷
shēn 深 セン (英 dark) 濃い(色が)
shēnbào 申報 センバァウ (英 declaration; declare) 申告(する)
shēncái 身材 センツァイ (英 body) 体
shēnfènzhèng 身份證 センフェンヅォン (英 identity card) 身分証明書
shēng 升 ソン (英 liter) リットル
shēngyì 生意 ソンイィ (英 business) ビジネス
shēngyīn 聲音 ソンイン (英 sound) 音
shīwù 失物 スーウゥ (英 thing left behind) 忘れ物
shíhòu 時候 スーホウ (英 time, hour) 時, 時刻
shízì lùkǒu 十字路口 スーヅー ルウコオウ (英 crossing, crossroads) 交叉[交差]点
shìchuān 試穿 スーツアン (英 try on) 試着(する)
shìwù 事物 スーウゥ (英 thing, object) 物
shìyàng 式樣 スーイアン (英 design) デザイン
shōufèi 收費 ソウフェイ (英 pay) 有料
shōujiànrén xìngmíng 收件人姓名 ソウヂエンゼン シンミン (英 address) 宛て名
shōujù 收據 ソウヂュイ (英 receipt) 領収証
shǒudiàntǒng 手電筒 ソウディエントゥオン (英 flashlight) 懐中電灯
shǒufútī 手扶梯 ソウフゥウテイ (英 escalator) エスカレーター
shǒujī 手機 ソウヂィ (英 cellphone) 携帯電話
shǒutíbāo 手提包 ソウティバウ (英 handbag, purse) ハンドバッグ
shǒutí xínglǐ 手提行李 ソウティ シンリィ (英 baggage) 手荷物
shǒuxù 手續 ソウシュィ (英 procedure) 手続き
shǒuyè 首頁 ソウイエ (英 homepage) ホームページ
shòu 售 ソウ (英 sell) 売る
shòu hòu fúwù 售後服務 ソウ ホウ フゥウウゥ (英 after-sales service)

華日単語帳

アフターサービス

shòuhuòyuán 售貨員 ソウフオユィエン (英 clerk) 店員
shòuwán 售完 ソウワン (英 sellout) 売り切れ
shū(běn) 書(本) スウ(ベン) (英 book) 本
shūcài 蔬菜 スウツァイ (英 vegetables) 野菜
shūshì 舒適 スウスー (英 pleasant, agreeable) 快い
shùmù 數目 スウムウ (英 number, figure) 数
shuāidǎo 摔倒 スアイダウ (英 tumble down) 転ぶ
shuāngrénfáng 雙人房 スアンゼンファン (英 twin room) ツイン(客室)
shuǎngkuài 爽快 スアンクアイ (英 pleasant, agreeable) 快い
sījī (xiānsheng) 司機(先生) スーヂィ(シエンソン) (英 driver) 運転手(さん)
sòng 送 スオン (英 delivery; deliver) 配達(する)
sòngchū 送出 スオンツウ (英 sending out; send out) 発送(する)
sùjiāo 塑膠 スウヂァウ (英 plastic) プラスチック
sùjiāodài 塑膠袋 スウヂァウダイ (英 plastic bag) ビニール袋
suān 酸 スアン (英 sour, acid) 酸っぱい
suànzhàng 算帳 スアンヅァン (英 pay the check) 勘定を払う
suíshēn xínglǐ 隨身行李 スエイセン シンリィ (英 baggage) 手荷物
suìdào 隧道 スエイダウ (英 tunnel) トンネル
suìshù 歲數 スエイスウ (英 age) 年齢
suǒdào 索道 スオダウ (英 ropeway) ロープウエイ

T

tàipíngmén 太平門 タイピンメン (英 emergency exit) 非常口
tàipíngtī 太平梯 タイピンティ (英 emergency staircase) 非常階段
tǎnzi 毯子 タンヅ (英 blanket) 毛布
tāng 湯 タン (英 soup) スープ
tāngchí 湯匙 タンツー (英 spoon) スプーン
táng 糖 タン (英 sugar) 砂糖
téng 疼 トン (英 painful, sore) 痛い
téngtòng 疼痛 トントゥオン (英 painful, sore) 痛い
tǐyùchǎng 體育場 ティュィツァン (英 stadium) スタジアム
tiān 天 ティエン (英 day) 日(日数)
tián 甜 ティエン (英 sweet) 甘い
tiándiǎn 甜點 ティエンディエン (英 dessert) デザート
tiáogēng 調羹 ティアウゴン (英 spoon) スプーン
tiáowèijiàng 調味醬 ティアウウエイヂアン (英 dressing) ドレッシング
tīng 聽 ティン (英 listen to) 聞[聴]く
tíngchēchǎng 停車場 ティンツォツァン (英 parking lot) 駐車場

tóubìshì 'jìcúnguì[jìwùxiāng] 投幣式'寄存櫃[寄物箱] トゥビィスー'ディツングエイ[ディウウシアン] (英 coin-operated locker) コインロッカー

tòujìng 透鏡 トウヂン (英 lens) レンズ

túhuà 圖畫 トウフア (英 picture, painting) 絵画

tújìng 途徑 トウヂン (英 route, channel) ルート

(tuántǐ) lǚyóu (團體)旅遊 (トゥアンティ) リュィイオウ (英 tour) ツアー

tuǐ 腿 トゥエイ (英 leg) 足[脚](全体)

tuìhuán 退還 トゥエイフアン (英 repayment, refund) 払い戻し

tuìshāoyào 退燒藥 トゥエイサオイアウ (英 antipyretic) 解熱剤

tuìshuì 退税 トゥエイスエイ (英 drawback) 税金の還付

W

wàzi 襪子 ウアヅ (英 socks, stockings) 靴下

wàibiǎo 外表 ウアイビアウ (英 face) 表(表面)

wǎn 晚 ウアン (英 late) 遅い(時間が), 遅れる

wǎnfàn 晚飯 ウアンフアン (英 dinner) 夕食

wǎnshàng 晚上 ウアンサン (英 night, evening) 夜

wàngjì 忘記 ウアンヂィ (英 forget) 忘れる

wèi(dào) 味(道) ウエイ(ダウ) (英 smell, odor; taste) 匂い;味

wèishēngmián 衛生棉 ウエイソンミエン (英 sanitary napkin) 生理用ナプキン

wèishēngzhǐ 衛生紙 ウエイソンヅー (英 tissue, toilet paper) ティッシュ, トイレットペーパー

wèizi 位子 ウエイヅ (英 seat) 座席

wēnhé 溫和 ウンホォ (英 warm, mild) 暖[温]かい

wūdǐng 屋頂 ウゥディン (英 roof) 屋上

wūzi 屋子 ウゥヅ (英 room) 部屋

wǔfàn 午飯 ウゥフアン (英 lunch) 昼食

wǔjīn 五金 ウゥヂン (英 metal) 金属

wùdiǎn 誤點 ウゥディエン (英 (be) late for, (be) delayed) 遅れる

wùjiàn 物件 ウゥヂエン (英 article, goods) 品物

X

xīfú 西服 シィフウ (英 clothes) 服

xīyān 吸菸 シィイエン (英 smoking; smoke) 喫煙(する)

xīzhuāng 西裝 シィヅアン (英 suit) スーツ

xǐfǎjīng 洗髮精 シィファヂン (英 shampoo) シャンプー

xǐshǒujiān 洗手間 シソウヂエン (英 bathroom, toilet) トイレ, 洗面所

xǐyī 洗衣 シイィ (英 wash) 洗濯(する)

華日単語帳

xǐyījīng 洗衣精 シィイィヂン (英 detergent) 洗剤(衣料用)
xǐzǎojiān 洗澡間 シィヅァオヂエン (英 bathroom) 浴室
xìyuàn 戲院 シィユイエン (英 theater) 劇場
xiàge ˈxīngqí[lǐbài] 下個ˈ星期[禮拜] シアゴォ ˈシンチィ[リィバイ] (英 next week) 来週
xiàge yuè 下個月 シアゴォ ユィエ (英 next month) 来月
xiàluò bùmíng de háizi 下落不明的孩子 シアルオ ブゥミン ドォ ハイヅ (英 stray child) 迷子
xiàtiān 夏天 シアティエン (英 summer) 夏
xiàwǔ 下午 シアウゥ (英 afternoon) 午後
xián 鹹 シエン (英 salty) 塩辛い
xiánrén ˈwùjìn[zhǐbù] 閒人ˈ勿進[止步] シエンゼン ˈウゥヂン[ヅーブウ] (英 No Admittance) 立入禁止
xiànkuǎn 現款 シエンクアン (英 cash) 現金
xiànqí 限期 シエンチィ (英 term, deadline) 期限
xiāng 香 シアン (英 nice, delicious) 美味しい, いい香りがする
xiāngděng 相等 シアンドン (英 (be) equal to) 等しい
xiāngfǎn 相反 シアンファン (英 reverse, contrary) 逆
xiānglà tiáowèiliào 香辣調味料 シアンラァ ティアウエイリアウ (英 spice) 香辛料
xiāngtóng 相同 シアントゥオン (英 (be) equal to) 等しい
xiāngyān 香菸 シアンイエン (英 tobacco) 煙草
xiǎng 想 シアン (英 want, wish for) 欲しい；…したい
xiǎng tù 想吐 シアン トゥウ (英 nausea) 吐き気
xiǎngyào 想要 シアンイアウ (英 want, wish for) 欲しい
xiāoshòu 銷售 シアウソウ (英 sell) 売る
xiǎodé 曉得 シアウドォ (英 know) 知る
xiǎohái 小孩 シアウハイ (英 child) 子供
xiǎomàibù 小賣部 シアウマイブウ (英 stall, stand) 売店
xiǎoqián 小錢 シアウチエン (英 change) 小銭
xiǎoxīn 小心 シアウシン (英 watch out) 気をつける
xiē 歇 シエ (英 rest) 休む
xié 鞋 シエ (英 shoes) 靴
xiě 寫 シエ (英 write) 書く
xièdù 瀉肚 シエドウ (英 (have) diarrhea) 下痢(する)
xìn 信 シン (英 letter) 手紙
xìnfēng 信封 シンフォン (英 envelope) 封筒
xìntǒng 信筒 シントゥオン (英 mailbox) ポスト
xìnxiāng 信箱 シンシアン (英 mailbox) ポスト

xìnyòngkǎ 信用卡 シンユオンカァ (英 credit card) クレジットカード
xīngqí 星期 シンチィ (英 week) 週
xīngqí'èr 星期二 シンチィオル (英 Tuesday) 火曜日
xīngqíliù 星期六 シンチィリオウ (英 Saturday) 土曜日
xīngqí'rì[tiān] 星期'日[天] シンチィ'ズー[ティエン] (英 Sunday) 日曜日
xīngqísān 星期三 シンチィサン (英 Wednesday) 水曜日
xīngqísì 星期四 シンチィスー (英 Thursday) 木曜日
xīngqíwǔ 星期五 シンチィウゥ (英 Friday) 金曜日
xīngqíyī 星期一 シンチィイィ (英 Monday) 月曜日
xínglǐ 行李 シンリィ (英 baggage) 荷物
xínglǐpái 行李牌 シンリィパイ (英 tag) 荷札
xínglǐpiào 行李票 シンリィピアウ (英 claim tag) 手荷物預かり証
xínglǐxiāng 行李箱 シンリィシアン (英 trunk) トランク(車の)
xiù 秀 シオウ (英 show) ショー
xiùzi 袖子 シオウヅ (英 sleeve) 袖
xùnwènchù 訊問處 シュィンウンツウ (英 information desk) 案内所
xùnxí 訊息 シュィンシィ (英 information) 情報

Y

yáchǐ 牙齒 イアツー (英 tooth) 歯
yáshuā 牙刷 イアスア (英 toothbrush) 歯ブラシ
yān 菸 イエン (英 tobacco) 煙草
yán 鹽 イエン (英 salt) 塩
yánsè 顏色 イエンソォ (英 color) 色
yǎnjīng 眼睛 イエンヂン (英 eye) 目
yàngběn 樣本 イアンベン (英 catalog; sample) カタログ；サンプル
yàngpǐn 樣品 イアンピン (英 sample) サンプル，見本
yàngzi 樣子 イアンヅ (英 shape, form) 形
yāoqǐng 邀請 イアウチン (英 invitation; invite) 招待(する)
yào 要 イアウ (英 want, wish for) 欲しい
yàojǐn 要緊 イアウヂン (英 important, precious) 大事な
yàoshi 鑰匙 イアウス (英 key) 鍵
yīguì 衣櫃 イィグエイ (英 locker) ロッカー
yíbàn 一半 イィバン (英 half) 半分
yí duì 一對 イィドゥエイ (英 pair) ペア
yíyàng 一樣 イィイアン (英 (be) equal to) 等しい
yìbān 一般 イィバン (英 usually, generally) 普通
yì shuāng 一雙 イィスアン (英 pair) ペア
yìsi 意思 イィス (英 meaning, sense) 意味

華日単語帳

yìyì 意義 イィイィ (英 meaning, sense) 意味
yǐnxíng yǎnjìng 隱形眼鏡 インシン イエンヂン (英 contact lenses) コンタクトレンズ
yǐngpiàn 影片 インピエン (英 movie, film) 映画
yòngjīn 佣金 ユオンヂン (英 commission) 手数料
yóudì qūhào 郵遞區號 イオウディ チュイハウ (英 zip code) 郵便番号
yóulǎnchē 遊覽車 イオウランツォ (英 sightseeing bus) 観光バス
yóupiào 郵票 イオウピアウ (英 stamp) 切手
yóuyǒngchí 游泳池 イオウユオンツー (英 swimming pool) プール
yóu(zhèng)jú 郵(政)局 イオウ(ヅォン)ヂュイ (英 post office) 郵便局
yóuzī 郵資 イオウヅー (英 postage) 郵送料
yǒu máobìng(le) 有毛病(了) イオウ マウビン(ロォ) (英 break, (be) broken) 壊れる
yǒu qù(wèi) 有趣(味) イオウ チュイ(ウエイ) (英 interesting) 面白い
yǒu yìsi 有意思 イオウ イィス (英 interesting) 面白い
yǔ 雨 ユィ (英 rain) 雨
yùdìng 預訂 ユィディン (英 reservation; reserve) 予約(する)
yùshòupiào 預售票 ユィソウピアウ (英 advance ticket) 前売り券
yuēqǐng 約請 ユィチン (英 invitation; invite) 招待(する)
yuè(fèn) 月(份) ユィエ(フェン) (英 month) 月(暦の)
yuètái 月台 ユィエタイ (英 platform) プラットホーム
yūnchē 暈車 ユィンツォ (英 get carsick) 酔う(車に)
yūnchuán 暈船 ユィンツアン (英 get seasick) 酔う(船に)
yūnjī 暈機 ユィンヂィ (英 get airsick) 酔う(飛行機に)
yùnfèi 運費 ユィンフェイ (英 postage, carriage) 送料
yùnjiàng 運將[運匠] ユィンヂアン (英 driver) 運転手(さん)

Z

zàn 讚 ヅァン (英 wonderful, splendid) 素晴らしい
zāng 髒 ヅァン (英 dirty, soiled) 汚い
zǎochén 早晨 ヅァオツェン (英 morning) 朝
zǎofàn 早飯 ヅァオファン (英 breakfast) 朝食
zǎoshàng 早上 ヅァオサン (英 morning) 朝
zhǎi 窄 ヅァイ (英 narrow, small) 狭い
zhàn 站 ヅァン (英 station; stand) 駅;立つ
zhàngdān 帳單 ヅァンダン (英 bill) 請求書
zhāopái 招牌 ヅァオパイ (英 billboard, signboard) 看板
zhàopiàn 照片 ヅァオピエン (英 photograph) 写真
zhàoxiàngjī 照相機 ヅァオシアンヂィ (英 camera) カメラ

zhékòu 折扣 ヅォコウ (英 discount) 割引
zhège ˈxīngqí[lǐbài] 這個 ˈ星期[禮拜] ヅォゴォ ˈシンチィ[リィパイ] (英 this week) 今週
zhège yuè 這個月 ヅォゴォ ユィエ (英 this month) 今月
zhēnguì 珍貴 ヅェングェイ (英 precious, valuable) 貴重な
zhěntóu 枕頭 ヅェントウ (英 pillow) 枕
zhīdào 知道 ヅーダウ (英 know) 知る
zhīfù 支付 ヅーフゥ (英 pay) 支払う
zhíliàng 質量 ヅーリアン (英 quality) 品質
zhízhào 執照 ヅーヅァオ (英 license) 免許(証)
zhǐjiǎdāo 指甲刀 ヅーヂアダウ (英 nail clipper) 爪切り
zhìnéng shǒujī 智能手機 ヅーノン ソウヂィ (英 smartphone) スマートフォン
zhōng 鐘 ヅォン (英 clock) 時計
zhōngbiǎo 鐘錶 ヅォンビアウ (英 clock) 時計
zhōngwǔ 中午 ヅォンウゥ (英 noon) 昼
zhōu'èr 週二 ヅォウオル (英 Tuesday) 火曜日
zhōuliù 週六 ヅォウリオウ (英 Saturday) 土曜日
zhōurì 週日 ヅォウズー (英 Sunday) 日曜日
zhōusān 週三 ヅォウサン (英 Wednesday) 水曜日
zhōusì 週四 ヅォウスー (英 Thursday) 木曜日
zhōuwǔ 週五 ヅォウウゥ (英 Friday) 金曜日
zhōuyī 週一 ヅォウイィ (英 Monday) 月曜日
zhùsùfèi 住宿費 ヅゥスウフェイ (英 hotel charges) 宿泊料
zhùzhǐ 住址 ヅゥヅー (英 address) 住所
zhuōzi 桌子 ヅォヅ (英 desk, table) 机, テーブル
zīxùn 資訊 ヅーシュィン (英 information) 情報
zìláishuǐ 自來水 ヅーライスェイ (英 water service) 水道
zìyóuzuò 自由座 ヅーイオウヅオ (英 non-reserved seat) 自由席
zǒudào 走道 ヅォウダウ (英 passage, path) 通路
zǒushī de háizi 走失的孩子 ヅォウスードォハイヅ (英 stray child) 迷子
zuǐ 嘴 ヅェイ (英 mouth) 口
zuì(jiǔ) 醉(酒) ヅェイ(ヂオウ) (英 get drunk) 酔う(酒に)
zuóliào[zuǒliào] 作料[佐料] ヅォリアウ (英 seasoning) 調味料, 薬味
zuótiān 昨天 ヅオティエン (英 yesterday) 昨日
zuò 坐 ヅオ (英 ride, take; sit down) 乗る(車・飛行機などに); 座る
zuòfǎ 做法 ヅオファ (英 way, method) 方法
zuòguò zhàn 坐過站 ヅオグオ ヅァン (英 go past) 乗り越す
zuòwèi 座位 ヅオウエイ (英 seat) 座席

2019年8月10日　初版発行

デイリー日本語・台湾華語・英語
3か国語会話辞典

2019年8月10日　　第1刷発行

監　修　李　麗秋（リ・レイシュウ）
　　　　樋口　靖（ひぐち・やすし）

編　者　三省堂編修所

発行者　株式会社　三省堂　代表者　北口克彦

印刷者　三省堂印刷株式会社

発行所　株式会社　三省堂
　　　　〒101-8371
　　　　東京都千代田区神田三崎町二丁目22番14号
　　　　　　電話　編集　（03）3230-9411
　　　　　　　　　営業　（03）3230-9412
　　　　　　https://www.sanseido.co.jp/

〈デイリー日台湾英会話・400pp.〉

落丁本・乱丁本はお取り替えいたします。

ISBN978-4-385-12264-9

本書を無断で複写複製することは、著作権法上の例外を除き、禁じられています。また、本書を請負業者等の第三者に依頼してスキャン等によってデジタル化することは、たとえ個人や家庭内での利用であっても一切認められておりません。

◆シミュレーション会話

足のマッサージ	*224*
買い物（1）	*272*
買い物（2）	*274*
買い物（3）	*276*
空港で	*24*
月餅	*36*
交通事情	*178*
故宮博物院	*200*
台北101	*216*
台湾一周のクルーズ列車	*226*
台湾オペラの予約	*220*
台湾の古民家	*218*
台湾のゆるキャラ	*88*
知人の家での食事	*248*
朝食を食べに行く	*250*
テレビを見る	*34*
風水	*38*
友人の家での挨拶	*26*
林家花園	*222*

◆単語コラム

味	*252*
家	*40*
衣服	*278*
色	*280*
夏期オリンピック競技・球技など	*202*
家族	*28*
からだ	*321*
季節・週日・時間	*138*
十二支・動物	*139*
食材	*253*
食器・台所用品	*279*
調理法	*258*
度量衡	*280*
飲み物	*260*
病院・病気	*322*
文房具	*279*
料理1	*254*
料理2	*256*

◆ミニ情報

- あいさつ ……………………………………………
- いただきます ………………………………………
- 縁起 …………………………………………………
- 贈り物（1）…………………………………………
- 贈り物（2）…………………………………………
- 乾杯 ………………………………………………… 2
- 緊急電話 …………………………………………… 29
- 時刻の表現 ………………………………………… 76
- 姓 …………………………………………………… 12
- 台湾のお酒 ………………………………………… 98
- 台湾のお茶とコーヒー …………………………… 105
- タクシー …………………………………………… 194
- 妻 …………………………………………………… 21
- 何と呼ばれる？ …………………………………… 11
- バス ………………………………………………… 168
- 日・日付・日数 …………………………………… 76
- 饅頭（まんじゅう）……………………………… 128
- 呼びかけ …………………………………………… 152